BASIC EDUCATION POST-EPIDEMIC ERA

李政涛 主编

后疫情时代，基础教育向何处去？

全球97位教育专家的思索与探究

上海教育出版社
SHANGHAI EDUCATIONAL PUBLISHING HOUSE

Preface

序

凝聚基础教育战"疫"思考,建构"人类教育命运共同体"

基础教育的改革与发展,要时刻把准社会发展的时代脉搏,回答时代变革的现实问题,回应时代发展的现实诉求,体现研究领域的时代精神。新冠肺炎疫情的出现,是一条分界线,将人类教育分成前疫情时代的教育与后疫情时代的教育。这一新的分界线,给人类的历史与现实带来前所未有的挑战,其中充满危机,也富含机遇,并赋予我们以新的重大使命。基础教育,是实现教育整体变革的关键,其自身的基础性与受众的广泛性,使得基础教育受疫情的影响更加深重,暴露的问题更加复杂,反思的结果也更加深刻。

在教育旧秩序已经松动,甚至被打破,新秩序尚未稳固建立之时,"基础教育向何处去"的问题应运而生。我们需要共同思考:后疫情时代的基础教育,应该以及如何建立新秩序、新格局?对这一重大问题的解答,既需要基础教育专业人士的思考,也需要以全球视野、全社会视野和跨学科视野来协同思考、协作推进,这是身处人类命运共同体,尤其是置身"人类教育命运共同体"中的我们,需要努力承担的共同使命。

2020年2月至4月,作为教育部人文社会科学重点研究基地,华东师范大学基础教育改革与发展研究所(以下简称"华东师大基教所")率先发起主题为"后疫情时代,基础教育向何处去"的大讨论,尝试以这种方式回应基础教育改革的时代问题,承担基础教育发展的责任与使命。为此,我们专门组织教育学理论研究者、一线教育实践者、学生家长等社会各界人士共同聚焦、探讨与反思这一命题，具有时代性、现实性与迫切性。

本次大讨论由我国著名教育家和教育学家、华东师大基教所名誉所长叶澜教授领衔，华东师大基教所学术委员会的委员们群策群力，围绕"后疫情时代的基础教育应该以及如何建立新秩序、新格局"这一中心问题，邀请了全国教育学科知名学者率先集体发声，普通高校教育学部或教育科学学院的部长或院长为基础教育的未来发展指点迷津，知名中小学校长展现不同视角的实践之思，跨学科知名学者奏响"跨学科交响乐"，不同职业的学生家长抒发他们的教育期盼与建议，全球顶尖教育学者预测后疫情时代全球基础教育的未来变局。

直面后疫情时代基础教育的现实生态与基本形势，他们或对基础教育的内在本质与价值旨归发起叩问，如对教育的"变"与"不变"、教育真谛、教育与生活的关系、教育自觉等的思考；或对基础教育的实存问题与内容诉求进行审思，如对价值观教育、责任教育、生命教育、危机教育、灾害教育、自然与人文共生教育、公共精神、人格教育、国际理解教育等的关注；或对基础教育的未来走向与发展路径提出预测，如对教育公平、教育新生态、伦理自觉、大国责任担当等的探索。正如叶澜教授在《静默的汹涌——难忘中国2020之春》一文中所言："在共同的遭遇中，每个人会有不同的看法、记忆和反反复复的思考……要认清'教育之所是'，并没有那么容易。要使认识转变为真正的、相对普遍的认同和日常的教育实践，则要付出更大的努力、更多的时间。"面对后疫情时代基础教育未来的改革与发展，需要我们始终具有一种时代自觉、学科自觉、变革自觉与贡献自觉。

本次对"后疫情时代，基础教育向何处去"的主题大讨论，参与者充满使命感和责任感，以具有思想深度、实践厚度与政策高度的文字，聚焦基础教育的战"疫"思考，既能洞悉现实，更能烛照未来；既为"后疫情时代，基础教育如何改革与发展"的问题提供了全方位的解答，也为建立后疫情时代基础教育的新秩序、新格局提供了有效的参照标准，更为推进建立"人类教育命运共同体"提供了中国话语、中国经验与中国智慧。

由于参与讨论者类型多元，聚焦主题匠心独具，写作风格亦各具特色，给出版工作平添了颇多麻烦。感谢上海教育出版社袁彬副总编、董洪编辑的鼎力支持与辛苦付出。同样感谢参与此次大讨论的诸位作者在整个过程中的思想碰撞与智慧贡献。

集聚基础教育战"疫"思考，建构"人类教育命运共同体"，这是人类的共同使命！

但愿，能够以我们的预见和远见，来超越我们的未见……

李政涛

华东师范大学基础教育改革与发展研究所所长

华东师范大学"生命·实践"教育学研究院院长

全国教育基本理论学术委员会主任委员

2021年3月

目录

卷首语

静默的汹涌——难忘中国2020之春
叶　澜　　　　　　　　　　　　　　　　...3

第一篇　基础教育的本质叩问与价值旨归

培养有勇气的人
吴康宁　　　　　　　　　　　　　　　　...13

疫情下的教育学研究
郑金洲　　　　　　　　　　　　　　　　...18

后疫情时代中国教育之我见
童世骏　　　　　　　　　　　　　　　　...28

后疫情时代，是"双线混融教学"的新时代
李政涛　　　　　　　　　　　　　　　　...31

自然与人文共生教育应成为基础教育的基础
孙杰远　　　　　　　　　　　　　　　　...34

后疫情时代的教学，应对危机的"变"与"不变"
朱德全　　　　　　　　　　　　　　　　...37

疫情后教育的"变"与"不变"
阎凤桥　　　　　　　　　　　　　　　　...40

后疫情时代，
基础教育向何处去？　　全球97位教育专家的思索与探究

未来基础教育的基本信念
刘庆昌　　　　　　　　　　　　　　　　　　　...43

后疫情时代的教育自觉
刘铁芳　　　　　　　　　　　　　　　　　　　...46

新冠肺炎疫情让我们重新审视教育与生活的关系
刘旭东　　　　　　　　　　　　　　　　　　　...49

新冠肺炎疫情，为基础教育的正本清源提供了机遇
余文森　　　　　　　　　　　　　　　　　　　...53

网课，让我们重新思考教育的真谛
别敦荣　　　　　　　　　　　　　　　　　　　...56

新冠肺炎疫情，将重构交往中的教育学关系
蔡　春　　　　　　　　　　　　　　　　　　　...59

"基础教育"是学段性概念吗？
陈廷柱　　　　　　　　　　　　　　　　　　　...63

基础教育的技术升级与本质复归
杜岩岩　　　　　　　　　　　　　　　　　　　...66

新冠肺炎疫情下重新思考教学实践
吴冠军　　　　　　　　　　　　　　　　　　　...69

追求真实　追求真相
苏智良　　　　　　　　　　　　　　　　　　　...73

墨汁和老抽：教育的跑道可以有多宽
毛　尖　　　　　　　　　　　　　　　　　　　...76

基础教育需要"教天地人事 育生命自觉"
李伟平 ...79

基础教育的基础是什么
[英国]罗伯特·柯文(Robert Cowen) ...82

疫情时代：关于课程、教学和学习的思考
[美国]谢丽尔·克雷格(Cheryl J.Craig) ...86

后疫情时代的基础教育：现代性的内与外
[日本]高山敬太(Keita Takayama) ...90

教育、公平与新冠肺炎疫情危机
[日本]爱德华·维克斯(Edward Vickers) ...93

第二篇 基础教育的现实生态与基本形势

构建线上线下融合的教育新生态
袁振国 ...101

从新冠肺炎疫情看中小学的价值观教育
石中英 ...105

转危为机，在线教育的一次伟大实验
杨银付 ...108

非常时期，居家"云端"之学的三重意味
于 伟 ...113

超越当下预演，迈向未来学习
——长江沿线部分地区中小学网课调研的反思与启示
杨小微 等 ...121

新冠肺炎疫情带给教育现代化的思考和建议
眭依凡 ...132

疫情下的反思：突破"信息茧房"中教育的应为
王 枬 ...136

在线教学与开创教学新常态
尹后庆 ...145

新冠肺炎疫情下的学校教育
——基于核心素养与生命教育的视角
李子建 ...151

新冠肺炎疫情对贵州未来基础教育的影响
史秋衡 ...156

新冠肺炎疫情后的西藏基础教育教师培训
杨小峻 ...159

新冠肺炎疫情下的教育生态
吴勇毅 ...162

新冠肺炎疫情与在线教育的发展
张志强 ...165

找寻教育之"蓝牙"
张 丰 ...168

目录

疫情之后的新生态:重塑"教育操作系统"
彭建平 ...171

一个教育反思的时代来临
周鹏程 ...174

这场疫情,促进了教学的"相遇"与教学的"联系"
林卫民 ...177

穿越技术的丛林,回归学习的源头:数字化教材
唐彩斌 ...180

疫情影响下德国教育的现实状况以及对人类本性经验的反思
[德国]克里斯托夫·武尔夫(Christoph Wulf) ...183

后疫情时代法国基础教育面临的严峻挑战与远程教学实验
[法国]让-查尔斯·夏班(Jean-Charles Chabanne) ...188

新冠肺炎疫情下的美国基础教育
——以洛杉矶联合学区为例
[美国]苏智欣 ...193

新冠肺炎疫情下的挪威教育
[挪威]多丽丝·博克(Unn-Doris K. Bæck) ...219

"他们猝不及防"
——新冠肺炎疫情期间基础教育阶段教师的知识与
自闭症谱系障碍学习者的适应
[南非共和国]亚布力乐·姆济梅拉(Jabulile Mzimela) ...223

第三篇　基础教育的问题审思与内容诉求

教育与社会的三重距离
程天君 ...229

新冠肺炎疫情,推动了信息技术与课程教学的深度融合
王　鉴 ...233

抗击疫情更需加强青少年的责任教育
范国睿 ...237

后疫情时代要加强中小学生自我管理能力的培养
刘宝存 ...242

优化基础教育目标与实施,增强学生的生存生活能力
顾建军 ...245

高度重视家庭教育能力建设
雷万鹏 ...248

高度关注线上教学对乡村学生的不利影响
邬志辉 ...251

疫情之后,德育应该加强什么
冯建军 ...255

在线教育要让"教育"真正发生
辛　涛 ...258

"上手"还是"在手":疫情下的教育及其反思
杨九诠 ...261

莫将偶然作必然
李 芒 ...265

疫情过后,基础教育最应关注什么
吕立杰 ...268

夯实面向千千万万普通人的教育基础
朱益明 ...271

未来基础教育:人文教育、科学教育和法治教育并举
胡劲松 ...277

坚定教育自信,重建人格教育
温恒福 ...280

后疫情时代呼唤加强国际理解教育
何齐宗 ...283

人类的共同灾难,让我们看到公共精神的可贵
李松林 ...286

后疫情时代教师的三重审视
——从"教师变'网红'"说起
苏 德 ...289

疫情之下的网络教育问题
杨 扬 ...292

应把灾害教育融入基础教育
文 军 ...295

如何讲述全球史
——对疫情之后中学历史教育的一点思考
孟钟捷　　　　　　　　　　　　　　　...298

疫情之后，基础教育更要培育忧患意识
方笑一　　　　　　　　　　　　　　　...301

"云"飘飘
——基础教育的社区云学校建设思考
张　彤　　　　　　　　　　　　　　　...304

对于上好疫情这一课的反思
王国英　　　　　　　　　　　　　　　...307

后疫情时代的教育：向"神兽"和"巨婴"说不！
杨培明　　　　　　　　　　　　　　　...310

乌云中的一线光明
——新冠肺炎疫情下的教育反思
［美国］尼古拉斯·佩斯（Nicholas J. Pace）　...314

如果所有学校突然停课怎么办
——关于新冠肺炎疫情时期学校教育的评论
［阿根廷］巴勃罗·皮内奥（Pablo Pineau）　...320

第四篇　基础教育的未来走向与发展路径

后疫情时代，基础教育向何处去
李政涛　　　　　　　　　　　　　　　...325

中国基础教育，要为未来世界的大国责任担当做好准备
朱旭东 ...335

后疫情时代的基础教育，需要走向"伦理自觉"
徐继存 ...338

疫情之下，为弱势群体提供受教育权的"国家救济"
陈　鹏 ...341

重构教师的教育能力
周跃良 ...344

"扩大"与"缩小"的交错：疫情催生教育公平的新路径
赵建梅 ...347

后疫情时代基础教育的五大走向
刘　晖 ...351

疫情影响下未来基础教育有三大走向
李永鑫 ...354

后疫情时代学生培养的三大转向
王光明 ...357

后疫情时代的教育要由"被动应考"转为"主动迎考"
顾建民 ...360

未来学校将从"单一学校"走向"虚拟联合体"
李长吉 ...363

确定与不确定之间：面向未来的教育如何选择
卢晓中 ...366

后疫情时代，基础教育向何处去？ / 全球97位教育专家的思索与探究

未来的教育和教育的未来：后疫情时代基础教育的发展路径
李树英 ...369

增设优秀民俗课目 提升素质教育涵养
陈勤建 ...372

语言教育：联通工具与人文，构建理解、沟通与合作之桥
叶 军 ...375

疫情之后的教育，走向"大海之泳"
叶翠微 ...378

构建基于全球视野的"思维场"
董慧蕴 ...381

后疫情时代，学校建设向何处去
何学锋 ...384

校长要做同行者和捍卫者
易国栋 ...387

构建新学习共同体 生成未来教育形态
——"巴蜀公开课"的行动与思考
马 宏 ...391

后疫情时代：教师从被动成长走向主动自觉
殷 群 ...394

新冠肺炎疫情下，埃塞俄比亚初等教育系统应当如何应对
［英国］达维特·蒂贝布·蒂鲁内（Dawit Tibebu Tiruneh） ...397

疫情下的教育：疫情期间和疫情之后如何为孩子创造更好的教育
[美国] 迈克尔·彼得斯（Michael A. Peters） ...402

后疫情时代学校教育的转型与挑战
[澳大利亚] 王　婷 ...406

附录　学生家长寄语 ...413

卷首语

静默的汹涌

——难忘中国2020之春

【作者简介】

叶澜，中国当代著名教育家、教育学家，华东师范大学终身教授、博士生导师，中国"新基础教育"研究与"生命·实践"教育学创始人和持续领导者，教育部人文社会科学重点研究基地华东师范大学基础教育改革与发展研究所名誉所长、学术委员会主任，华东师范大学"生命·实践"教育学研究院名誉院长。曾任华东师范大学副校长、国务院学位委员会学科评议组教育学科组成员和召集人，兼任中国教育学会副会长、上海市社会科学联合会副主席等学术职务及上海市人民政府参事。主要从事教育学原理、教育研究方法论及当代中国基础教育改革研究。著有《回归突破："生命·实践"教育学论纲》《教育研究方法论初探》《教育概论》《"新基础教育"论——关于当代中国学校变革的探究与认识》等。

早就想写点什么了,但是直到清明国祭鸣笛志哀,4月8日宣布武汉解除"封城"之后,悬着的心才放下,思绪渐渐清了、聚了,才能动笔。耳边一直回响着的是中央电视台2020年元宵晚会上的诗朗诵《相信》中的反复之问:"你看到了什么?你记住了什么?"

一

在共同的遭遇中,每个人会有不同的看法、记忆和反反复复的思考。就我而言,绝无意料,在自己的有生之年还会遇到这样一次重大突发公共卫生事件。14亿人,都被看不见的病毒懵住了。

最初,我以为大约一个月就可解除危机,没想到2月、3月都在这种非常态中度过。4月份起,情况才开始好转。2020年,是很辛苦的一年。

回顾疫情最严重的日子,最初和最深的印象是:有生以来,从未见过上海如此静默。大白天,马路上行人几乎绝迹。往日车水马龙的景象似乎"顿失滔滔",唯有公交车司机还在认真地驾驶着空荡荡的车子,一站一站地稳稳停靠、再行。红绿灯无知无觉,按钟摆式的节奏无动于衷地转换着,不分昼夜。一天,两天,三天……如此持续的静默,城市如一个活蹦乱跳的孩子突然睡去,无声无息,唯有高楼耸立依然。这样的静默,让人产生了一种怪异的感觉,莫名的恐慌和焦虑竟会因静默而生。一个平时不太可能去关注的道理,被静默唤了出来:有人在,在活动、在流动、在聚散,人的世界才是活着的、有生气的。城市的荒凉不在草木萎谢,而在人迹消失。人的活动是城市生命活力的根本。

二

城市实存空间的静默,并非全部真相,它由虚拟空间的喧哗代替。紧闭门内的人通过云端相互鼓励、关心,传递着爱和帮助,共同关注着疫情的变化,各类信息如汹涌的洪涛滚滚而来,又创造了许多"从未有过"。

从未有过如此紧盯着网上公布的每天变化着的一串串数字。它们汹涌而来,撞击着每个人悬着的心:已有病例、新增病例、确诊人数、死亡人数、治愈人数……每一个数字背后都是生命,与一个个家庭血肉相连。由它们组合构成的统计图表,描出了新冠病毒祸水的蔓延,记录了医护人员用生命守护生命的成效。人们天天盼的是标志着至暗时刻已过的拐点出现,盼着零增长的持续天数。14天,这个数字也被大家记住,隔离需要14天……"14"成了一个安全阀门数,唯有到了此数,回归家庭的大门才会打开。

3月份开始,不同城市的防疫等级逐渐降低。3月下旬,上海也等到了降级的日子,小区允许快递员在体温正常的前提下送货上门,堆积如山的临时货架被拆除……这是"美好"信号的释放。然而,大家都知道,还要盼的是武汉"解封"的日子。终于盼到了4月8日的宣布,全国同喜。但盼望还未到头,大中小学何时开学又成了广大家长和教育工作者的焦虑。倒计时,没准信的倒计时,人们靠的是共同努力一定能战胜疫情的信念支撑。从来也没有想到过,对付汹涌而来却又看不见、尚未认清真相的病毒,最有效的手段居然是隔离,是精准无漏的严防死守。这需要付出多大的人力、物力,14亿人口大国创造出的奇迹,内蕴着多少生命的信念与能量!

但如此的不确定性真让人不好受,一天天地算着、盼着,使2020年的2月、3月好像被拉长了许多。所以,每看到一个吉祥的、确定的数字,心中就会涌起一股喜悦,犹如在茫茫大海航行中望见了港湾,体验到船员、渔民对大地的深情眷恋。

对不确定性焦虑的真实体验,使我更坚信,人是靠可见的确定性安顿自身和心灵的。人的一切创造在一定意义上都是对某种确定性的寻求。尽管不确定性、可能性提供了创造的时机与条件,但不确定性只是人们不可避免或小视的存在,并非人所追求的目标。只有建立了新的确定性，才会有真实的新开始。

虚拟空间中的一个个视频，荧屏上不断播放的图像和讲话，构成了视觉的汹涌波涛：除夕夜，援鄂医务人员的逆行送别，全副武装的他们在病房急速救护的倾心倾力，瘫倒在病室外、倚墙短暂而眠的睡姿，白净的脸上被口罩勒出的刺眼血纹，都如刀刻般留在我的记忆中。"火神山""雷神山"威名赫赫，工地上彻夜的灯火、机器的轰鸣和一声声来自四面八方的"我来"，创造了10天、14天建成两个方舱医院的奇迹，破解了病人等床位的困局，做到了"床位等病人"，为拐点的出现立下了汗马功劳。每遇灾难总是冲在最前面的中国人民解放军战士的身影，满载着救援物资疾驰的车辆，数以万计的民警、志愿者、快递人员、社区工作者，都只是一张张屏幕上一闪而过的脸，没法记住，但无数个瞬间汇成汹涌的洪流，冲向了每个人的记忆深处。

每当人们对疫情迷茫不解、不知所措时，党中央派往武汉的钟南山院士的讲话，成了人们最期待的声音。他的一声"这个疾病会人传人"，成了含泪敲响全线全员防疫的定音鼓。他的每一次讲话都出现在关键时刻，坚定而简洁，内蕴着科学判断的力量。上海华山医院的张文宏医生，总是以出人意料却又在情理之中，且不乏幽默的话语方式，传递着民众听得懂且知如何行动的防疫指导。他常会让人从慌乱的心理中走出，自觉地坚持必须遵守的防疫措施，不信谣，不传谣。正是他们和数以千万计的医务人员在关键时刻的有力言行，让大家对他们和医疗事业产生了由衷的尊重、敬意和谢意。所有在抗疫一线奋斗的、平凡岗位上尽心尽职的人，人民都不会忘记。是他们筑起了抵御汹涌疫灾的第一道防护堤，敢作敢为，敢言敢行，敢担当，使山河无恙、日月安好。中华民族又渡过了一次大劫！

教育在这汹涌的波涛中，虽不构成大浪，但也有一波不小的浪：2020年2月，教育部"停课不停学"一声令下，全国各地各类学校纷纷响应，开始了教育教学从线下转到线上的行动。国外有报纸评论，这是全球最大规模的线上教育，中国成了试验全盘线上教育的最大平台。中国的教育界、教师、学生、家长都经历了这次"大考"。这一行动的迅速开展本身可以称为"史无前例"。教师们尽力付出和适应，大学教师至少也要提供一个教学大纲和PPT。然而，这次线上教育最经受考验的不是教师，而是家长。在"闭门"的大背景下，线上学习即在家学习，许多家长并不知道该如何应对这突如其来的新任务。对于有低年级小学生或缺乏自制力，尚未养成自主学习习惯的大孩子的家长来说，更是无奈多于成功。于是，昔日被称为"宝宝""小太阳""小祖宗"的孩子们，获得了一个很威武的新称号——"神兽"，家长（老师）们却还没有修炼成"神兽医"。这般无奈引出了网上各类带着爱的吐槽和段子，看了令人喷饭，颇有减压之效。好在大家认为这样的特殊时期不会太长，平白地又添了对开学的期望和呼声，如春潮汇成合唱。

一场疫情，让每一个中国人有了一次生命中史无前例的、真实与虚拟并存的双重生存体验。

三

社会在渐渐复苏，"日常"随着2020年仲春的到来渐渐回归，人心也渐安。更多的声音开始面向未来发问：疫情后的中国会有什么不一样？这次疫情改变了什么？我们将会迎接什么新的挑战？

"人无远虑，必有近忧"，展望、预测自然需要。但在我看来，任何展望都须建立在对现实研究和对过去反思的基础上，何况这次我们的经历史无前例。就目前来看，深入、全面的反思还远未完成，故提出来的未来预测实在是很值得推敲。也许，我们可以通过对这些预测的推敲，来加深对这次疫情的反思，不只限于教育。

有人说，未来是一个风险不定的社会，提高人的风险意识和应对能力，是未来社会发展所必需的。这可算是一个重要的提醒，但未必就是可靠的预测。如若未来真是不确定的社会,为何相对稳定不能列为不确定的诸多可能之一?今后,危机可能频出,但不至于天天发生。作为一个过程,危机总会过去,经历危机之后的人所生成的新经验和能力,会成为生命的组成部分,以面对此后的日常。因此,我以为后疫情时代,首先要改变的就是简单对立、两极摇摆的思维方式,需要形成的是对事物不同状态、性质的关系认识,在"叩其两端"的过程中,取其"综"——"综合"之"综"。

就拿日常生活与突发事件的关系来说,人们在经历了这次突发的疫情之后,往往会把关注的重心移到"突发"上,显然,这是必须且不可避免的。然而,在认清突发之全程、性质和原因之后,深入的反思恰恰是要去寻思以往的日常:民众能共克时艰的力量何来?它来自几千年历经磨难养成的,在强敌、灾难面前不屈不挠、众志成城、顽强奋斗的中华民族的伟大精神,来自近代以来中国的社会、科学、医学、技术、教育的进步与发展,来自以往多次战胜传染疾病的经验与教训,来自一代新人的成长与老、中、青三代的结合。当反思指向造成疫情和疫情防控中出现过的问题时,也恰恰需要我们关注以往日常中的缺失、短板和玩忽:对公共事业,不只是公共卫生事业,因其公共、在日常中不起眼而忽视,导致无论是资金、设施,还是人才培养、社会地位等方面都存在严重不足。但所有的公共事业都与百姓的生命、生活、生长,与作为正常人的需要和平等权利的保障息息相关。因此,党和政府强调"把人民群众的利益放在第一位",就应加强公共事业的发展,把它作为衡量社会文明程度和政府治理水平的重要标尺。无疑,这是"坚守底线"的必议之题,也是长治久安的必选之策。

在社会治理上,我们的弱项还有法治。尽管这些年一直在强调依法治国,但要落实到每一个领域,与此相关的每一事、每一天、每一人,还确实要花大力气;离推进到习惯、日常,更要有一长段时间。与这次疫情相关的典型例子是,早在2003年5月9日,国务院就发布了总结非典疫情经验和教训的文件《突发公共卫生事件应急条例》,此文件至今看来依然详妥,对如何应对防疫突发事件有重要的指导意义和明确规定。如文件第三章"报告与信息发布"中，做了七条明确规定。其中第六条（总第二十四条）的重要内容有："任何单位和个人有权向人民政府及其有关部门报告突发事件隐患……接到报告、举报的有关人民政府及其有关部门，应当立即组织对突发事件隐患、不履行或者不按照规定履行突发事件应急处理职责的情况进行调查处理。"第三条（总第二十一条）写着："任何单位和个人对突发事件，不得隐瞒、缓报、谎报或者授意他人隐瞒、缓报、谎报。"但这次疫情初期却发生了条例中不允许的事，还把重要信息的传播者当作违法的造谣者处理。尽管后来得到纠正，但贻误了防止疫病传播扩散的最佳时机，丢失的不只是公信，更有生命，付出了目前尚不能确切估计的巨大代价。这从教训的意义上告诉我们，重要的治国法规、条例不是儿戏，不仅遇突发事件时要遵循，更要关注日常。只有真正做到在日常中落实，才能在应对突发事件中发挥预防和抓住时机的重要作用。

不能割离了日常谈突发。昨日突发中点点滴滴的付出和经验，构成了今日、明日之日常的一部分。人类历史在日常与突发中激荡，向着人类自身不断完善和更美好的生存、发展方向走去。

如前所述，教育问题被疫情推到了一线，信息技术的应用在其中最为突出。尽管相关人员遇到不少困难和问题，付出了大量时间，但值得，且可赞，在如此短的时间里挑起了"停课不停学"的重担，边学边干，有力地推进了信息技术在教育中的应用与发展。然而，有人因此断言"未来教育就是线上代替线下的教育"，却值得大大推敲。不要说当下并非如此，即便从长期趋势来看，这种说法也是武断的。得出这种结论的原因，不只在于仅持技术的眼光，更在于没有把握教育的内在规定性，把教育的功能局限于传递，尤其是知识、技能的传递。更狭者，则小到只见眼前的应试。事实也告诉我们，掌握线上信息传递的知识与方法相对是最容易的，且将随着信息技术的自动化水平提高而越发易用，就像傻瓜相机和手机拍摄装置，使大众更多、更快地进入摄影世界一样。但是，要认清"教育之所是",并没有那么容易。要使认识转变为真正的、相对普遍的认同和日常的教育实践,则要付出更大的努力、更多的时间。

我并不认为自己已经明白了"教育之所是",学术生命中还一直在追问和寻求。只是如今已明白:教育的全部丰富性和复杂性,在于它以生存中、成长中的人之多方面的发展与完善为宗旨。教育是以人际交往为原型发展出来的人类特定的社会活动。所以,教育不能缺失真实人生中的真实人际交往,包括师生和同龄人的交往;教育不能缺失真实的活动,包括丰富多彩的学校生活,真实世界所开展的有益于身心主动健康发展的各种活动。教育之伟力远远不止于知识与技能的传递,还在于个体生命精神力量之成长;在于有更强大的内心,能面对复杂多变的现实世界;在于有更清醒的生命自觉,成为自己人生小船的船长,从航线的制订,到暗礁的绕过、风浪的战胜,都要自主、亲历。以这样的立场与视角看当前的教育,无论是线上还是线下,都还需要做深度反思与变革。君不见,线下教育的问题,不会随翻转线上而自然消失。线上教育在这次疫情中表现出的深层问题,正是线下教育深层问题的翻版。

中国大地上的疫情已得到控制,即使还有反复,我们也不会再手足无措。静默与汹涌,都已成过去。现在,接踵而来的是世界疫情和国内"舆(论)战"。过去有人说,历史是任人打扮的小姑娘,这多少有些文人的轻狂。我更相信,历史总以其全部的丰富性、复杂性和真实性存在着,人们只是常会看不清、道不全。越是接近,越易如此。但只要心不歪、言不谎、意不邪、志不摇,历史真相总会越来越明。

但愿,2020之疫,不要成为任人打扮的小姑娘。

教育也是。

第一篇

基础教育的本质叩问与价值旨归

培养有勇气的人

【作者简介】

吴康宁，教育学硕士，南京师范大学教育科学学院教授、博士生导师。曾任南京师范大学党委常委、副校长，《南京师范大学学报》（社会科学版）主编，第五届、第六届国务院学位委员会学科评议组成员，教育部社会科学委员会委员，第七届全国教育科学规划领导小组成员等。主要从事教育社会学与教育基本理论的教学与研究。先后承担"课堂教学的社会学研究""课程的社会学综合研究"及"信息化社会的到来与中国教育的转型"等科研课题。在《教育研究》等期刊发表多篇学术论文，出版学术译著《非学校化社会》，著有《教育社会学》《课堂教学社会学》等。

这次疫情表明，我们的教育需要反思的问题很多。限于篇幅，本文只谈论培养"有勇气的人"这个问题。

"勇气"与"担当"不是同一个概念。根据《现代汉语词典》（第7版）的解释，"担当"是指"接受并负起责任"，"勇气"则是指"敢作敢为毫不畏惧的气魄"。

根据这两个定义，我们可以认为，有些担当并不需要多少勇气，因为担当者所接受并负起的责任没有多少难度，他们所需付出的主要是时间、精力或一定的财富。而对有些担当来说，勇气则是必要条件，因为担当者所接受并负起的责任比较艰巨，甚至十分艰巨，担当者必须克服种种困难，需要牺牲个人的切身利益、名誉，甚至献出生命。若无勇气，这些担当便无从谈起。

进一步来看，在以勇气为必要条件的那些担当中，又可见两种不同类型，相应需要不同的勇气。

一种类型的担当旨在攻坚克难，包括攻克敌人的堡垒，达成双赢协议，包括解决科学发现、技术发明、实践创新、社会治理等方面的难题，甚至也包括坚强面对苦难，通过奋斗走出困境而改变个人与家庭命运，等等。这种类型的担当需要的主要是"不畏艰难的勇气"，担当者通常会得到人们普遍的公开的积极评价，被夸赞、被表彰、被效仿。

另一种类型的担当则旨在揭谬批误，也可说旨在驱邪除恶，包括披露可能会导致严重后果的真相，批评显然是错误的乃至荒谬的言论或决定，阻止危及他人生命安全与社会正常秩序的违法或缺德行为，等等。这种类型的担当需要的主要是"不惧邪恶的勇气"。由于受价值导向、文化特征、社会风气等多种因素的复杂影响，担当者不仅很难得到人们普遍的公开的积极评价，而且容易被质疑、被指责、被污名化，甚至被恐吓、被报复。

稍微留心一下便可发现，上述前一种勇气——"不畏艰难的勇气"并非稀缺之物。贫困农妇含辛茹苦将子女抚养成人送进大学，科学家废寝忘食攻克世界难题，地震后大批志愿者自发涌入震区协助救援，这次抗疫过程中数万白衣天使冒着生命危险毅然奔赴疫情灾区……这些"不畏艰难的人"总能得到广泛赞许。

相对而言，比较短缺的是上述后一种勇气——"不惧邪恶的勇气"。这种勇气的基本特征是：担当者明明知道自己的选择多半很难得到人们普遍的公开的积极评价，反而有可能被质疑、被指责、被污名化，甚至被恐吓、被报复，但为了自己所坚信的那个真理，为了心中所存有的那份良知，而依然选择担当，无所畏惧，坦然面对。这样的担当者可称为"不惧邪恶的人"。

这种"不惧邪恶的人"虽说也非凤毛麟角，但相对于我们的庞大人口而言，无疑比较稀缺。这也是为什么一方面昂首挺胸英勇赴险者众，另一方面挺身而出捍卫良知者寡。这次抗疫过程中的一些现象便是明证，诸如刻意隐瞒明知会导致灾难性后果的疫情事实，盲目执行明知违背常识、违反法律的错误决定，面对明知属于反人性、反人类的无良言论而缄默不语或只是窃窃私语等，不一而足。

也正因为这一缘故，再稍微留心一下还可发现，越来越多的人常常不只是在"不畏艰难"的意义上，而且在"不惧邪恶"的意义上敬佩"勇气"。人们对那些面对邪恶（虚假、丑陋、罪恶）现象表现出敢作敢为毫不畏惧的气魄的人心存敬意，哪怕人们自身缺乏不惧邪恶的勇气，哪怕人们只敢在私下场合对不惧邪恶者表示钦佩，哪怕人们有时也会身不由己地客观上帮了邪恶的忙。于是，人们便希望有人敢于挺身而出，说出可能会导致严重后果的真相；希望有人敢于挺身而出，批评显然是错误的乃至荒谬的言论；希望有人敢于挺身而出，阻止危及他人生命安全与社会正常秩序的违法或缺德行为。当然，这里所说的"人们"，不包括主观上的蓄意为恶者。

对于一个社会来讲，"不惧邪恶的人"不能太少。事实上，不惧邪恶者众乃是一个正义的美好社会的必要前提，也是其必然结果。在这个意义上，不惧邪恶者众便成为一个成熟的现代社会的重要标志。反之，若是不惧邪恶者寡，则必然会正不压邪，正不压邪甚至会成为社会的一种日常现象乃至基本特征。在这样的社会中，各种各样的人祸难免不成家常便饭，并难免屡蹈覆辙。

学校教育不能不为建设一个正义的美好社会作出自己的贡献。为了完成这一使命，学校教育所需担负的职责之一便是培养有勇气的人。这不仅需要学校教育一如既往地培养学生成为"不畏艰难的人"，而且要强调学校教育还有责任培养学生成为"不惧邪恶的人"。

正是在这一方面，学校教育的现状令人担忧。

只要持实事求是的态度，就不能不承认，我们现在的学校教育难以培养学生成为"不惧邪恶的人"。原因至少有三个方面。

第一，我们的学校教育一方面强调培养学生的善良之心，十分注重引导学生学会同情、理解与宽容他人；另一方面却较为忽视培养学生的正义之感，很少着力激发学生对假丑恶行径的深切痛恨。在这个意义上，我们的学校实际上具有一种"和善园"的性质。在这样的"和善园"里，或许可以养育出爱的情感，但很难生长出"不惧邪恶"的种子。需要特别说明的是，这里所说的"较为忽视培养""很少着力激发"是就总体状况而言的，并不否认有些学校在培养学生的正义之感、激发学生对假丑恶行径的深切痛恨方面颇有成效，但个案难以代表全部。

第二，我们的学校教育一方面特别强调学生对纪律、规范、规矩的服从，十分看重学生对教师、长辈、领导的尊敬；另一方面却较为忽视激发学生追求真理的欲望，很少用心引导学生形成反思现状、质疑问题并在此基础上思考建构的习惯。在这个意义上，我们的学校实际上具有一种"绵羊圈"的性质。在这样的"绵羊圈"里，也许有助于学生形成依法合德、遵章守纪的品质，但不利于学生发展独立的人格、自主的精神及鲜明的个性。同样要说明的是，这里指的也是就总体状况而言。

第三，我们的学校教育一方面非常强调学生的安全，采取了全方位的，几乎不留任何死角的，即便在世界范围内恐怕也数得上的校园安全措施；另一方面却以安全为由，逐渐压缩可使学生舒展身心、展现个性的校内自由活动空间，把可以拓宽学生视野、锤炼学生勇敢精神却被夸大其词地认为可能存在不安全因素的校内外有关活动列入取消范围。从这个意义上说，我们的学校实际上具有一种"保护区"的性质。在这样的"保护区"里，学生可能确实很"安全"，但代价是，失去原本应有的行动自由与发展机会，并因此而变得谨小慎微，不敢"越雷池一步"。

这样的"和善园"，这样的"绵羊圈"，这样的"保护区"，恐怕很难培养出学生"不惧邪恶的勇气"，很难使学生成为"不惧邪恶的人"。

当然，学生的教育从来就不是仅凭学校单枪匹马便可完成之事。学生到底能不能具有"不惧邪恶的勇气"，能不能成为"不惧邪恶的人"，乃是学校、家庭、社区、网络、政府部门等各种社会因素及宏观社会综合且复杂作用的结果（宏观社会并非由学校、家庭、社区、网络、政府部门等各种社会因素简单"相加"而成）。事实上，学校在培养学生"不惧邪恶的勇气"方面究竟做了什么，究竟如何做，也要受到（甚至在特定情况下要取决于）家庭、社区、网络、政府部门等学校外部各种社会因素及宏观社会的影响。把板子统统打到学校身上，并不公平，至少是犯了"学校教育万能论"的错误。

不过，这并不能成为学校逃避责任的借口。有情怀、有思想、有智慧的校长与教师，也应该不会逃避培养学生"不惧邪恶的勇气"这一历史责任，应该不仅有想法，而且有办法，或者至少应当尽力而为吧。

以上为本人浅见，所述是否妥当，需求教于方家。

疫情下的教育学研究

【作者简介】

郑金洲,教育学博士,教授、博士生导师。教育部人文社会科学重点研究基地华东师范大学基础教育改革与发展研究所学术委员,中国浦东干部学院副院长,兼任上海市领导科学学会副会长,中国教育学会教育基本理论专业委员会副主任委员等。曾获全国教育科学研究成果二等奖、全国高等学校教学成果三等奖、上海市哲学社会科学研究成果二等奖等。主要从事教育学原理、教育研究方法等领域的研究。在《教育研究》等期刊发表学术论文170余篇,著有《教育通论》《教育文化学》《教育的思考与言说》《教育碎思》《教育絮语》《案例教学指南》《教师如何做研究》《说课的变革》《中国教育学60年(1949—2009)》等。

第一篇
基础教育的本质叩问与价值旨归

这次新冠肺炎疫情，是新中国成立以来在我国发生的传播速度最快、感染范围最广、防控难度最大的一次重大突发公共卫生事件。[1]迄今为止，这次疫情，在我国已基本得到遏制，而全球范围内尚有一百多个国家正在与之对抗。应该说，这是一次危机，也是一次大考，引发我们对许多问题的重新认识和定位。疫情发生以来，关于疫情背景下的教育实践话题屡屡被提及，我们也有了一些深刻的认识。这里，主要就教育学研究展开讨论，探讨疫情下教育学研究的系列变化。

一、研究立场的变化：深入反思与"非常态"

这次疫情发生后，我们的生活似乎按了"暂停键"。在数个月的时间里，我们停止了所有社交活动，一切以前看似"天经地义"的日常活动和教育行为都停了下来。我们这些从事教育学研究的人，能够做的工作有限，对疫情防控所能做的最大贡献就是静静地待在家里，不给医务工作者添乱，不给社会添麻烦。而这种情景也给了我们一个非常难得的机会：让我们自觉或不自觉地进入人生反思、社会生活反思，当然也包括教育学反思的状态。教育学是干什么的？教育学在不同的历史时期、不同的场景下"应为""何为"？诸如此类的问题，常常萦绕在脑海。一场外在的危机，让我们重新审视教育学；一次难得的"停顿"和"寂静"，让我们重新反思教育学。我们总讲反思，也认识到反思的重要与必要。其实，反思是需要时间、空间保障的，反思也是需要机遇的。我想，我们的一些同行可能多少年来都没有这样上下打量自己所从事的学科研究，思考教育学的定位与发展。

疫情使得研究立场或者说研究视角发生了一个显著的变化，我们突然意识

---

[1] 新华社. 习近平：在统筹推进新冠肺炎疫情防控和经济社会发展工作部署会议上的讲话[EB/OL]. (2020-02-24) [2021-01-28]. http://www.gov.cn/xinwen/2020-02/24/content_5482502.htm.

到：以往的教育学研究都属于常态情况下的教育实践与问题探究，是假定教育正常演进，学校照常开办，师生在课堂上年复一年、日复一日面对面交流互动，教室里学生济济一堂，班级活动红红火火，在这种正常情况下开展教育学研究。然而，疫情来了，一切都变了：传统的场景没有了，教育形态彻底改变了，建立在原有假设基础上的教育学说很多不适用了。研究非正常状态的教育实践，研究突发事件来袭后的教育问题，研究"断裂"生活状态下的教育行为，研究教育在危机预防与处置中的作用等等，成为重要的课题。这是我们这些研究者几乎从来没思考过的一个研究视角，我们需要熟悉它、适应它。一定程度上，这要求我们以后要善于从这个立场思考教育实践。毕竟，疫情来袭，这在人类历史上不是第一次，也应该不会是最后一次。

疫情给了教育学者一个新视角——他者立场。疫情中，中小学教师应该说不是主角，经常拿来与之对比的医务工作者（人们经常会把教师与医生、律师甚至牧师相比较）挑起大梁。医者仁心的情怀，舍己利人的高尚品德，奋斗拼搏的精神，过硬的专业能力，给我们留下了深刻印象。可以说，正是广大医务人员及各行各业劳动者的辛勤付出，才赢得今天这样难得的疫情防控局面。在这个过程中，教育学者和教育实践工作者在一定程度上都不是一线人员，而是旁观者。这样的旁观也使得我们去思考教育实践与医学实践的异同，对比教育工作与医疗工作的异同，让我们对教育自身有了一些新的认识。旁观的角色，让教育学者有了难得的静下心来思考问题的时间，两个月下来，原来一些"冷学问"被我们"捂热"了，相关的研究成果增多了。

二、研究基础的变化：理论的"重生"与创生

教育学研究总是在一定的理论基础之上进行的，不同的理论基础衍生出不同的研究成果。疫情之下，教育学原有的一些理论和思潮受到前所未有的关注。有

第一篇 基础教育的本质叩问与价值旨归

的原来稍显边缘化的理论成为"显学",有些极端化的观点为研究者所正视,有的理论也可能在疫情的冲击中应运而生,成为一种新的视角。

疫情使得教育学研究的哲学、伦理学基础更加凸显。虽然现在还没有搞清楚新冠病毒的来源,科学家们正在进行深入研究,但疫情的的确确让我们重新思考人与人、人与自然、人与自我等这些最基本的哲学和伦理问题,思考"我是谁、从哪里来、到哪里去"等终极问题。我们更加注意到,教育学的研究离不开哲学、伦理学,既需要西方哲学、伦理学的滋养,也需要中国哲学、伦理学的土壤,只有汇集中西方智慧,深层次思考危机状态下的教育实践,才可能得出一些以前没有的认识,也才能更好地把握非常态的教育。疫情也使得教育学研究在方法论上发生一些变化,比如复杂理论的运用、系统思维的分析等。

疫情使得社会学、心理学中的一些理论在教育学研究中得到前所未有的重视。关于教育与社会的关系,社会学给出了许多结论,教育社会学也有诸多研究成果。但疫情之下,我们对教育和社会的依附关系有了更深入的认识。教育的自立性较弱,依附性较强,社会的风吹草动会引发教育的反响,甚至引起"巨浪",更遑论这样大的疫情。关于教育与人的心理的关系,心理学有各种各样的流派,但心理学研究者很少关注危机状态下学生的心理反应,也极少将其作为独立的研究对象。疫情让我们意识到,学生保持良好的心理状态,具有较强的适应各种变化的能力和毅力,是非常重要的。

疫情使得生命教育、生态教育、可持续发展教育焕发了活力。这段时间以来,关于生命教育的论述多了起来,这很有必要。珍爱生命,正视生命,认识到每一个生命都是独特的个体,有其存在的特殊意义和价值,认识到钟南山、李兰娟和所有奋战在抗疫一线的广大医务工作者用他们的行动诠释了什么是"生命境界的提升"……这些都是这次疫情带给我们的思考。例如有论者谈到,疫情让我们深刻认识到生命有"四个维度":生命有温度,具体、多元、鲜活;生命有宽度,全面发展、担当作为;生命有深度,不断修炼、不断开拓、不断超越;生命有长度，爱惜生命、延长生命。[1]生态文明教育，帮助我们处理好人与自然的关系；可持续发展教育，帮助我们处理好现在与未来的关系。这些教育理论在疫情之下引起我们更多的重视，有的成为我们看待教育问题的基本出发点。[2]

疫情使得"非学校化社会"等观点得到重新审视。美国学者伊里奇（Ivan Illich）在20世纪60—70年代提出"非学校化社会"，并形成了相应的教育理论。这一理论虽然早已被引进到国内，[3]但因其观点的极端、社会背景的差异以及政治识见的不同，我们其实并未"当真"。这一理论也大体是在学术圈子里稍有议论。疫情的到来，使得全世界范围内数以亿计的中小学生全部在家里利用网络学习。"停课不停学"，一下子让我们认识到这种理论的确当性，尽管我们所处的时代与当时不可同日而语。学习型社会、终身教育，这些主张也从观念形态转化为切实的行为。

疫情当然也让我们认识到，原有教育理论或多或少有这样的局限和不足：它们只能解释部分教育现象，主要集中解释常态教育行为，而很难对疫情之下的教育给出合理分析。危机中可能蕴含着新教育理论创生的"萌芽"，也可能会催生出新的、具有更强解释力的理论。

三、研究功能的变化：指导、反馈与"预后"

一般说来，教育学的研究功能大体表现为三个方面：描述、解释和预测。描述教育现象，解释教育事实，预测教育发展，是教育学承担的主要职责。这种职责在疫情时期或后疫情时代还是会得到体现的。比如，教育学可以细致描述疫情期间的种种教育现象，运用已有的理论解释疫情状态下的种种教育行为，对疫情

---

[1] 罗海鸥.生命教育是人生重要课题[N].中国教育报，2020-03-26（6）.
[2] 张婧.疫情下中小学生态文明教育怎么做[N].中国教育报，2020-03-12（7）.
[3] 伊里奇.非学校化社会[M].吴康宁，译.台北：桂冠图书公司，1994.

后的教育发展变化进行这样或那样的预测等等。除此之外，教育学研究功能的另外三个方面也会进一步体现出来。

一是教育学研究的指导功能。教育学从根本上说是一门应用学科，对实践进行指导是教育学的基本价值所在。但在非疫情时期，教育学的这种功能其实体现得并不十分充分，一些教育决策的出台、教育活动的开展，没有教育学理论支撑并没什么大碍。但在疫情时期，教育决策者从来没有遇到过类似的情况，原有的经验不管用，新办法不会用，甚至新的情况闻所未闻，没有可参照的对象。这种情况下，亟须教育学提供相应的理论支撑，至少教育学可以为决策提供专业方面的智慧。从实践一线来看，也是如此。学校管理工作者一下子没有了"实体管理对象"，教师一下子没有了"朝夕相处"的教学对象，家长一下子时时刻刻都要面对孩子的指导与教育，教育的存在方式一下子发生了翻天覆地的变化……这一切应该如何应对？没有现成的答案可提供。教育学研究虽然也不见得涉及所有这些问题，但理论特有的解释力和张力无疑比一般的实践更能说明问题，指明问题的解决思路与对策。

二是教育学研究的反馈功能。这次疫情无疑是一场危机，是人类历史上没有遇到过的事情。所有疫情来临后的教育行为都具有极大的试验性，无法断定一定会收到预期成效，产生正向结果。就像网络教学一样，可以说是一场全球性的教育大试验。以前只是凭空想想、口头说说的事情，如今一夜之间成了现实。这种"措手不及"，不仅表现在教育实践上，也表现在教育理论上。疫情之下，教育还要继续，学习还要开展，教育学研究很重要的一个功能，就是对种种教育实践行为进行资料收集，开展调查研究，验证初步成效，提出反馈调节建议。我注意到，自疫情以来，一些研究者已经开始进行类似研究，取得了一些不错的成果。[1]

---

[1] 季春梅.养成利他能力　担负教育使命［N］.中国教育报，2020-03-25（5）.

三是教育学研究的"预后"功能。"预后"虽然也是一种预测,但与一般的预测不同,它不是根据常态发展作出推测,而是预计危机发生后各种教育实践行为产生的后续效应。疫情期间,我们出台了异于常态的教育决策,教育行为发生了根本性的变化,原来"不正常"的变为"正常"的了。病来得急,用药就势必很猛。这种教育行为的"黑白颠倒"到底会带来什么样的变化?是"预后"比较好、"预后"比较差,还是"预后"不良、"预后"可疑?这些,需要通过定性分析和定量分析才能作出验证,才能对这些行为带来的持久性变化作出预测和说明。后疫情时代,教育学研究的这种"预后"功能会得到较为明显的提升。

四、研究问题的变化:常识、反常识与非常识

疫情为教育学提供了许多研究课题,一些研究领域或问题可能是我们以前忽略的,原有的一些认知也可能是不全面或者没有考虑到极端变化情况的。这样的研究,会巩固我们先前对教育的理解和认识,也有可能带来教育理论的"震荡",产生新的命题和原理。

一方面,在这次疫情中,有回归常识的呼吁:回归医学常识,回归公共管理常识,回归人本常识,回归人与自然关系的常识,等等。的确,常识是有生命力的,是带有普遍性的。违反常识,背离常识,就会受到惩罚。疫情之下,教育改变了原有的形态,运行模式发生了根本性变化,但一些教育学常识仍然起着重要的指导作用。大的教育规律不能违背,如教育与社会发展、与人的发展的规律;小的教育要求不能忽视,如启发式教学、因材施教等。非常态场景并没有削弱常识的力量,反而验证了它们的普适性。

另一方面也要注意到,疫情提供了许多新的研究问题。这些问题是非常识性的,以前我们很少去思考。研究这些问题十分必要,既是填补研究的空白,也能

第一篇
基础教育的本质叩问与价值旨归

扩充我们的教育学知识。比如,在教育目标上,我们如何提高学生应对危机的能力?如何提高学生的自制力、意志力和利他力?如何把生命、生态、生活的诉求转化为教育的指向?在教育发展上,我们如何认识人类历史上重大危机给教育带来的深刻变化?如何认识近代以来爆发的重大危机中教育的表现与作为?教育实践的非连续性如何影响教育的改革发展?在教育内容上,疫情信息转化为教学内容需要哪些条件?什么样的课程有助于危机的克服与规避?疫情状态下价值观念的新变化对教育来说意味着什么?在教育方法上,疫情之下教育手段发生的空前变化能否成为常态?线上教学与线下教学如何有机融合?教育技术的新拓展是否影响教育观念的深层次变革……类似问题,不一而足。

疫情之下的教育,危机来临的教育,非连续性的教育,断裂状态的教育,非常态的教育……如果真的能深入研究的话,我们可能会看到与原来的常识一致的认知,同时,也会有反常识的教育认识出现。物理上的学校没有了,物理上的课堂不见了,教师和学生的真实交往消失了,原来我们建立在物理空间、可见形态上的教育认知遇到前所未有的挑战。"教为主导,学为主体",疫情之下,谁来教?还是教师吗?还可以主导吗?"家庭教育是学校教育的重要补充",疫情时期,家庭教育不再是补充,而是"唱大戏"的主角。这些"反常识"的认知,会让我们以后再考察教育历史、分析教育现象时充分认识到多种可能性。在这样的研究中,也还会出现一些"非常识"的认知,这些认知与常识并不对立,却是以往我们忽略了的。比如,教育技术的革新带来的教育影响,关于这个话题,我们有研究,有成果,但大体上思考不多,研究不深。这次疫情让我们认识到,多亏有了技术手段的革新与迭代,我们的学校教育才能延续,社会教育也才能继续。这方面的研究,我认为,也有可能会出现教育上的"新常识",带来教育学的新变化。

五、研究方法的变化：非实地与新技术

近几年来，教育学研究中一个突出的变化，就是注重质性研究，通过深入现场，与研究对象面对面交流把握相关信息，作出判断和分析。有不少研究者到中小学去研究教育，通过大学与中小学的合作，跨越理论与实践的鸿沟，创生教育学的新理论。疫情极大地改变了我们的教育方式，教育学研究的方法也随之发生了重大变化。

书斋研究，这种研究方式一向被诟病，但在疫情状态下，却成为基本的研究样式，开始登上大雅之堂。在哪里研究，在什么样的场所研究，本身没什么好坏，关键看研究的问题是什么，研究的目的何在，研究的内容聚焦在哪些方面。非现场、非实地、非体验、非亲临，"躲进小楼成一统"，这种研究的感受是一些研究者在一段时间内很少有的了。

疫情之下，质性研究的方法虽然能用，但范围有限，局限性明显，倒是以新技术为支撑的量化研究有了一定的市场。通过网络技术、大数据、深度学习等，研究者可以了解学习者的状态，可以开展形形色色的问卷调查，可以对研究取得的数据作出统计分析，可以借此得出这样或那样的结论，为教育学研究开辟新的空间。[1] 这样的研究，可以为每个具体的学习者"画像"，描绘出学习者的个体学习行为，也可以为其后续学习提供针对性强的指导。

研究的交流方式也在这场疫情中发生了重大变化。以前，三五研究者围绕一个问题，或居于一室研讨，或小聚当面辩论，是很平常的事情。疫情之下，研究共同体完全是以一种新的方式打造，借助网络尤其是借助微信、视频会议等方式进行。线上交流成为常态，"不见面"成为会议的基本形式。前些日子，大规模

---

[1] 张建群.大数据在教育中的应用与研究[J].科技·经济·市场，2019（9）：127—131.

的学术会议不见了,宾朋满座的学术茶座不见了,遍请国内外名家济济一堂的论坛不见了,取而代之的是"云交流""云会议"。很难想象,假如没有网络,我们在疫情之下的日子怎么度过?同道学友怎么交流?

疫情带给教育学研究的变化很多。这些变化有好有坏,有的可能只是在疫情期间存在,有的可能会延续下去成为新常态。对于这些变化,我们还需要观察,还需要研究,现在得出各种结论还稍嫌早了一些。痛定思痛,才能真正体会到"痛";回味再三,才能真正体会到"甘美"。

后疫情时代中国教育之我见

【作者简介】

童世骏,博士,华东师范大学哲学系教授、博士生导师。华东师范大学原党委书记,兼任中国人民政治协商会议上海市第十二届委员会常务委员、教育部社会科学委员会委员暨哲学学部委员、上海市哲学社会科学联合会副主席、上海市马克思主义研究会副会长、金岳霖学术基金会副会长、中华全国外国哲学史学会理事、中华全国现代外国哲学学会理事、《哲学分析》总编辑等。主要从事认识论、实践哲学和社会理论等领域的研究。发表论文百余篇,著有《批判与实践——论哈贝马斯的批判理论》《中西对话中的现代性问题》《马克思恩格斯同时代的西方哲学》《哲学概论》《文化软实力》《求知明理——日常生活的哲学思考》《理性与梦想》等。

第一篇
基础教育的本质叩问与价值旨归

全球新冠肺炎疫情对教育的冲击可以说是最小的，也可以说是最大的。

说对教育的冲击是最小的，是因为教育的主要形式是信息交流，而信息交流恰恰是可以通过信息技术远程进行的。在许多单位和部门只能关门歇工的这几个月中，教育大概是为数不多的其员工比以前更加忙碌的行业之一。疫情得到控制后，在总结履职经历时最有专业收获的人群当中，除了医护人员，大概就是各级各类学校的一线教师和信息技术人员了。

但疫情对教育的冲击也可以说是最大的。教育活动的核心，是一个个特定的受教育者的不可逆的成长过程。疫情期间，各国经济固然遭受了惨重损失，但几个月几乎停摆的生产和消费能否在疫情结束以后恢复常态，是一个可能性大小的问题；而大中小学生在经历了疫情之后能否回到疫情之前，却是一个可能性有无的问题。几个月时间，甚至一两个学期，对从前老人们所说的"不见儿女长，只见衣衫短"的孩子们来说，在他们不可逆的成长过程中会留下什么印记，这样的印记对孩子今后的成长会起怎样的作用，是疫情后教师和家长们要思考的重要问题。

毫无疑问，孩子们在这几个月中学到的良好的学习技能和生活习惯要保持和优化，他们在此期间出现的不良倾向要得到引导甚至矫正。相比之下，更不容忽视的是，要帮助孩子们在这段经历（对许多孩子来说这意味着痛苦和创伤）的基础上，写好他们今后的人生篇章。以往的人生阶段作为事实是无法改变的，但这些事实的意义，却是可以在未来人生中得到诠释、展开、更新和升华的。多少年后评价我们的教育事业的一个重要角度，是看教育工作者是如何用好这场静悄悄的全球战"疫"所提供的特殊教材的。

更重要的是，教育者和学习者在疫情以后将生活在一个与疫情前大不相同的世界。疫情前已经提出的"过紧日子"的要求，在疫情后会变得更加急迫；疫情后的国际国内形势，也很可能比疫情前更加复杂、更加纠结。这些都会对疫情后的办学条件和办学环境产生重大影响。在尽可能适应疫情之后我们不得不接受的各种现实的同时,我们还要努力通过合适的教育形式和教育内容,让孩子们学会在今后的人生中,从仍然具有的自由选项中主动作出明智选择。过去几十年中以"全球化"和"加速度"为标志的生产和生活的突然暂停,为人类对一些已经逐渐习以为常的生产方式和生活方式进行重新思考提供了独特条件。从宏观层面的环境如何面对、社会如何治理,到微观层面的生命如何估价、作息如何安排,都会有一些"非不能也"乃"不为也"的选择可能,有一些经过全球抗疫洗礼的人才有慧眼发现的明智选项。让疫情后的孩子们成为这样一些明智选项的受惠者甚至发现者,是疫情后中国教育的重要使命。

后疫情时代，是"双线混融教学"的新时代

【作者简介】

李政涛，教育学博士，华东师范大学教育学部教授、博士生导师。教育部人文社会科学重点研究基地华东师范大学基础教育改革与发展研究所所长，华东师范大学"生命·实践"教育学研究院院长，兼任中国教育学会教育基本理论专业委员会主任委员、中国教育学会中青年教育理论工作者分会副理事长。先后入选教育部"长江学者"特聘教授、教育部"新世纪优秀人才支持计划"、国家"百千万人才工程"，国务院政府特殊津贴获得者。主要从事教育学原理、教育人类学、"生命·实践"教育学的教学和研究。在《教育研究》等期刊发表学术论文140余篇，多篇论文被《新华文摘》《中国社会科学文摘》《中国人民大学复印报刊资料》《读者》等杂志转载，著有《教育常识》《表演：解读教育活动的新视角》《教育科学的世界》《教育人类学引论》《教育学科与相关学科的"对话"》《做有生命感的教育者》《教育学的智慧》《重建教师的精神宇宙》《交互生成：教育理论与实践的转化之力》《"新基础教育"研究传统》《倾听着的教育》《教育与永恒》等。

新冠肺炎疫情的出现,是一条分界线,此后,世界基础教育将分为"前疫情时代的基础教育"和"后疫情时代的基础教育"。人类将全面进入"双线教学"的时代,深度进入"线上教学与线下教学混融共生",即"双线混融教学"的新时代。

这是"双线教学"的新时代。"混合教学"的说法流行日久。"混合教学"中的"混合"一词,具有多种理解的可能,既可以是线上教学与线下教学的混合,也可理解为多种教学工具或方法的混合,或各种教学理念的混合。但"双线教学"明确指向线上教学和线下教学这两条线,一目了然。"双线教学"中的"双线",不仅重在"双",更突出了"线"。它既点出了"混合教学"的混合对象和混合载体,也表明了在线教学"网络教育"的本质。同时,"网络之线"本身也构成了线上教学与线下教学之间的分界线。

这是"双线混融"的新时代。已有的"双线教学",即线上教学和线下教学,更多时候是分离或割裂的,虽然也有两者结合的研究,但并非主流,更多是"双线交替""双线并存",最多是"双线混合",而不是"双线混融",更不是"双线共生"。与"混合教学"相比,"混融教学"更加强调"融合"或"融通",愈发凸显"共生",以此作为"混融教学"的根本特性和核心追求。所谓"融"即"交融",指的是线上教学与线下教学"你中有我,我中有你",它试图改变传统的加法思维,即"线上教学+线下教学",而走向融通思维,从而瓦解双线之间的传统屏障。

这是"双线共生"的新时代。"双线教学"的混融关系,不仅是"历时性"的,不只展现为"先线下,再线上"或"先线上,再线下"的前后相继的历史发展过程,它们还是"共时性"的,是线上教学和线下教学共存、共融。两线教学各自的发展状态取决于二者的相互关系,每一方的改变都将牵动、影响和改变另一方,带来另一线的生长与发展,使双方的"共时性"发生改变,从而使原有的双线关系也发生历时的变化。这将是一个全新的教学体系或教学系统,是双线教学从"历时性"转换为或表现为一系列"共时性"过程中形成的新体系。

这一新体系的生成带来的是新机遇、新挑战，必将带来诸多新改变，同时也势必引发一些新问题和新困惑。

新挑战，来自如何打破"双线教学"一直以来存在的彼此分离、割裂的状态，走向"混融共生"。这也是新时代的"双线教学"亟须解决的根本问题。

由此生发的新改变，包括课程内容的改变、教学方案的改变、教师素养的改变、师生关系的转变等。

所有转变，都是在回答一个核心问题：**如何走向"双线混融教学"，实现"双线教学"的"混融共生"？**

对这一核心问题的回答，同时预示和蕴含着一种对未来教学新境界的追寻：教学的最高境界，是通往线上教学与线下教学的融通整合之境。

自然与人文共生教育应成为基础教育的基础

【作者简介】

孙杰远,教育学博士,广西师范大学教育学部教授、博士生导师。广西师范大学副校长,兼任全国教育科学规划学科专家、全国教育人类学学术委员会副理事长、中国教育学会教育基本理论专业委员会委员、中国地方教育史志研究会副会长、全国初等教育专业委员会常务理事、国家级实验教学示范中心广西师范大学教师教育实验教学中心主任、广西高校人文社会科学重点研究基地广西民族教育发展研究中心主任等。入选教育部"长江学者"特聘教授,教育部"新世纪优秀人才支持计划",教育部"国培计划"首批专家,第九届国家督学,教育部教育学类专业教学指导委员会委员等。主要从事教育学原理、民族教育、教育人类学、基础教育改革等领域的研究。在《教育研究》等学术期刊发表论文80余篇,著有《教育统计学》《有效教学的设计原理、策略与评价》《人类学视野下的教育自觉》等。

第一篇
基础教育的本质叩问与价值旨归

在人类演进的历史长河中，为适应环境，人类创造了精彩纷呈的文化，追求人与自然、人与社会、文化与文化间的和谐。《中庸》言："万物并育而不相害，道并行而不相悖，小德川流，大德敦化，此天地之所以为大也。"人类的历史既是人类顺应自然和改变环境的历史，也是人类创造文化、积累智慧的历史，更是自然与人文共生的历史。

当下，新冠病毒侵袭全球200多个国家和地区，引发了人与自然、文化与文化之间的紧张对峙。疫情给人类社会带来深刻的反思。与其说是新冠病毒入侵人与社会的机体，还不如说，人与自然、人与文化、文化与文化的冲突与撕裂带来人类自身的灾难。如何化解危机？教育必须作为，而基础教育首当其冲。在我看来，基础教育首要的应对与改革，应以自然与人文教育为基础。

其一，基础教育应理解和吸纳自然与人文共生教育的核心要义。

共生，即生命体间差异互补、特征并存、互利共赢，是人类社会发展过程中的进化法则与必然选择。当前的疫情猛疴，使我们意识到在基础教育中渗透"共生"理念的重要性。中小学生应该学会与自然相处，与不同的人与文化相处，理解不同文化系统对他者的态度与行为。自然与人文共生教育强调共生视阈下各教育要素之间的异质共存，追求自然与人文的和谐与相融；强调具有生命关怀的基本理想、空间维度上自然与人文相融、时间维度上自然与人文共同生长、教育内容的异质共存等；强调确立自然、人与文化三者之间的共生关系，并将教育作为转化自然与人文资源的可持续机制。基础教育在教育体系中具有奠基地位，应是自然与人文共生教育实施的初始空间。

其二，自然与人文共生的理念是对当下和未来人类困境的直接观照，是提升学生发展与认知水平的前提。

自然与人文共生教育将着力解决三个问题：一是提取人类自身的生长同自然世界的良性发展形成的共生与互补的系统；二是发掘族群在与其他民族、其他文化相处，以及对待自己的文化和现代化发展这些问题中形成的文化共生；三是建构达成人与自然、人与文化、人与人互促共生的教育系统。中小学是个人世界观、人生观、价值观养成的关键阶段，以生命的关怀作为基本理想的自然与人文共生教育，指引孩子关注自然生命，延续文化生命。在疫情中，我们既感受到了"山川异域，风月同天"的温暖，也看到了漠视生命、污名化等失德失范行为。今天的人类社会比以往任何时候都需要自然与人文共生理念的观照。自然与人文共生教育使中小学生得以感知人与自然、人与文化、文化与文化之间的合理关系，进而满足个体整全生命发展和社会进步的需要。

其三，自然与人文的共生教育作为基础教育的基础，其实现路径涵盖教育价值重构、教育目标重思、课程体系重组。

自然与人文共生的教育价值取向是共生哲学视角下教育行为的指针，它消解人与自然的对立，从人与自然、人与文化、文化与文化的关系着眼来建构教育生态。面对学科本位、学生本位、社会本位等价值取向，我们应在自然与人文共生的教育理念的引领下，共同构建多元共生价值取向，以支撑基础教育改革与发展。自然与人文共生教育的目标是培养具有与自然、文化和谐共生的智慧和能力的人。这样的教育目标让基础教育回归本真，关注作为自然的人、文化的人、社会的人的全面发展。与之相对应，基础教育课程不仅要引导学生理解自然，理解不同的文化，更要引导其形成"与之共生"的实践向度，以课程体系构建来实现人与自然、人与文化共生的理想。

后疫情时代的教学，应对危机的"变"与"不变"

【作者简介】

朱德全，教育学博士，西南大学教育学部教授、博士生导师。西南大学教育学部部长、党委书记，兼任教育部中小学教材审定专家、中国教育学会教育学分会常务理事、中国教育学会教学论专业委员会常务理事、中国职业技术教育学会学术委员会委员、重庆市职业教育学会副会长兼学术委员会主任、重庆市教育学会教育评价专业委员会理事长。先后入选教育部"长江学者"特聘教授、国家"万人计划"教学名师、国家"百千万人才工程"，享受国务院政府特殊津贴。主要从事教学理论、职业教育课程与教学论等领域的研究。在《教育研究》等期刊发表学术论文290余篇，被《新华文摘》《中国社会科学文摘》《高等学校文科学术文摘》《中国人民大学复印报刊资料》等全文转载数十篇，著有《处方教学设计原理》《教学研究方法论》等。

危机是人类发展史上一把永恒的"双刃剑",因为危险中往往孕育着新的机遇。2003年非典病毒在全球肆虐,成为本世纪第一次全球性传染病疫潮。当全球处于恐慌和危机之时,网络购物、网络聊天、网络游戏等新型互联网经济却在俯仰之间飞速发展,互联网思维持续影响着人们的生活,进而孕育新的发展机遇。无独有偶,2020年新型冠状病毒在全球蔓延,其危机指数远高于非典。然而,随着互联网技术的完善,疫情防控期间实现了"停课不停学",网络技术不断地重塑与扩展了教学的边界,引发教学思维方式的主动转化。

"危"中藏"机",洞察明晰。疫情防控期间,全球超138个国家和地区停课,停课学生数高达13.7亿人。[1]在全球的学校教学活动被打乱的危机之中,在线教学突然从学校教学的辅助性角色转变为替代性角色。学校教学与在线教学看似仅是暂时性的替代关系,在线教学却在很多方面颠覆了传统的课堂教学模式。疫情防控期间,在线教学主要出现了三种模式:电视云课堂、网络在线课程和网络直播教学。基于这三种在线教学模式,原有的教学空间、教学内容、教学方法、师生关系发生了根本性变化。一是教学空间从单维走向多维;二是教学内容从固定走向开放;三是教学方法从以教为主向以学为主转变;四是师生之间由主客体关系变为伙伴合作。这些根本性改变隐喻了"教"与"学"形态上的重构。值得注意的是,疫情防控期间,在线教学虽然大放异彩,但仍存在诸多形式化与任务化趋向,很大程度上并未跳出原有的教学模式,只是技术裹挟之下的形式创新,只是形式上的"变"与实质上的"不变"。

化"危"为"机",随机应变。在线教学要真正发展成危机当中学校教学的有效替代之物,必须处理好"变"与"不变"的关系,在万"变"中坚守"不变"之魂,在坚守"不变"之魂中坚持能"变"之术。变的是教学之术,即

---

[1] UNESCO. 新冠疫情已致13.7亿学生停课,各国力推多媒体教学保障学习连续性[EB/OL].(2020-03-24) [2021-02-01]. https://zh.unesco.org/news/xin-guan-yi-qing-yi-zhi-137yi-xue-sheng-ting-ke-ge-guo-li-tui-duo-mei-ti-jiao-xue-bao-zhang-xue.

"法"与"形",不变的是教学之本,即"情"与"理"。在线教学打破了传统教学空间的局限性,使教学空间不仅是物质或环境的外延。在泛在化的网络学习空间中,新技术的融入应该为教学主体带来更多的自主发展空间,使教学主体在智慧空间中重新发现和定义自我。智慧空间能够凸显"教"与"学"的过程性。在线教学通过融入区块链等技术,使"教师教"与"学生学"的全过程更为透明,促进教学活动在诊断性、反馈性与发展性功能的全方位与全过程上发挥作用。智慧空间也能彰显"教"与"学"的具身性与体验性,即网络学习空间通过解构时间与空间的单向性来增强"教"与"学"的黏性,学生可以从中获得知识涉身性与体验性的充分强化,实现从"脖颈以上的教"到"全身心的学"的具身转变。

疫情后教育的"变"与"不变"

【作者简介】

阎凤桥，教育学博士，北京大学教育学院教授、博士生导师。北京大学教育学院院长、教育经济研究所所长，兼任全国教育科学规划教育经济与管理学科组成员、高等教育管理研究会副理事长、中国高等教育学会院校研究专业委员会理事、中国教育发展战略学会常务理事和副秘书长等。曾获全国教育科学研究成果优秀成果奖一等奖、中国教育发展战略学会教育发展战略研究优秀科研成果一等奖等。主要从事高等教育管理、教育组织与制度、民办高等教育、学术职业等领域的研究。曾主持世界银行、福特基金会、全国教育科学规划资助的多个研究项目。在《教育研究》等专业核心期刊发表多篇中英文论文，著有《大学组织与治理》等。

第一篇
基础教育的本质叩问与价值旨归

疫情还没有完全结束,我们就开始讨论疫情之后的事情,这是人类的未雨绸缪。由于疫情的极端不确定性,我们至今还不知道它会持续多久,以及今后还会不会再现。所以,我们目前的行动具有一定的试探性,我们的预测自然也会有相当的偏差,一切有待事态的发展来验证。

疫情对社会来说,如同得了一场意想不到的大病。大病初愈,我们会逐渐恢复到正常状态,但是也会留下一些"后遗症",这就是痊愈后的"不变"与"变"。相较而言,"不变"是主要的,"变"是次要的。即使如此,我们也希望可以有坏事变好事的成分。可以肯定地说,受疫情最直接和最明显影响的不会是教育系统,而是其他部门,如公共卫生、疾病控制、野生动物保护、舆情、社会治理等。另外,疫情过后,社会恢复了正常,绝大部分的教育活动也应该恢复正常。从这个意义上看,"不变"是常态,"变"是非常态,因为采取特殊时期的做法去应对正常时期的需求不符合人类的理性原则。

先说疫情之后教育可能会出现的变化。首先,新的网络教学技术先于疫情而存在,只不过在疫情期间,我们不得已启用了网络教学系统,这给信息技术基础建设带来一次展示成果的机会。更重要的是,师生熟悉了它,所以我们今后会感念网络技术在特殊时期帮了教学的大忙,会善待它,并继续挖掘它的潜力,发挥它的作用。其次,这些新技术手段多数不是由学校开发、研制的,而是由企业所为,所以教学与产业部门在此实现了一次真正的对接,这点也许会成为疫情"后遗症"的一个方面。其三,疫情期间引起很大关注的一个问题是,科学研究是为了发表论文还是为了解决生命攸关的实际问题。这是对科学工作者良知的一次拷问,也是对长期形成的学术功利主义的一次鞭挞。希望我们可以从中吸取教训,使之成为"变"的一个组成部分。最后,疫情使我们"享受"了如此长的停课假期,但是,学生们并没有荒废时光,他们从自学过程中享受到前所未有的学习快乐,其效果甚至超过平时马不停蹄地听课、做作业、上补习班、考试。这也是我希望可以由此变成习惯和保留下来的东西。

再说疫情之后教育不变的一面。上面已经说了,"不变"是常态,这是我的基本判断。疫情过后,我们要回归常态,在强大的惯性作用下,思路依旧、规则依旧、做法依旧,这样的话,成绩与问题也依旧。我们今后仍然要面对应试教育的顽疾,要努力克服功利主义的弊端,要不断改革和创新,但是这些都与疫情没有直接的关系。

还有一些方面到底是"变"还是"不变",则属于更大范围的事情,取决于全社会的态度和能动性。疫情是否让我们对人与自然、人与社会等根本问题进行深刻的反思,并且把这种反思融入教学活动,并进行制度化建设?这是值得深思的。教育的事情不光是教育系统内部的事情,它是全社会和全人类的事情。

未来基础教育的基本信念

【作者简介】

刘庆昌，教育学博士，山西大学教育科学学院教授、博士生导师。山西大学教育科学学院院长，山西大学学术期刊社社长，《山西大学学报（哲学社会科学版）》编委，兼任中国教育学会教育哲学专业委员会理事、教学论专业委员会常务理事。主要从事教育哲学和教学理论研究。先后发表学术论文100余篇，发表教育、学术随笔40余篇，著有《教学艺术纲要》《教育者的哲学》《教育知识论》《教育思维论》《广义教学论》等。

在疫情扩散的过程中，人性的优点和弱点暴露无遗。利益与价值的结构一方面发生了动摇，另一方面也在看似无序的运动中默默地重组。毫不夸张地讲，作为教育环境的一个新世界正在逐渐到来，这让我们不能不思考有意义的个人及社会生活最需要什么，最不需要什么，值得保留和追求什么，必须抛弃和拒绝什么等一系列问题。立足于发展，基础教育自然不能放弃为学生成才奠基的要义。同时，为了有质量和有力量的社会发展，我们的基础教育很有必要促使以下的信念落地生根。

一是价值教育信念。只有在危急关头，我们才能真切地感受到积极价值的建设性和消极价值的破坏性。平静岁月中略显理想化的价值倡导，在突如其来的危难面前，才让我们感受到其力量的现实性；平日略显苛刻的价值批判，在不堪忍受的丑恶面前，才让我们感受到其存在的必要性。既然历史已经以各种方式证明了崇高价值之于人的意义，我们何不把价值教育作为基础教育阶段的重要构成？

二是创造教育信念。当面对新的威胁而力不从心时，我们才真切地感受到科学探索和技术创造与人的生存、生活密切相关。感知病毒的威胁和生命的消逝，我们更能理解探索与创造在人与自然关系中不可轻忽的作用。感知国际社会中的科技封锁和有活力的企业陷入困境，我们更能理解独立的探索与创造无法由任何的学习和引进替代。既然如此，我们何不在基础教育阶段就对学生进行真正的创造教育？

三是国民教育信念。在疫情之下，全球化的步伐无疑会减缓甚至会出现暂时的逆转，国家立场和国家利益必将成为人类命运共同体形成中需要认真对待的问题。"己欲立而立人，己欲达而达人"的仁爱之道，或许应该策略性地用"为立人而立己，为达人而达己"的原则加以辩证。在以国家为主要单位组成的国际社会中，在相当长的时期内，恐怕还是要先使自己的国家强大起来。既然如此，我们的教育难道不需要在基础阶段就培养学生的国民意识吗？

如果没有正在全球肆虐的新冠肺炎疫情，我们对人类的未来基本会持乐观的立场,这主要是因为我们愿意相信积极的情感和健康的理性可以把人类带到越来越光明的地带。即使在前进的过程中难免失误,我们也愿意相信那些失误是前进过程中必须付出的代价,并有信心在不断的反思中加以修正。但是,不期而至的灾难正在使这一背景变得模糊,教育生活的既有节奏和形态便不能不作出应激性的变通。而价值教育信念、创造教育信念和国民教育信念的务实确立,其实就是面向未来的基础教育需要作出的应激性变通。

后疫情时代的教育自觉

【作者简介】

刘铁芳，哲学博士，湖南师范大学教育科学学院教授、博士生导师。湖南师范大学教育科学学院院长，兼任中国教育学会教育基本理论专业委员会委员、湖南省教育学会教育研究会副理事长、湖南省教师教育学会班主任专业委员会理事长、湖南省教师教育学会学校管理专业委员会副理事长、长沙市明德教育集团首席顾问专家等。主要从事教育哲学、道德教育等领域的教学和研究工作。著有《生命与教化：现代性道德教化问题审理》《走向生活的教育哲学》《乡土的逃离与回归：乡村教育的人文重建》《古典传统的回归与教养性教育的重建》《保守与开放之间的大学精神》《公共生活与公民教育：学校公民教育的哲学探究》《什么是好的教育：学校教育的哲学阐释》《守望教育》《走在教育的边缘》《给教育一点形上的关怀——刘铁芳教育讲演录》《教育生活的永恒期待》等。

第一篇
基础教育的本质叩问与价值旨归

常言"多难兴邦",多难本身并不足以兴邦,真正兴邦的是以灾难为契机进行整体而深刻的反思,由此促进社会更好地尊重发展规律,既总结优点,又正视问题,不卑不亢,扬长补短,凝聚共识,全面激发社会发展力量。正如我们尚不知道新冠肺炎疫情究竟如何发生,实际上我们也很难预料此次疫情究竟如何结束。要评价此次疫情对中国乃至整个世界的影响,现在显然还为时过早,但其间显现出来的诸多人和事,已经足够让我们思考中国社会与教育的问题和应有路向。从教育的视角而言,我们的反思也是多样的。如果说教育的根本问题是培养什么样的人,那么我们对教育的自觉,最重要的就是进一步明确培养人的目标和要求。从疫情来看教育的目标要求,以下三点是至关重要的。

一是科学精神。疫情发生已经有一段时间了,我们对病毒的认识依然有限。这无疑提示我们,一方面要老老实实保持对自然的敬畏,积极寻求与自然和谐相处之道;另一方面要切切实实地加强科学教育,提升探究自然的能力。科学精神的教育主要体现在两个方面,一是科学知识、科学方法、科学探究的意识与能力,二是个体的科学素养与科学态度。

二是民主意识。疫情的发生是非预期的,而且是以难以预测的方式迅速发展。这一方面意味着有效而及时的社会沟通机制非常重要,另一方面意味着每个人都不能置身事外,隔岸观火。面对疫情,不管是社会治理,还是公民个体,都要恪守"人是目的"的理念,严格自律,关爱生命,救死扶伤。生命重于泰山,这就是民主理念的中心。民主意识的培育主要体现在两个方面,一是公共治理的民主化与公共关怀的培育,二是个体的公共责任与置身公共生活的公民担当。

三是民族认同。在应对这次疫情的过程中,中医发挥了重要的作用。全体人民积极应对,从医护人员勇担重任,到国人支持参与,到普通人自我约束,可谓全国上下齐心协力,共克时艰。与此同时,我们要切实地意识到,应对疫情离不开密切的国际合作。民族认同的教育主要体现在两个方面:一是坚定文化自信,切实强化民族文化认同,培育基于文化认同的家国情怀;二是开放的国际视野与积极的国际理解。

科学精神的培养重在处理人与自然的关系，培育对自然世界的积极认知，同时培育做人做事的理性态度。民主意识的教育重在处理人与人、人与社会的关系，培养人的独立个性和合作精神，提升个体的社会责任感。民族认同的教育重在处理人与国家、人与世界的关系，培育家国情怀，同时开阔国际视野，增强世界关怀。我们同时生存在三重世界，即自然世界、社会世界、精神世界，这意味着培育个体的科学精神、民主意识与民族认同是同时性的。科学精神的培育好比发达一个人的手和脑，让个体拥有充足的力量；民主意识的培育好比敞亮一个人的眼睛，让个体找到发展的方向；民族认同的培育好比强健一个人的心脏，让个体始终拥有自己的灵魂。

新冠肺炎疫情让我们重新审视教育与生活的关系

【作者简介】

刘旭东,教育学博士,西北师范大学继续教育学院(职业技术师范学院)教授、博士生导师。西北师范大学继续教育学院(职业技术师范学院)院长。曾获甘肃省高校青年教师成才奖、西北师范大学"教学科研双骨干"奖、"孔宪武教学优秀奖"等,入选甘肃省"新世纪学术技术带头人333人才工程""555人才工程"。主要从事教育哲学、课程论、教师教育研究。在《教育研究》《高等教育研究》《华东师范大学学报(教育科学版)》《课程·教材·教法》等报刊发表论文逾百篇,多篇论文被《新华文摘》《中国人民大学复印报刊资料》等转载。著有《课程的价值取向研究》《当代国外教学理论》和《教师专业发展》等。

教育与生活的关系是颇受现代教育理论关注的一个重要课题。以往，在技术理性的笼罩下，生活本身被遮蔽了，人们看到的只是外在于生活的方面。密切教育与生活的联系，只是被作为理念性的倡导和呼吁，未能真正成为教育的自觉行动和内容。但当某种突发的重大事件给生命带来冲击时，更深层次的问题就暴露出来了。反思以往的基础教育，多是在教育体系的纵向序列中思考自身的定位及发展，对当下的生活关注得不够，在教育过程中淡漠生活，或是窄化对生活的理解。疫情爆发后"停课不停教、停课不停学"的认识和行动，保障了学生的课业学习，但生活教育的很多短板显露了出来。北京师范大学中国教育政策研究院的一项调查结果显示，居家学习期间，教与学、家庭教育、生活管理、实践、自主学习等方面均存在着一些短板。[1] 这些短板是教育中存在不足的表象，反映的是教育中更为深刻的问题，需要我们认真思考和厘清。疫情后，关爱生命、热爱生活的主题必然趋于更加真实和个性化，并将落实在日常的常规教学中。

一是学生健全人格的培养将被提上重要议事日程。面对突如其来的疫情，每个人生活的轨迹和以往产生很大的不同，居家学习考验着学生离开学校集体生活后的素质和能力，此时，健全人格的重要性显得极为突出。在以往的日常生活中，学生的生活管理几乎"襁褓化"，身边时刻都有人在监护，其自觉性和自律性的培养在书本知识的学习面前退居次位，以至于因抗疫需要宅家独处时，一些孩子一下子觉得茫然不知所措，不会科学合理地规划自己的生活。在线学习也考验着学生的自律和自控能力，这给教育提出了很重要的课题。对一个发展中的学生来说，在今后的生活道路上还可能遭遇意料之外的事件，未来固然需要发达的科学和技术来应对，但更需要的是健全的人格，这是应对各种灾难和困难的最为根本的力量。这种健全的人格至少具有三个方面的内涵：一是能够很好地自制、自控，有能力判断自己该做和不该做的事，也有能力自我控制和自我约束；二是

---

[1] 张志勇. 居家学习是疫情下的应急方式，也给中小学教育变革带来机遇！这些启示一定要知道[EB/OL].（2020-03-11）[2021-02-02]. https://baijiahao.baidu.com/s?id=1660863213202109359&wfr=spider&for=pc.

有一定的劳动和生活本领,能够通过劳动丰富生活,摆脱无所事事的空虚状态;三是善于和身边的人沟通交往,丰富精神生活的需要能够在真实的人际交往中得到满足。这几方面是学生在今后的生活中提升生活品质的核心素养。有了这种素养,人即使独处,也能够克制自身不适宜的行为,乐观,慎独。以往虽然对这个问题有所察觉,但重视程度并不够,也缺乏必要的应对措施。此次疫情的爆发使得该问题再次显露出来。如何培养健全的人格,在较长的个人独处时期约束自己的行为,去做有价值的事,对学生而言是极为重要的个人素养,而对教育来说则是无以回避的重要课题。可以预计,疫情后,教育的价值导向必然由"向外"转向"向内",转向培养对学生发展更具本质意义的素养,在日常的教育教学活动中渗透相关的要求,在教育过程中使之转化为学生终身的自觉行动。

二是学生劳动能力的培养将被提上重要议事日程。在唯物史观的视野中,劳动是人之为人、人得以成长和发展的核心因素,劳动创造了人是其基本论断。而且,在马克思主义看来,教育与生产劳动相结合是培养全面发展的人的唯一途径。在教育基本理论的分期中,划分传统教育与现代教育也是以教育与生产劳动相结合与否为依据的。苏霍姆林斯基通过自身的办学实践,坚定地认为劳动可以使人的精神生活更充实,也可以培养学生的创造性。因此,劳动教育之于人的健全发展具有多方面的重要意义,加强劳动教育是构建德、智、体、美、劳五育并举育人体系的要求。然而,以往在这个问题上存在着认识不清、轻视劳动、以学业代替劳动的现象。疫情期间,劳动教育的重要性再次凸显。总体来说,学生在劳动方面的表现是不令人满意的:一是不懂得劳动可以充实自己的精神生活,展现创造力的道理;二是没有掌握一定的劳动技能,缺乏劳动的本领和习惯。2020年3月26日,《中共中央 国务院关于全面加强新时代大中小学劳动教育的意见》发布,对于落实全面发展的教育方针,加强新时代劳动教育具有重要意义。疫情过后,在构建德、智、体、美、劳五育并举的全面发展的育人体系过程中,劳动教育将进一步落到实处,不仅要使学生树立劳动光荣的观念,而且要让他们掌握一定的劳动技能，感受到劳动使人的精神生活充实、劳动能够更好地协调人际关系的作用，由此热爱劳动，在劳动中展现创造性。

三是生命教育的重要性日益凸显。苏格拉底有言：教育不是灌输知识，而是点燃火焰。教育是提升生命质量、彰显生命活力的事业，这是其本体价值所在。通过教育，每个人生成强烈的生命感，感受到生命的存在和生命的力量，充分彰显生命的力量。此次疫情给人的生命带来了巨大威胁，使人们感受到生命之可贵、生命之脆弱、生命之伟大。所谓生命之可贵：人生只有一次，生命很短暂，每个人都要珍惜可贵的生命；生命之脆弱：人在灾难面前，有时显得很无助；生命之伟大：一个个逆行者的英勇气魄、无畏精神以及病患者在与病痛抗争中表现出勇气和信心。正因为生命具有多重属性，所以我们需要丰富生命教育的内涵和方式。这既对生命教育提出了要求，也为生命教育提供了丰富的素材和教育资源。疫情过后，关爱生命、敬畏生命、珍惜生命的教育将再次成为教育的主题和重要内容。在进一步深化课程与教学改革的过程中，生命教育将融汇到课程、课堂和学校的各项活动中，以此拓展中小学生的视野，引导他们理性对待人生和生命。

综上，疫情后的中小学教育将在很多方面发生变化，在线教学也会很快进入日常教学并发挥独特的作用。但更为深刻的变革是，中小学教育在价值取向上会比以往更加鲜明地回归生活，引导学生更加全面深刻地理解生命、热爱生活、创造生活，完善人格、重视劳动能力的培养、对生命的关爱等将渗透到课程和课堂中，教师专业工作的取向也会因此发生转变。

新冠肺炎疫情，为基础教育的正本清源提供了机遇

【作者简介】

余文森，教育学博士，福建师范大学教师教育学院教授、博士生导师。福建师范大学教师教育学院院长，民革福建省委副主任委员，兼任教育部课程改革专家组核心成员、全国中小学教材审定委员会委员、中国教育学会课程论专业委员会常务理事、全国教学论专业委员会常务理事、福建省中青年教育理论研究会理事长等。国家"百千万人才工程"入选者、教育部"新世纪优秀人才支持计划"入选者，享受国务院政府特殊津贴。主要从事课程与教学论研究、基础教育课堂教学及校本教研的实践改革和理论研究。在《教育研究》等学术期刊发表论文200余篇。著有《当代课堂教学改革的理论与实践》《有效教学十讲》《课堂有效教学的理论与实践》《核心素养导向的课堂教学》等。

后疫情时代，基础教育向何处去？ / 全球97位教育专家的思索与探究

疫情期间，学生只能居家学习，线上教育代替了日常的学校教育，于是乎"线上教育"成了教育界的一个热词。对疫情之后基础教育改革发展走向的反思多半围绕线上教育这个话题展开，将线上教育与线下教育完美结合被认为是最佳的选项。教育具有时代性，这是一个信息化、网络化、智能化的时代，教育必然要借助时代的引擎实现与时俱进的跨越式发展，这是毋庸置疑的。线上教育就是其突出的表现，它带来的便利和优势是线下教育所没有的。但是，无论是线上教育还是线下教育，教育一定是在人与知识的相遇与对话中进行的，线上与线下改变的只是两者相遇与对话的时空和形式，而不是相遇与对话的本质和意义。学生只有在与知识的相遇和对话之中才能实现人的生命的润泽、智慧的提升、品格的养成、涵养的熏陶，实际上就是核心素养的形成。这才是教育的根，教育的本。不能触及和抵达核心素养的教育，不管是线上还是线下，那都是没有根、没有本的教育。那么，究竟什么样的教育才能触及和抵达学生的核心素养？

我的答案是阅读、思考、表达。抓住了阅读、思考、表达，就抓住了教育的命脉。这是因为，第一，阅读、思考、表达是知识通往素养的三道必经程序和门槛，是实现教育增值的三个核心要素和环节。阅读、思考、表达是教育过程的本体性、实质性、主体性活动，就像饮食的一日三餐。离开学生的自主阅读、独立思考、主动表达，无论是线上还是线下，教育都只是一种灌输和强迫，学习也就只剩下一种形式和空壳。第二，阅读力、思考力、表达力是三种最基础、最关键的学习能力，它们是"根"和"本"，其他能力是"叶子"和"花朵"。具备了这三种能力，也就真正学会了学习。反过来说，教育就是要致力于培养和训练学生的阅读力、思考力、表达力，从而使学生形成真正的学习力。线上教育和线下教育就像教育的两翼，如果没有学习力这一发动机，人依然飞不起来。这次疫情，原本是个很好的机会，让学生居家静下心来耐着性子进行自主阅读、独立思考、主动表达（写作）。我还特别倡导基于整体的持续阅读、基于学科大问题的深度

思考、基于思想输出的写作表达，让教育摆脱"听课、练习、作业、刷题、复习、考试"的桎梏，回归教育的本源和核心，让学生在阅读、思考、表达活动中体验阅读的快感、思考的乐趣、表达的喜悦，满足自身的求知欲、探究欲和表现欲，并从中发现自我的力量和潜能，激发真正的学习内驱力。

网课，让我们重新思考教育的真谛

【作者简介】

别敦荣，教育学博士，厦门大学教育研究院教授、博士生导师。厦门大学教育研究院院长，兼任教育部本科教学评估专家委员会委员，全国教育专业学位研究生教学指导委员会委员，山东省高等教育专家咨询委员会委员，中国高等教育学会常务理事、院校研究会副理事长，中国学位与研究生教育学会研究生教育专业委员会副理事长，中国教育发展战略学会高等教育专业委员会副理事长等。主要从事高等教育原理、大学战略与规划、大学教学与评估等领域的研究。发表300多篇学术论文，著有《世界一流大学教育理念》《现代大学制度：原理与实践》《高等学校教学论》《大学教学原理与方法》等30余部著作。

第一篇
基础教育的本质叩问与价值旨归

一场突如其来的疫情打乱了几乎所有正常的社会生活，教育也不例外。大中小学校不得不采取封校措施，以防止疫情蔓延。信息技术和互联网的发展为疫情期间开展教育工作创造了条件，通过上网课让学生接受教育，成为各级各类学校开展教学工作的基本路径。学生在家里就可以上课，教师在家里就可以组织教学，师生都可以不去学校，不需要在教室里集中面对面教学。这不正是在信息技术发展之初，一些预言家所设想的理想的教育吗？即学校没有了，但教育无处不在！

如果不是朋友的孩子的一番感言，我也以为网课教学真的如预言家所说的那般理想。朋友的孩子叫六六，上小学三年级，从 2 月 10 号开始上网课，每天四节课，共两个半小时；每周上五节语文课、五节数学课、两节英语课，还有体育课、音乐课、科学课、美术课、心理健康课等。六六上了一段时间的网课后，告诉妈妈自己不喜欢学习了。孩子厌学，这可把朋友吓坏了。于是，朋友开始给六六做思想工作，摆事实，讲道理，希望让六六明白学习的意义。在朋友苦口婆心的一番说教之后，六六告诉朋友："妈妈，你说的是到学校上学，我也喜欢，我说的是不喜欢对着电脑上课。就盯着屏幕，没有老师提问，没有回答问题，一会儿就不想看了，太没意思了！"六六说着说着，眼泪都流出来了。六六上网课的体会在另一位朋友的孩子身上也得到了验证。这只是个别现象吗？恐怕事实并非如此。只是盯着屏幕听和看却没有问答的教育是没有意思的，教育的真谛被一个三年级小孩给说出来了。

教育不只是传授知识，单纯的知识授受不是教育的根本目的。没有问答，没有师生互动，教育就没有意思。教育离不开师生互动，离不开生生互动。在教育过程中，人际互动不可缺少，这正是教育的本质所在。没有人际互动的教育，是简单的知识、技术或经验的传授。传授功能尽管是教育的原初功能，却不是本质功能。

认知互动是教育人际互动的基础。教育始于认知的需要，认知是教育的起点,但不是终点。认知是人运用自己的感知能力或学习能力学习新事物的行为,教师是先学者,学生是后学者,教师教学生,正所谓"上所施,下所效也"。教育认知过程是教师与学生的互动过程,认知互动不但能使师生发展新认知,而且还能发展其他素质和能力。

情感互动是教育人际互动的润滑剂。教育是人与人之间的活动,是人认识自我、认识他人、认识社会和认识自然的重要方式。人际互动如果缺少了情感,则教育可能有开始,但没有进程,更不可能达到目的。教育的过程是师生情感互动的过程,师生之间以及生生之间的情感是教育的纽带,又是维系教育人际互动的润滑剂。情感的维系、生成和发展既是教育的目的之一,又是教育顺利达成其他目的不可缺少的助动要素。

态度互动是教育人际互动的核心。教育要让人获得知识并拥有获取知识的能力,要让人富有情感且使情感不断升华,还要让人养成态度、形成理念、发展信念。态度是个体屹立于世的重要个性特征,是人心灵解放的标志,是教育的高级目的。人从小到大在教育中形成态度而不是接受态度,从根本上说在于师生互动和生生互动。

六六接受网课教学的体会说明,缺少互动的教育是"反教育",缺少互动的网课可能被受教育者抛弃。网课教学不能只是知识传授,它应当包含更多的认知互动、情感互动和态度互动。只有融入了人际互动的网课教学,才是真教育。六六的感慨说明,在信息化时代,她所喜欢的传统的学校教育不可能消亡,人际互动正是学校教育独特的魅力所在。

新冠肺炎疫情，将重构交往中的教育学关系

【作者简介】

蔡春，教育学博士，首都师范大学教育学院教授、博士生导师，首都师范大学教育学院院长。曾获广东省哲学社会科学优秀成果奖一等奖、首都师范大学优秀主讲教师、北京市优秀教学成果奖（基础教育）一等奖等。主要从事教育哲学与教育基本理论、教育政策、教育改革与教育发展、教育美学等领域的研究。在《教育研究》等期刊发表论文多篇，著有《在权力与权利之间：教育政治学导论》等。

隔离是新冠肺炎疫情防控的首要原则，是人类应对重大疫情的历史经验。深究疫情影响教育实践的根本切入点也正是"隔离"，因为教育是一种以有意识地影响人的身心发展为直接目的的社会交往实践活动。因而，如何在隔离的背景下，以有效的交往方式促成教育学关系（pedagogical relationship）的发生，是教育系统关心的重点。这也是思考疫情到底将给以后的教育变革带来何种影响的逻辑起点，也只有这样，才不会将所有的教育变革都归因于"疫情"。下文对基础教育发展的素描，与其说是对后疫情时代基础教育发展的判断，不如说是基于对疫情隔离背景下教育实践的反思而形成的实践期待。

一、基础教育价值回归：回到"基础"的基础教育

隔离期间以什么填充居家的无聊与空虚？阅读。喜欢阅读的人基本上不会觉得无聊。在隔离状态下，只要孩子们能做两件事——运动与阅读，教育之火便在熊熊燃烧。疫情中的教育实践与学习状况，引发了一系列的基本思考：什么是基础教育？基础教育到底给孩子们奠定了什么样的基础？帮他们塑造了什么样的世界观、人生观与价值观根基？越基础，越根本。因而，基础教育必须正视"基础"，做好真正的"奠基"工作。后疫情时代的基础教育将是回到"学习中心"而非"学生中心"的基础教育，是回到人的学习而非根据指示机械学习的基础教育，是回到诸如阅读、自学、思考与运动等基本习惯养成的基础教育……

二、基础教育实践转型：线上线下混合教育将是基础教育的基本实践形态

网络交往是隔离背景下主要的教育交往形态之一。疫情期间，各种形式的线上教学全面铺开。线上教育在信息化、智能化时代是一种必然。说疫情是线上教

育的"拐点"有点夸张,但大规模线上教育确实带来了一种"节奏性"影响。从线上教学的现实表现来看,最大的问题在于交往的缺失。鉴于学生心理发展特点、教师角色分化程度、技术发展程度、教育传统等因素,从实质性教育学关系的发生出发,属于持续式创新的线上线下混合教育将是基础教育阶段的基本实践形态。

三、基础教育背景重构:家校协同共育的教育合力成为基础教育发展的新支点

家庭交往是隔离背景下的另一主要教育交往形态。从忙碌中闲下来的家长,在疫情防控中的主要角色是教育资源的寻找者和任务执行的监督者。人们常常忽略了家长的教育者和陪伴者角色及其效用的发挥。待在家中的孩子,是家长与教师共同关注的焦点。疫情中学校与家庭之间的合作是比较密切和有效的,但这种合作更多的是配合或协助性合作,缺乏有机一体性合作。疫情之后的基础教育,应立足于家庭交往与家校合作共育中交往的教育学意义构建,从而实现深层次合作,使家校共育成为基础教育发展的新背景。家长首先要重塑的观念便是:家长不是学校的"顾客",而是教育系统的"合伙人"。家校合作的坚实基础在于孩子的成长!

四、基础教育命脉重塑:教师专业水平与专业化程度提升

疫情防控最重要的影响之一便在于社会对专业性的重视得到一定程度的提升,社会致力于重建专业权威和专家信任系统。在使用智能技术的背景下,作为专业人员的教师必须在与家长和学生的交往中,以专业能力取得信任。疫情给教师提出挑战的重点并不是线上教学的技术与工作量压力,而在于由此引发的关于

基础教育本质、教师的角色与作用等一系列基本问题的反思——当学生都在终端前收看少数最优秀的教师授课时，其他教师该何去何从？授业者、解惑者与传道者的角色是分化还是复合？教师必须摆脱经验取向的专业发展的路径依赖，超越方法与技术加诸自身的双重便利并由此而导致的工具化，立足教育、技术与教育学关系本身，走真正的卓越之路，为自己的行动赋值，从而实现有效的教育学关系建构与专业权威确证。

第一篇
基础教育的本质叩问与价值旨归

"基础教育"是学段性概念吗?

【作者简介】

陈廷柱，教育学博士，华中科技大学教育科学研究院教授、博士生导师。华中科技大学教育科学研究院院长，兼任中国高等教育学会第六、七届理事会理事，中国高等教育学会高等教育专业委员会第五、六届理事会秘书长，中国高等教育学会院校研究分会第三届理事会副理事长。入选教育部"长江学者"特聘教授、教育部"新世纪优秀人才支持计划"。主要从事高等教育基本理论、院校规划与院系治理研究。在《教育研究》等期刊发表论文多篇，著有《学习型社会的高等教育》《大学的理想：价值取向及其言说立场与限度》等。

后疫情时代，
基础教育向何处去？ 　　全球97位教育专家的思索与探究

关于新冠肺炎疫情对未来基础教育的影响，我关注的问题归结为一点，即"基础教育"是学段性概念吗？这似乎是常识。基础教育包括学前教育、义务教育（小学与初中教育）和普通高中教育，是多个学段教育的总称，区别于职业教育和高等教育。之所以有此一问，是因为这关系到基础教育的使命定位和边界设计。

这次疫情让"英国1.5万名中国小留学生撤留两难"的事广为人知，我们能说这些孩子可以达到基础教育的目标吗？基础教育是关乎国民素质的奠基工程，需要提供或强化某些必需的知识、观点、经验和准则等。这些必需的方面，又必然与相关人员所属的主权国家与地域文化、所处的特定时代与发展阶段等具有颇多的关联。因此，我倾向于认为，"基础教育"是功能性概念，这对重新审视其使命定位和边界设计具有一定价值。

就使命定位而言，基础教育要有本土情怀与动态思维。这次疫情彰显了人类命运的依存关系，也诱发了彼此之间的对立情绪。中国人民所承受的痛苦和中国之治所体现的优势有目共睹，但抹黑中国的声音却此起彼伏。此外，这次疫情也让我们充分感受到自己各个方面的问题。因为缺少常识或思维训练，我们常常被不实之词或"甩锅"之人折腾，这说明我们应对危机形势、凝聚社会共识、携手共克时艰所需要的多方面基础还不够厚实。我们的基础教育要正视这些现实，必须坚定不移地弘扬和践行社会主义核心价值观，必须对出国留学生的学段或年龄加以限制，必须加大"四个自信"与审辨式思维的教育力度，必须将医药卫生、社会治理、国际关系等知识以适当方式纳入基础教育范围。对待基础教育的使命定位，只有做到有所坚守与动态提升相结合，才有利于国家的长治久安，永葆国家的发展活力。

就边界设计而言，基础教育未必局限在某几个学段，也未必依附于正规教育机构。将"基础教育"视为学段性概念，容易固化基础教育与幼儿教育机构及中小学校之间的联系，不利于基础教育根据新的使命定位进行边界再设计。疫情之后，必须评估中职教育的招生比例，乃至存废问题，也有必要考虑高等教育普及化时代的基础教育是否具有独立于其他教育类型和层次的特殊价值。只有扩大基础教育的边界，才能在变化的社会中达到固本强基的效果。疫情期间，社区防控责任重大，家庭变成最主要的学习空间，也暴露出社区教育功能严重不足的弊端，充分显示了家庭作为学习场所的巨大潜力。一些发达国家的社区教育资源比较充足，家庭学校也有制度的约束与庇护，这对提供多样化的基础教育而言具有重要意义。特别是在居家办公已经习以为常的云时代，我国的基础教育不能局限于若干学段和教育机构，有必要将社区教育与家庭学校纳入基础教育的统筹范围。

基础教育的技术升级与本质复归

【作者简介】

杜岩岩，哲学博士，辽宁师范大学教育学院教授、博士生导师。辽宁师范大学教育学院院长，兼任中国教育学会教育理论刊物分会副理事长、比较教育分会常务理事、辽宁省比较教育学会理事长、辽宁省教育与经济社会发展研究基地首席专家、辽宁省教育厅"东北亚高校内部治理比较研究"创新团队带头人。长期致力于"一带一路"欧亚国家重大教育历史与现实问题研究，主持"欧亚跨境高等教育合作模式及治理机制研究"等10余项国家社会科学基金项目和省部级课题。在《教育研究》《比较教育研究》等国内外重要学术期刊发表论文50余篇，著有《21世纪俄罗斯师范教育现代化的价值取向及制度安排研究》等。

在疫情期间,师生们越来越适应"在云端"的教学生活,人们也越来越有信心,认为疫情后的学校教育教学会发生巨大的改变,甚至已经在考虑线上教育是否可能取代线下教育的问题。教育技术的升级对于基础教育改革无疑具有积极的意义,但是,基础教育在疫情期间暴露出的问题也绝不是仅靠教育技术升级就可以完全解决的。

一、技术升级,为"私人定制"的教育探索可能

疫情过后,在线教育不会再回到原点,线上教育与线下教育相融合会成为基础教育改革的探索方向。在线教育的价值在于弥补线下教育的不足,使"私人定制"的教育成为一种可能。根据《中共中央关于坚持和完善中国特色社会主义制度 推进国家治理体系和治理能力现代化若干重大问题的决定》的要求,我们的教育要"面向每个人、适合每个人"。"每个人"的教育就是"私人定制"的教育,即针对每个人的需求、基础与兴趣,提供教育资源和学业指导,而仅靠以班级授课制为主要组织形态的线下教育显然难以实现这一目标。在线教育的优点在于其具有资源获取和教学交往的便利性。对基础教育进行技术升级,其目的是为学生提供更多的可能,满足差异化与个性化的教学需求。以班级授课制为主要组织形式的教学交往是面对面的、有温度的,但教学交往程度有限。学生具有不同的认知风格和人格特质,线上的教学资源和学习社区可以为学生提供不同的教学交往平台,探寻更有针对性的指导和交流。由于诸多原因,目前的线上教育还未完全显现出其对"私人定制"教育的独有贡献,但是,互联网的特性蕴含着这种潜力。技术的发展需要正确的方向,也应防范其僭越的可能,"互联网使教育发生了重大变化,可以说是革命性的变革,但是教育的本质不会变"[1]。教育技术应

---

[1] 顾明远.人工智能时代的教育挑战[J].创新人才教育,2019(4):5.

服务于基础教育的本质追求。

二、复归本质，为学生的全面发展培根筑基

疫情期间，线上教育暴露出了诸多问题。疫情过后，对基础教育进行技术上的转型升级，其目的是更好地让基础教育复归本质，即面对所有学生，为每个学生的全面发展培根筑基，绝不因功利性目的造成学生发展的片面性，绝不只重视知识教育而轻视人格教育，绝不只重视成绩和分数而轻视全面素质。这就需要深刻地理解基础教育的"基础性"特征。"基础性"不仅是基础教育的事实性描述，同时也是基础教育的价值性追求，即为学生的高尚品德筑基，为学生的身体健康筑基，为学生的终身学习筑基，为学生的劳动能力筑基，为学生的幸福生活筑基。学校以学生发展为本，从教育目标、教育内容、课程设置到教学方式，包括教学制度、管理制度等，都应面向全体学生，确保每一位学生在课程学习中的主体地位，实现德、智、体、美、劳五育并举，培养学生的品德、习惯、修养、能力，促进学生的自主学习。否则，教育技术升级的意义又将体现在何处？

新冠肺炎疫情下重新思考教学实践

【作者简介】

吴冠军,哲学博士,华东师范大学政治学系教授、博士生导师。上海纽约大学双聘教授,兼任《华东师范大学学报》英文版执行主编、澳大利亚莫纳什大学(Monash University)客座研究员、复旦大学社会科学高等研究院客座研究员等。入选"上海领军人才"、上海市"曙光学者"、上海市"浦江人才"、华东师范大学"英才学者"。主要从事政治哲学、当代欧陆激进左翼思想、拉康主义精神分析、中国古典思想之重释、当代中国思想、中国道路等领域的研究。著有《多元的现代性》《日常现实的变态核心》《爱与死的幽灵学》《现时代的群学》《巨龙幻想》《第十一论纲》《哲学思考》等。

过去几个月来，新冠肺炎疫情改变了社会组织的多个面向，教育是其中的核心面向之一：在此之前，线上教学尽管得到繁荣发展，但主要仍是线下课堂的一个辅助手段，用以激发课堂空间的潜能，并提升课堂时间的利用效率。

然而，针对疫情采用的隔离措施直接瓦解了线下的课堂空间。于是，教学创新的方向便从挖掘线下课堂的潜能（以线上课程为手段），转变为全面挖掘线上课堂的潜能。这也意味着，疫情使我们从近年来支配性的"混合教学"框架中走了出来，真正去全面正视线上教学的挑战与潜能。

首先，我们要看到，彻底转到"云端教学"，对教师与学生都是一场巨大的挑战。对教师而言，这意味着他们无法做到不经转换地去简单复制线下授课形态，而是要习惯面对屏幕与摄像头来讲课。很多教师直接表示，这让他们感到不适应，乃至恐慌："我们不是网红啊，做不来对着屏幕和镜头自说自话。"

而对于学生，家里的日常环境使其无法像在线下课堂那样容易进入"上课"状态：身着居家便服，桌上放着父母准备的各种吃食，视线内自己屋中的各种摆设乃至玩具……这些变化实质性地降低了学生的听课效率。关键在于，这不能简单地归因于学生的"弱自律"问题，我们必须看到线上学习在空间设置上的结构性变化。

以上分析已使我们清晰地看到，从线下到线上，绝不只是"教—学"的拓展，绝不是平滑的延伸，而意味着根本性的转变。"混合教学"这个框架，则恰恰遮蔽了这两种教学模式各自的独特性。突如其来的新冠肺炎疫情，使我们能够绕过这个框架来思考线上与线下这两种教学模式。

我的分析是：线上教学，实际上缺少线下教学的三个结构性特点。这三个特点分别是：在场性、纪律性、仪式性。

身体的在场，完全不同于"云在场"。身体的在场意味着一个人全部感官的在场：视觉、听觉乃至触觉、嗅觉都被课堂结构化。而一个人"云在场"时的感官则呈散开状态，可以被各种非课堂性的信息源吸引，如手机。

第一篇
基础教育的本质叩问与价值旨归

与此同时,线下课堂具有一组纪律性设定:除了教师外,每个人都暂时性地被剥夺自由移动能力(被固定在其座位上,不能随便地走来走去)和自由行事能力(不能随便说话、交头接耳或处理其他事情),以此方式提升课堂的注意力。然而,线上教学则无法确保纪律性元素。

同样重要的是线下课堂的仪式性元素。要使得数十人依照相同的程序(从早上出门到下课回家)周而复始地参与同样的活动,仪式感是重要组成部分。线上教学由于不再需要出门,甚至不再涉及任何教学外的共同仪式(如早锻炼、眼保健操、课间休息活动、自修等),这使得线上教学无法借助仪式感来提升其教学质量。

那么,线上课堂该怎样面对这一组严峻挑战(欠缺在场性、纪律性与仪式性),进而探索其潜能呢?基于过去三个月的在线授课实践与思考,我想提出以下这组针对性建议。

最根本的建议,可以归结为如下这点:要使线上教学收获成效,教师要在意识层面认可并接受对原先诸种外部支持(空间性支持、纪律性支持、仪式性支持)的放弃。这些曾经对授课质量至关重要的支持性元素,在线上教学中不复存在。不只如此,疫情("社交距离")彻底断绝了所有适用于封闭物理空间的授课技术。这就意味着,教师不能简单复制原先的线下授课内容并期盼收获相同效果,而是必须另外寻找提升学生注意力的措施,从而保证教学质量。

什么样的措施,能够使线上课堂拥有活力?首先,教师需要学会"不断带节奏"。在没有纪律性措施保证学生聚焦度的"云课堂",教师必须重新组织授课内容,使之模块化(我更愿意称之为"量子化",以纪念普朗克),亦即,不是连续性地上完一节课的内容,而是分成多个小单元,并为每个小单元设计高潮(可以是"烧脑"问题,可以是轶事、段子,也可以是参与性活动)。

其次,教师须积极利用多种数字技术与网络资源。教师可以发起即时线上投票,随时在课堂上展开数据分析,如班上多少比例的学生选择某答案,男生占比多少等，通过这种方式调动学生的参与度与好奇心。作为社会性动物，学生（尤其是处在青春期的学生）对身边人的好奇心绝不会低于对知识的好奇心。对数字技术与线上资源的利用，能够使"云课堂"里的学生置身熟悉的网络环境（如微博），使其更有意愿参与其中。

这就涉及我提出的下一个建议：使用社群学习模式。现在，Zoom、"腾讯会议""瞩目会议"等数字工具都在主课堂（PPT与视频讲授）之外提供了一个聊天社群。教师可以利用聊天社群在课程每一个小单元后随时发起在线讨论，并对发言者（或提问者）进行鼓励（比如点赞）。社群学习与纪律性的线下课堂恰好相反，参与者越活跃越好，因为它并不存在彼此打断（只有一个注意力中心）的问题。

"量子化"授课、多资源整合、使用社群学习模式，就是我总结出来的优化"云教学"的一组实践措施。新冠肺炎疫情给人类社会带来各种全新的挑战与考验，作为教师，我们无法像"逆行者"和英雄们那样战斗在第一线，但同样可以在自己的岗位上逆行而上，迎接挑战。

追求真实　追求真相

【作者简介】

苏智良,博士,上海师范大学教授、博士生导师。教育部人文社会科学重点研究基地上海师范大学都市文化研究中心主任,上海市初中历史教科书主编,兼任中国城市史研究会副会长、中国现代人物研究委员会主任。享受国务院政府特殊津贴,获上海市哲学社会科学优秀论文一等奖、上海市决策咨询优秀成果奖一等奖、教育部中国高校人文社会科学研究优秀成果奖、上海市高等学校教学名师奖、"全国优秀教师""上海市教书育人楷模"等荣誉。主要从事社会史、上海城市史、抗日战争与中日关系等领域的研究。发表论文200余篇,著有《慰安妇研究》《日军性奴隶》《中国简史》《中国毒品史》《全球禁毒的开端:1909年上海万国禁烟会》《上海城区史》等。

庚子新年，一场突发的新冠肺炎疫情席卷世界。这一事件被称为"二战"后影响人类历史进程的最重大事件。人们在拷问：貌似能上天入地、强大无比的人类，为什么会被只有头发丝直径千分之一的新冠病毒弄得如此狼狈不堪？

回顾历史，人类对瘟疫并不陌生。14世纪的鼠疫流行，曾夺走三分之一欧洲人的生命；1918—1919年的大流感，死亡不计其数，流感病毒甚至促使第一次世界大战提前结束。

法国年鉴学派大师吕西安·费弗尔（Lucien Febvre）指出："在动荡不定的当今世界，唯有历史能使我们面对生活而不感到胆战心惊。"尽管疫情还没结束，人们已在深入反思：我们是否太缺乏透明度、同理心、担当与反思？病毒恰恰因人类的傲慢、自大与自私而肆虐。只要史家潜下心来，深入研究，相信能写出史诗般的传世之作。

眼前的这场新冠肺炎疫情，正在深刻地改变着世界，同样也改变着人们的生活方式和学习方式。新冠肺炎疫情之后，历史教育将如何开展？我以为，应该更加认可并充分利用数字化的教育与学习模式，倡导与鼓励学生追求真理，追求真相，追求独立思考。

众所周知，史料是历史学习的基础。所以，如何更便捷、更广博地寻找和获取史料，应是师生互动、生生互动的重要话题。我们身处社交媒体非常发达的时代，自然要充分利用网络去搜寻数字化资料。例如，要做抗日战争、中日关系的研究，在10年前，你不能不知晓日本的亚洲历史资料中心，那是可以自由利用的亚洲最大的历史资料平台。而今天，中国的抗战文献数据平台已上线两年，档案、图书、报刊、音视频等各类史料达2 000万页，其中图书约4万种，期刊约3 000种，报纸约1 000种，且任何人均可阅览与下载。只有掌握更全面的资料和信息，你才能获得真相，并可能得出比较正确的结论。

由新冠病毒风暴联想到，人类在突发的灾难面前是何等脆弱。如果哪一天，手机与电脑都丢了，或者世界断电了，整个人类社会是否会倒退几百年？我们是否过分依赖数据库来记忆与辨析？要提升人的素养与能力，需要加强历史学的基本功——记忆。历史学的基本功能之一就是记忆，记忆年代、地点、人物、事件、原因、结果。事实上，当下世界知识爆炸，信息膨胀，但人的记忆力在衰退。

那么记忆的前提是什么呢？就是比较与思考。历史学不仅仅是历史的著述与史料的整理，它还是文明的梳理与道德的寄托。历史课堂应着力启发与引导学生进行自主式学习，去探索未知。为什么日本和希特勒领导的德国会走上疯狂的侵略之路？是"人定胜天"，还是人与自然和谐共生？未来最稀缺、最可贵的，是人独立思考与批判的精神。获得真相极其重要，因为真相比整个地球都重。所以要启发和鼓励学生，不依附于前人古人，不盲从于社会，审时度势，不妄自菲薄，更不夜郎自大，努力成为有良知的、理性的、高素质的公民。

当然，历史课的灵魂是历史教师。教师应该是独立思考且具有良知与理性的人，能引导学生坚守良心，追求"富贵不能淫，贫贱不能移，威武不能屈"的人生境界。教师也应该是能言善辩、循循善诱的人。历史教师更应该学会讲故事，让学生在鲜活的人物形象与紧张的情节冲突中真正体会到历史的魅力。

墨汁和老抽：教育的跑道可以有多宽

【作者简介】

毛尖，文学博士，华东师范大学国际汉语文化学院教授。华东师范大学中国现代思想文化研究所城市文化研究中心研究员，上海师范大学都市文化研究中心专职研究员，著名专栏作者，知名电影评论家，上海电影评论协会副会长。曾获华语文学传媒大奖散文家奖。著有《非常罪，非常美：毛尖电影笔记》《当世界向右的时候》《慢慢微笑》《没有你不行，有你也不行》《乱来》《这些年》《例外》《有一只老虎在浴室》《一直不松手》《永远和三秒半》《我们不懂电影》等。

第一篇
基础教育的本质叩问与价值旨归

这是真事。疫情期间，我们学校有一门留学生书法网课，然而，并不是所有的国家都有书法传统，有留学生来报告：买不到墨汁！课在弦上，群策群力，各种票选，老抽呼声最高，后面跟着打印机墨粉，以及胭脂、唇彩、染发剂。

这个事情一直让我觉得应该拍一部纪录片——《新冠元年的课堂》。在任何意义上，全球学生同时受疫情影响，线下教学转到线上，虽然有数量庞大的学生失学，但这个春天的课堂肯定是史上最多样的，也将给未来的教育留下最多议题和启发。其中，教育公平是最热的一个话题。

汪晖在谈及教育公平问题时，曾提及清华北大等高校的农村学生比例越来越低，根源不只是在高考，而是跟教育配置有关，尤其贫困地区的学生，小学起就落在别人后面，根本谈不上平等竞争。由此，他认为稳定农村教师队伍是实现教育公平的第一步，应该从政治、经济两方面加持农村教师的尊严感。中国有超过2亿中小学生，特岗计划推出也已有15年，但教育公平问题持续加剧。疫情再次彰显了这种不平等：贫困地区疫情最早缓和，但父母回北上广打工，孩子就没有手机和老师互动。

不平等从来令人揪心，但我想说的是疫情提供的新思路。这次，国家电视台出面全程播放课程，覆盖全国中小学主课，贫困地区可能因为网络问题，师生无法互动，但课程收看问题基本得到解决。线上课程，尽管也发生了各种事故——安徽一位一年级小朋友因为调错台，听了高二的化学课，难是难了点，孩子也全部听了下来，还做了笔记——但重要的是，这场全民网课让我们看到，教育的跑道可以有多宽。就像我们留学生的"老抽书法"，肯定没法跟墨汁书法相提并论，但是，他们也在世界的不同时区获得了使用毛笔的可能。

线下的教育公平道阻且长，那么线上的课程频道是不是可以先行一步，在疫情之后成为新常态？能不能以举国之力为贫困地区的学生打造全套课程，在农村师资不到位的情况下，至少可以让教育洼地获得数字课堂的最好辅助？20世纪60年代，苏联曾经以史无前例的物力和人力拍出七个多小时的《战争与和平》，让好莱坞版望尘莫及,他们认为这是一个国家的百年大计。新冠肺炎疫情带来新的"战争与和平"问题:以中国当下的国力,为全中国学生打造一条新的教育跑道,一条事关未来的教育新跑道,是不是也该是疫情政治的题中之义?

当然,线上教育永远代替不了线下教育,"老抽书法"也只是一个暂时性替代。但至少,可以让老抽、生抽和老师一起,在没有墨汁的地方,告诉千千万万学生:如果你想奔跑,这里也是跑道。

第一篇
基础教育的本质叩问与价值旨归

基础教育需要"教天地人事　育生命自觉"

【作者简介】

李伟平，教育管理专业硕士，江苏省小学语文特级教师。江苏省常州市局前街小学校长，兼任常州市小学语文教学研究会会长，常州市第一至第四批名教师工作室优秀领衔人，常州市第十五届、第十六届人大代表等。入选"江苏人民教育家培养工程"首批培养对象、江苏省"六大人才高峰"项目、江苏省"333高层次人才培养工程"第二批中青年科学技术带头人、江苏省有突出贡献中青年专家、常州市特级校长、常州市突出贡献人才、常州市教育领军人才、常州市"831新世纪学术技术带头人培养工程"。曾获全国基础教育教学成果二等奖，江苏省教学成果一等奖，常州市第十一届哲学社会科学优秀成果一等奖、二等奖等。著有《"生命关怀"教育理念下学校教育的探索》等。

新型冠状病毒引发了全球性的公共卫生危机，给人类带来了一场灾难。在灾难面前，人们的表现反映了基础教育的影响。

关于新型冠状病毒来自何处，有一种说法是源自野生动物。野生动物可能会携带病毒，小学科学课和中学生物课上教过这个知识，人们应该熟知。吃野生动物可能会传染上病毒，这应该是常识，可是许多人依旧贪吃野生动物。由于缺乏常识，或者漠视常识，人们一次又一次受到了大自然的惩戒。

反思我们的基础教育，不能仅仅局限于传授书本世界中的间接知识，还应该"教天地人事"。与自然科学相关的是"天地"，与人文社会科学相关的是"人事"。叶澜教授提出，"教天地人事"就是用大自然和人类文明的财富，丰富受教育者的精神世界，是教育中认识外部世界、学会生存、学会学习、学会创造等重要的基础性任务。"教"就是要让每一个孩子认识外部的"天地人事"。尊重大自然，与大自然和谐相处，这是常识，但是往往就有人漠视。他们不敬畏大自然，不善待万物，从而引发人类的灾难。人类生活在大自然中，与其他物种必须互相尊重，和谐相处。对于"天地人事"，人不会天生就明白，需要通过教育来明理，从而获得相关常识。基础教育要引导每一个孩子更好地认识外部世界，从而改造世界。

从抗击新型冠状病毒传染的角度来看，不自觉的人"虽令不从"，自觉的人则"不令而行"。

反思我们的基础教育，不能让学生被动地学习，而应该"育生命自觉"。叶澜教授在生命·实践教育学派的教育信条中指出，"育生命自觉"是教育中指向内在自我意识发展的重要使命。有"生命自觉"的人都热爱生命和生活，悦纳自我，具有积极、自信的人生态度；他们具有反思自我，在人生中不断实现自我超越的信念和能力；他们具有规划人生、主动把握时机、掌握自我命运的智慧。这一次的灾难告诉我们，教育需要回归，回归育人的根本。自主性是人类生命个体的基本特征。个体生命在不断认识、理解、适应、改造人类世界的过程中建构自我，实现个体生命自主、自觉的成长和发展。基础教育要培养学生逐步形成清晰的自我意识的能力，学会自己选择、自己决定、自己规划，让自己成为行动的主体，从而焕发生命的内在活力。"生命自觉"是教育最高境界的追求。基础教育要"教天地人事""育生命自觉"，它们是一个整体。作为教育者，应该用育人的眼光教"天地人事"，从而促使每一个孩子获得"生命自觉"，这是给孩子们一辈子的财富。

基础教育的基础是什么

【作者简介】

罗伯特·柯文（Robert Cowen），英国伦敦大学学院教育学院荣休教授，伦敦大学学院教育学院国际与比较教育系原系主任，欧洲比较教育学会主席，知名比较教育专家。主要从事国际与比较教育研究。

第一篇
基础教育的本质叩问与价值旨归

在新冠肺炎疫情肆虐的过程中,发生了一些人人都能看到的事情。例如,那些在公共服务部门工作的人、医护人员,以及在紧急情况下常常出现的士兵们,成为新的英雄。另外,还有一个令人吃惊的现象:机构倒闭的数量大幅上升。显然,这其中也包括教育机构。因此,教育机构必须迅速探索新的发展方向。这样,我们就可以知道教育能做什么。

一、向前三步

比如,在基础教育中,或许很容易通过远程方式增加教学总量。第一,一些身处节点中心(比如省会城市)的优秀教师可以通过网络媒体给许多孩子上课,包括那些散处乡村学校的孩子。而其他各地训练有素的教师们则可以根据自己的教学经验,给自己班级的学生开展后续的辅导工作。其实,大多数父母发现,身处数字化时代的孩子从很小的时候起就能迅速学会处理各种信息。他们可以很快地学会用手机和电脑来获取信息以及传递他们的想法。或许,相较于父母甚至部分教师,孩子们对此类设施反倒较少恐惧。

第二,网络的实用性显而易见。网络资源可以融入教学,以达到教学的目标。学生在完成作业时,也可以借助网络更方便地使用相关的视频、文字、图表、图画、照片和文学作品等。从这个意义上来说,网络可能是世界上有史以来最大、最灵活的教科书。

第三,教学的三个基本要素,即教师的"教"、学生的"学"以及对学习效果的测评,都可以用电脑和手机来完成。这种系统的实际硬件成本不会很高,却可以获得巨大的经济收益。这样,基础知识作为教学的关键内容之一,就可以在中心地区由专家教授们进行统一的调整。

总的来说,这一设想跳出了从 19 世纪起建立的孩子们分排坐在课桌前举手回答问题,并将注意力集中到塞满教师板书的黑板上的教学模式。或许,这就是后疫情时代的"解决方案",但这种方式会忽略一些关键问题,尤其是一些基本的问题。

二、三个简单的错误

第一个错误是"撒切尔问题"。众所周知,撒切尔夫人(Margaret Hilda Thatcher)曾宣称"没有社会这种东西"。这听上去十分奇怪,因为她的父亲曾是格兰瑟姆(Grantham)的市长,这是位于伦敦以北约100英里的繁荣小镇,牛顿及其"苹果树"就在附近。在英国,"市长"就是一个社区的代表,而公民的活动是整个社区的重要组成部分。所以说,撒切尔真是错得离谱。学校一直是年轻人从家庭过渡到社区,再到社会的一个渠道。学校不同于有自己个性、思想和抱负的父母,它是社会习俗的传播者。学校并不仅仅传授知识——认知能力或其他有助于日后工作表现的技能,学校还传递着一种归属感、一种抱负心,在允许失败的同时激励成功,而这一切都指向"社会"。

第二个错误是"取消仪式",即非语言信息的缺失对教育形成破坏。包括学校在内的所有强大组织,都有着非常重要的仪式,例如旗帜、比赛、歌唱与音乐、纪念日、制服,甚至是各种演讲(无论讲的是什么)。学校是增进情感的场所,通过各种各样的方式,例如服装、徽章、发型、年龄标识、奖品、学期的开始和结束、毕业典礼等来定义性别与成功,回溯过往,担当未来。学校是集体要求由个体表现来完成的地方,这些要求属于能为社会所接受的范畴,无论是打扫房间,还是穿着得体的衣服,或者仅仅表现出努力和诚信。

第三个错误是"取消未来"。几乎所有教育思想家都设想过未来,例如孔子、柏拉图(Plato)、杜威(John Dewey)、克鲁普斯卡娅(Krupskaya)、夸美纽斯(Comenius)和弗莱雷(Freire)。在这些教育思想家看来,未来可能取决于一个君主或哲学王,也可能是一个良好的共和制社会或社会主义社会的愿景,又或者可能与工作、文化和自由的观念有关。但这些设想并不局限于一种教育形式，也不局限于一种特定的教学风格。技术不能提供社会将如何变化的图景。社会与个人将要如何变化，应该如何变化，被浓缩进了学校的日常生活之中。这种"编码"很难解读，或许可以直接说，我们无论以何种精微理论，都无法通过一以贯之的和比较的方式，来解释比如十种或十二种社会的"编码"，即便我们自己就生活在某一"编码"之中，而且我们的孩子也会生活在其中。当然，我们能做的是去留意此种"编码"是否会误入歧途。

三、历史性的错误

狭隘的主张：人们认为国际学生评估项目（The Program for International Student Assessment，简称 PISA）提供了一种教育卓越的定义。这个主张一直以来都是不被理解与认同的，这是历史性的错误。

狭隘的意见：由于新冠肺炎疫情的影响，人们会完全接受并认同教育是可以远程传达的。这样的观点也会成为历史性的错误。

指令可以远程传达，而教育不可以。尤其是教育在社会和政治上充满活力，旨在捕捉和传递中国特色、中国的和谐和多样的理念，并且可以定义 21 世纪中华文明的愿景，并赋予其生命。

【编译】周凯依
【校对】李　林

疫情时代：关于课程、教学和学习的思考

【作者简介】

谢丽尔·克雷格（Cheryl J.Craig），博士，美国休斯敦大学课程与教学系教授，得克萨斯农工大学教育与人类发展学院教学和文化系教授、系主任。兼任《教学与教师教育》(*Teaching and Teacher Education*)等国际期刊的主编、美国教育研究协会研究员等。曾获休斯敦大学校友会杰出服务奖。主要从事学校改革、教师专业发展、叙事探究等领域的研究。著有《学校改革的叙述研究》，并编写五卷本教师教育者协会的教师教育年鉴。

第一篇
基础教育的本质叩问与价值旨归

随着新冠肺炎这场世界性大流行病的肆虐,人类面对的考验每时每刻都在升级,我们需要集中精力从这场灾难中吸取教训,这也是在为未知的未来(其中可能包括其他形式的瘟疫)做准备。这场危机让我们不禁思考:此次疫情的发生对教与学意味着什么?对中国和其他地区的教育有何影响?

第一,华东师范大学的校训是"求实创造,为人师表",强调对教师的教育和尊重教师作为课程制定者的角色。教师帮助学生发展和提升,教师处于教与学的交汇点,是教学过程中与学生面对面接触的人,他们需要拥有更多的教育决策权,以富有成效、奉献生命和改变人生的方式为政策注入活力。

第二,要培养学生的批判性思维能力,使其能够严谨地研究相关问题。当下,能主动辨别真理与谣言的能力显得至关重要。可以通过个人反思、小组讨论和大组商议等方式来培养学生的批判性思维能力,这也是此次危机对社会科学领域提出的要求。

第三,科学的作用必须得到极大重视。学生必须学习什么是确定性科学和非确定性科学,以及它们之间的区别。最重要的是,需要讨论确定性科学与非确定性科学如何相互补充。通过这一过程,学生能够更好地理解和欣赏自己的发现。同时,科学家和广大公众需要认识到,并非所有技术上可行的发明在道德上对人也是有益的。这些都是教育者可以补充到教学内容中的重要知识。这是此次危机对后疫情时代的科学教育提出的要求。

第四,艺术在国内和国际上将变得越来越重要。全世界遭受此次疫情的人们都在唱着希望之歌和传承之歌,在 Zoom 上举办线上合唱团,朗诵诗歌,甚至名人也聚在一起举办令人心动的音乐会。隔离在家的人们纷纷演奏乐器,看电影和纪录片,听流行音乐,看新闻报道……艺术帮助人们通过直接经验和间接经验扩充认识、丰富表达和调整情绪。疫情过后,艺术将不再是教育的装饰品。艺术将被重塑为人类认知、行动和存在的基础。

第五,教育者和社会公民将认真反思哪些知识是值得了解的,哪些知识对于维持人类及其作为个人和公民的生活是最重要的,这将使世界范围内的标准化测试和全球竞争力得到重视。随着可测试的、抽象知识的全面普及,关乎生存的基本技能被逐渐抛弃了。因此,必须强调未经污染的水、空气和疾病控制的重要性,以及废品循环再利用的方法。此外,随着经济的发展,人们越来越依赖包装好的食品和外卖,因此诸如烹饪、缝纫和修理等职业技能(虽然不是必要的)可能会再次列入课程。

第六,教育者可以引导学生通过相互学习来维持和发展富有成效的伙伴关系。在这样的关系中,每个人都可以进行学习,而且由于这种学习是相互的,并不会使彼此的关系一成不变。例如,在这段时间内无法出国旅行,便可以尝试让孩子通过网上课堂与来自其他国家、不同文化背景的孩子进行互动交流,完成一场头脑中的环球旅行。通过这种方式,年轻人得以了解其他人的想法,而不至于裹足不前。美国著名诗人沃尔特·惠特曼(Walt Whitman)说过,人类从来没有分开过,属于我的每个原子同样属于你。马丁·路德·金(Martin Luther King)同样提到,我们都处在一个无法逃脱的相互依靠的网络之中,拴在命运织成的衣襟之中。孔子也敏锐地意识到了这种相互依赖的关系,他在《论语》开篇就提到了志同道合的人("有朋自远方来,不亦乐乎")。

第七,必须继续发扬中华文化的五大美德:仁、义、礼、智、信。众所周知,孔子十分重视学习,以至于他认为学习本身就是一种美德。此外,为人处世的黄金法则——中庸,是达到和谐关系的基础。西方世界也有类似的规则,唯一的区别是,亚洲社会将其归于孔子,而西方人则把他们对人与人如何相处的理解追溯至宗教信仰体系。和谐的生活必将带领人类迈向更好的未来。这种信念既是基础,也是期待。

当我思考教育的未来时,这七点即刻浮现在我的脑海中。有些想法可能在新型冠状病毒疫情爆发之前就已经有了,这次的疫情更使我意识到它们的重要性,例如需重视艺术的价值以及教育需纳入更多自然主义的知识。我们的前辈在战争、经济危机、殖民化中得以幸存,但这一代人还没有经历过如此大规模的国家和国际危机。我们要认识到代际传递知识的重要性,以便人类能够充满信心地期待一个健康、和平与繁荣的未来。

【编译】吴嘉烨

【校对】卜玉华

后疫情时代的基础教育：现代性的内与外

【作者简介】

高山敬太（Keita Takayama），博士，日本京都大学教育学院教授，澳大利亚新英格兰大学兼任教授。2010年获得比较教育和国际教育协会颁发的乔治·贝瑞德奖（George Bereday Award）。主要从事教育政策国际化、教育研究去殖民化等领域的研究。多篇学术成果发表于《比较教育》及《比较教育评论》等。

第一篇
基础教育的本质叩问与价值旨归

当我们思考基础教育的未来时，我们可以从全球范围内的新冠肺炎疫情中习得什么？整个事件让我深刻地思考了现代性带来的矛盾后果，以及基础教育应如何应对。在我看来，面对当前的公共卫生危机，基础教育可以做出两种看似矛盾的反应，这两种反应同等重要。

第一种反应显而易见，即通过强调基础教育的作用，加强对日常生活的科学管理，特别是在公共卫生领域，以此支持现代性的基本逻辑。新冠肺炎疫情与我们在日常生活中对现代科学原则的执行不足有莫大关系：没有过硬的卫生标准，也没有发展和部署先进的病毒传播追踪系统……因此，学校要加强向儿童教授基本的卫生行为，培养儿童勤洗手及其他家校皆宜的卫生习惯。这也可以转化为教育政策对学校 STEM 课程[1]的强调。在此，我们继续接受并进一步加强现代性的逻辑，假定科学能够使我们获得控制自然的力量。人与自然被视为两个独立的实体，后者是人类控制的对象，而现代科学是实现这一目标的手段。

这或许是新冠病毒大流行背景下最有可能的教育应对措施，而且已经初现端倪。例如，耶鲁大学经济学教授戈德伯格（Pinelopi K. Golberg）称，东亚国家在控制流行病方面的成功，与从经济合作与发展组织（Organization for Economic Co-operation and Development，简称 OECD）的国际学生评估项目（The Program for International Student Assessment，简称 PISA）衡量出的东亚地区较高的数学素养有很大关系。从逻辑上说，公众对数学、技术和科学的了解程度越高，国家在控制传染病方面就越成功。事实上，毫无疑问，先进的医疗设施和数据驱动技术对各国政府有效应对疫情至关重要，而东亚国家在这些方面尤为成功。

另一种可能的教育反应是认识到新冠病毒大流行像一个"催化时刻"。在这个时刻，我们批判性地反思人类对自然的控制，反思现代科学的确定性，而这正是第一种反应的前提。这种反应质疑人类假定的不可战胜及其控制自然和现代

---

[1] STEM 课程是涵盖科学（science）、技术（technology）、工程（engineering）、数学（mathematics）等多领域的综合课程。——编者注

科学的工具。它使我们认识到人与自然之间微妙的、相互依存的关系。在此,我们被引导去反思现代性的毫无节制,它如何导致严重的生态破坏,破坏了人类和其他生物的生存能力。正如著名的灵长类动物学家、自然资源保护主义者古道尔（Jane Goodall）所指出的,全球对自然的漠视是导致新冠病毒大流行的原因。她解释说,世界范围内的森林砍伐迫使不同种类的动物聚居生活,使得病毒更容易从一种动物传播到另一种动物,然后传播到人类。从这个意义上说,正在发生的气候变化和新冠病毒全球大流行,罪魁祸首是同一个,即人类对自然的漠视。

如果这个论断被认真对待,那么基础教育应该开始教授学生现代性和科学的局限性。孩子们必须学会质疑人与自然的人为分裂,并重新领会和感激人与自然的相互依存。此外,孩子们必须知道现代科学是如何使不同的、更有利于生态可持续发展的理念和举措失去合法性,甚至破坏这些方式的。例如,可以借用万物有灵论让孩子们想象人与自然以不同方式互动,或者人与自然的界限本身是模糊的世界。在这样的课程中,孩子们要培养对大自然的敬畏和赞美之情。也就是说,我们要让学生离开那种尝试理解、把握和控制令人敬畏之事物的现代科学的学习形式,取而代之,学生应该培养一种对自然的感激之情。这必然会使人类质疑自身的例外论,也就是说,人类要对自己在整个宇宙中的存在保持谦卑。

这两种反应似乎相互矛盾,因为其中一种必然会损害另一种。但实际上,我们都过着一种高度矛盾的生活,不断地在不同的世界中进进出出,这取决于不同时刻的目的和场合。新冠病毒的全球大流行可能是一个历史性的时刻,从此时起,世界开始与现代性的相互矛盾的后果作斗争。在后疫情时代,制订最好的基础教育重塑方案以协助完成这一使命,必然成为全球对话的焦点。

【编译】樊小伟

【校对】游　韵

教育、公平与新冠肺炎疫情危机

【作者简介】

爱德华·维克斯（Edward Vickers），博士，日本九州大学教育学系教授。曾任教于英国伦敦大学学院教育学院。人民教育出版社英语教科书作者、编辑。主要从事现当代中国教育历史与政治等领域的研究。

后疫情时代，基础教育向何处去？
全球97位教育专家的思索与探究

"生命之外，别无财富"，2019年诞辰200周年的英国评论家约翰·拉斯金（John Ruskin）曾这样写道。这句箴言在新冠肺炎疫情危机中获得了新的力量。面对根本的生存威胁，经济和社会生活的哪些方面实际上是极其重要的？我们应该如何重组这些优先事项？很久以前，气候危机应该已经促使我们提出过这些问题，新冠肺炎疫情重新让这些问题变得紧迫。

在教育方面，学校被迫停学暴露了我们的现行做法及其基本设想的长期问题。

学校履行着一系列的社会职能，但是现在主要被视为社会人才的传送带。人们希望学校能提供市场经济所需的技能。同时，通过考试，教育系统决定哪些"技能包"（即学生）最有价值。学历衡量个人价值，市场确保经济回报的公平分配。

英才主义思想与这种根深蒂固的经济主义教育观相伴而生。由国家大规模提供至少是监管基础教育，通过支持"人人生而拥有或多或少平等生活的机会"这一主张，使新自由主义秩序合法化。如果个人的命运取决于个人自己的努力，那么广泛的公共福利的必要性或正当性在哪里呢？

即使是在学校正常运作的情况下，这一主张也有很大的缺陷。在决定个人发展的前途方面，收入、家庭环境、健康、文化资本和运气总会胜过单纯的学业方面的努力。但是当学校被迫关闭而学生在家隔离时，英才主义的脆弱外表就会脆裂。

最近几十年，教育领域的竞争日趋激烈，亚洲及其他地区社会的"影子教育"（即预备考试的私人指导）和私立教育迅速发展。

新冠肺炎疫情导致无数学生不能正常上学，这正有效地将整个教育系统推向"影子"。在家隔离的学生完全依靠家庭资源进行学习，高速无线网络以及合适的硬件设施的覆盖程度，决定了谁能从线上学习中受益。拥有足够时间、技能或财力的父母能够为子女提供定制的家庭教育，然而没那么幸运的家庭中的孩子就只能无所事事地生活。

如果这次危机发生在 30 年前,家庭资源的差异则可能更加突出。然而现在,至少在互联网普及的地方,教育技术保障了一些补偿性供给。即使是对科技支持下的远程学习持怀疑态度的人,也不得不承认极端环境中远程学习的实用性。大学教育迅速转移到线上,虽然远未达到理想状态,但科技确实保证了一些有意义的学习得以继续进行。

然而,仓促使用教育技术也带来巨大的风险。这意味着解决"影子教育"、企业牟取暴利、教育不平等加剧和社会分化等问题的紧迫性。

对专业家庭(如大学教育学教授家庭)的小学适龄儿童而言,当前的危机几乎没有影响他们获得学业技能,还可能恰恰相反。我的两个会两种语言的儿子很可能在"隔离"后比他们的同龄人更具有语言优势。而家庭教育资源较少,父母缺乏时间或能力进行家庭教育的孩子,他们的学习将更加落后。

日本的公立小学不提供在线课程,而是分发教材和打印的作业单。相比之下,中国许多大城市的学校 2020 年 2 月就开始了线上课程,但是大多数农村儿童和流动儿童往往因物质条件等原因,难以获得线上课程。而且,即使学校努力将课堂转移到线上,也不能替代师生的面对面交流。

与此同时,科技公司被赋予了为传统教育提供市场化选择的职责。联合国教科文组织发起成立了"全球教育联盟"(Global Education Coalition),旨在协调全球对新冠肺炎疫情的教育回应,推动远程学习成为应对危机的缓冲方式,并且促使未来教育系统更加开放和灵活。"全球教育联盟"的私人赞助商包括微软(Microsoft)、谷歌(Google)、脸书(Facebook)、伟东云教育、华为及全球移动通信系统协会(Global System for Mobile Communications Association,简称 GSMA)等。

疫情可能会进一步改变国家和科技公司之间的权力平衡而有利于后者。未来我们必须多交税,科技公司也不能免税。事实上,我们有充分的理由将所依赖的互联网服务作为公共事业。这样它们就应该受到公共机关的监督，并适当保障人们的隐私和言论自由。

这场危机让我们更为迫切地担忧基础教育资金的可持续性，也对重新评估基础教育的根本目标提出了挑战。确保利用公共资源促进供给公平非常重要。然而，新冠肺炎疫情下的隔离不仅明确强调了私人教育资源和文化资本的不平等，而且提醒我们，即使在正常情况下，学校教育也无法为教育竞争提供真正的公平赛场。

如果需要证明的话，这证明了教育即竞争的主导范式在道德意义上的破产。虽然试图消除教育系统中的竞争是错误和愚蠢的，但我们必须认识到，完全按照英才主义的"教义"会产生非人道的后果。仅仅把同胞当作根据资格证书或生产力评估而成的"技能包"，是不正当且有辱人格的。这种做法会惩罚不幸，煽动精英主义，刺激不可持续的经济行为。

我们需要退一步，思考学校在学生的技能形成方面以及社会化方面发挥的关键作用。小学是人生竞赛的起跑线，还是形成共同的社群意识和公民意识的基石？

涂尔干（Durkheim）之后的教育社会学家强调学校教育的社会化功能。为了加强群体内部团结而利用学校去煽动仇外心理或偏见，是学校教育的社会化功能可能带来的黑暗一面。然而，梁漱溟和杜威等教育改革先驱强调，学校在培养学生健康的、自主的社会生活能力方面能够发挥关键作用。

学校停课期间，我9岁的儿子最想念的是他的朋友。日本的公立小学可以作为社区生活的中心，发挥它们的最佳作用（并非所有学校都如此）。学校操场在课外时间仍然开放，为孩子们提供安全的玩耍空间；学校为孩子和家庭举办活动，如每年的运动日和学校露营；课外运动俱乐部定期举办活动；学校位于当地社区中心的旁边，成为社区生活综合资源的一部分。

小学不仅通过正式课程教授共同经验，而且通过举办共同仪式和活动，让孩子们做好成为社会成员的准备。也许需要与朋友、亲戚、同事和邻居强行"拉开距离",我们才能真正体会到学校在促进公共关系方面的作用。共享对话、友谊、自然、艺术、文化、运动等乐趣的能力,就是拉斯金所说的真正的"财富"。

因此,在我们走出这场危机之时,我们应该彻底重新评估主导我们教育方式的不可持续的、过度竞争的风气。英才主义教育将学校视为生产"人力资源"的工厂,或者追求个人优势的激烈竞技场,这一错误信条使我们疏远彼此,也疏离于天性自然。

与此同时,我们必须记住学校教育作为社会变革动力的限度。2020年5月,英国《经济学人》杂志曾呼吁学校"复学第一",称学校在任何社会都是"最强大的社会流动引擎"。或许是如此,但学校自身并不能带来更可持续、更符合人性的经济和教育秩序。这需要更广泛地改革劳动力市场、税收安排,最关键的是改革公共福利供给,而这也是我们面临的最大挑战。

【编译】林曼曼

【校对】李 林

第二篇

基础教育的现实生态与基本形势

构建线上线下融合的教育新生态

【作者简介】

袁振国，教育学博士，华东师范大学终身教授、博士生导师。华东师范大学教育学部主任，中国教育学会副会长，曾任教育部师范教育司（现更名为教师工作司）副司长、社会科学司副司长，中国教育科学研究院院长，国家教育咨询委员会秘书长等。主要从事教育政策、教育原理等领域的研究。主持国家社会科学基金"十五"规划国家重点课题"转型期中国教育重大政策案例研究"、教育部人文社会科学重点研究基地重大项目"素质教育政策支持系统研究"等。著有《教育政策学》《教育改革论》《对峙与融合——20世纪的教育改革》《论中国教育政策的转变——对我国重点中学平等与效益的个案研究》《跨越中等收入陷阱国家教育变革的重大启示》等。

当前，全世界正在全力抵抗新冠肺炎疫情。中国不仅取得了抗击疫情的阶段性胜利，为世界提供了中国经验，而且积极开展国际抗疫合作，为全世界共同抗疫作出了积极贡献。与此同时，中国正在复工复产，恢复正常社会生活，彰显了中国应对重大危机的治理能力和团结力量。在这个过程中，中国的学校教育"停课不停学"，充分发挥了网络在线教育的作用，检阅了中国教育信息化建设的巨大成效。而在成功实现大规模线上教育的同时，也引发了很多对线上教育的深层思考，我们感受到了改善线上教育的巨大空间和紧迫需要。

信息教育、网络教育可以分为三大阶段，我称之为辅助阶段、融合阶段和超越阶段。辅助阶段，顾名思义，是信息技术、网络技术在教育教学过程中起辅助作用的阶段。在这一阶段，信息技术、网络技术可以起到增强效果、激发兴趣、节省时间、替代部分简单操作等作用。但总的说来，它们不是不可缺少的，也可以说是可有可无的。在融合阶段，线上线下教育互相交融，互相依赖，互相取长补短。离开了网络，教育活动就无法进行。这次疫情爆发就凸显了网络教育的不可替代作用。在超越阶段，线上线下教育有机结合，实现教育范式的根本转换，从大规模的标准化教育走向大规模的个性化教育，实现人类教育形态的第三次大变革。当然，这三个阶段并不是线性发展的，而是相互叠加的。比如，在第二阶段尚未成熟的时候，第三阶段的某些萌芽已经出现。我们现在正处在从第一个阶段向第二个阶段过渡的时间节点上，疫情的到来凸显了加快这种过渡的紧迫性和可能性。

线上线下融合教育并不是简单地将线下教育移到线上。这一次，我们的线上教育虽然经受住了大考，但到底还是线下教育的翻版，而且是有损耗的翻版。我们应该以这次大规模线上教育的实施为契机，加快构建线上线下融合教育的新生态。

一是确立以学生为中心、以学习为中心的新理念。以学生为中心就是以促进学生的发展为出发点和落脚点，以是否促进学生的全面发展为评价标准，促进所有学生的共同成长，促进所有学生的成功成才；以学习为中心就是充分发挥学生的主体作用，使学生不仅掌握知识，也学会更新知识和获取新的能力，以适应加速变化的世界。正如《中共中央关于坚持和完善中国特色社会主义制度　推进国家治理体系和治理能力现代化若干重大问题的决定》所要求的，面向每个人，适合每个人。

二是构建学生主动学习、合作学习的新模式。不管是知识的学习，还是社会性文化的习得，都是学生的自我内化，是其与学习的知识、规范、行为等客体，与其他学习同伴等主体，以及与自我思想、自我思维运动的不断互动的建构过程。没有学生的自主参与，这样的建构过程是无法实现的。现代教育制度的基础是班级授课制，它适应了大规模集体教育的要求，极大地提高了教育效能，但是它的最大弊端就是标准化、"齐步走"，学生处于被动地位，学生是被动接受知识的"漏斗"。如果线上教育把线下教育的这种模式简单搬到网上，线下教育的这种弊端将会被进一步放大和强化。所以，在某些地方也有一种批评——这次线上教育将几十年来教学改革的成果冲得一干二净，彻底回到了"老师讲，学生听"的传统被动模式。线上线下融合的教育必然要求改进教学内容的编排和呈现方式，改变"老师讲，学生听"的教学方式，为学生自主活动、合作学习创造条件。

三是充分发挥互联互通的网络优势。线上教育有很多线下教育无可比拟的优越性，最大的优势就是互联互通，可以保障人人学习、时时学习、处处学习。学校内、教室内的资源主要局限于图书馆、教科书，而网络是知识和信息的海洋，如果线上教育不能发挥网上获取海量知识、信息的优势，仍然局限于教材、教师，那无异于只看到了冰山露出水面的一小部分。课堂虽然是一个群体，但每个学生的交流对象基本局限于上课的老师，同学之间、师生之间的联系非常微弱，更不用说与外界的联络。而网络是四通八达的，远在天边，近在眼前，人们可以随时随地与世界上任何一个人、任何一个网站相连接。如果我们不发挥这种作用，甚至摒弃这种作用，那就无异于买椟还珠。网络的另一个作用是无限拓宽了人群沟通的渠道和空间，无限开放了人与人的群组结合空间。充分利用这种任意联系、任意分组、任意交流的作用，可以极大地弥补线下教育的不足，加深学生社会性的学习，促进学生社会性的发展。至于网络的虚拟现实功能，伴随数据获得、及时评估反馈等，都可以使教与学起到事半功倍的效果。

四是教师角色的转变。线上线下融合的教育不但不会削弱教师的作用，反而会使教师的作用更重要。但是，在线上线下融合教育的环境下，教师的功能势必发生很大的变化。这对教师的素质提出了新的要求。教师要深刻理解网络化世界的新特征和新机遇，以新的意识参与教育的变革；教师要从领导者、主导者、指导者转变为设计者、激励者、共生者；教师要从关注知识传授成效转向关注人的发展；教师要成为新兴科技的"弄潮儿"，充分发挥信息技术、人工智能技术的作用，真正实现教书育人的教育初心。

从新冠肺炎疫情看中小学的价值观教育

【作者简介】

石中英,清华大学教育研究院教授、院长,兼任中国高等教育学会大学文化研究分会常务副理事长、中国教育学会教育哲学研究分会理事长。主要教学和研究领域为教育基本理论与教育哲学、教育改革、高等教育哲学。

后疫情时代，基础教育向何处去？
全球97位教育专家的思索与探究

此次新冠肺炎疫情是我国和世界百年不遇的特大公共卫生和健康危机，对我国和世界人民的生命健康及社会经济发展造成了严重的威胁。在中国抗击疫情取得阶段性成效之时，展望未来，思考"后疫情时代，基础教育向何处去？"这个问题，具有特别重要的意义。

这个问题可以有很多不同的探讨角度，我自己则选择从价值观教育的角度来思考这个问题。为什么选择这个角度？一则因为自己这些年一直关注价值观教育的问题，再有就是疫情发生发展的全过程暴露了很多价值观问题，亟待我们去思考。比如，我国疫情爆发早期的流行病学调查指向武汉华南海鲜市场，舆论聚焦国人长期存在的一个饮食陋习——偏好食用野生动物。且不论食用野生动物与新冠病毒的传播是否确有关系，这个陋习在2003年非典疫情爆发之后就曾引起社会的高度关注，国家也出台了相关的法律法规，但是问题没有得到根本性解决，尤其是食用野生动物没有从广大民众的饮食习惯中根除。再比如，在国家已经下达全国阻击疫情的管理规定之后，还是有些人不服从国家的管理规定，为了一己之私，瞒报自己去过疫区，以及与确诊病人有过密切接触的事实，从而导致未能及时接受新冠病毒检测，并使更多人的生命健康受到威胁。应当说，这些人的价值取向存在明显的问题，给整个疫情防控工作带来很大的挑战。至于国际上某些国家对中国疫情防控工作进行的各种抹黑、排斥和污名化、政治化行为，更是凸显了国际社会围绕疫情防控客观存在的各种价值观分歧、偏见甚至是霸凌现象。与此同时，国内也有人对疫情在某些曾经诋毁、抹黑中国的国家蔓延抱有不正确的幸灾乐祸的态度。疫情过后，中小学校有责任引导青少年学生正确认识这些价值现象和价值观问题，从而不断地提高学生的价值敏感性、价值分析和判断能力。

整个疫情防控过程中，也涌现了许多积极的价值现象和高尚的人类行为，出现了一个个感人至深的抗疫故事，展现了广大医护人员敬畏生命、救死扶伤的人道主义精神，亿万人民群众众志成城、团结一心的集体主义精神，"国家有难，匹夫有责"的爱国主义精神，以及中国人民大爱无疆、休戚与共的国际主义精神等等。它们是中国精神的生动诠释，汇聚了气势磅礴的中国力量，也产生了在3个月内抗击疫情取得阶段性成效的中国奇迹。世界卫生组织（World Health Organization，简称WHO）从疫情爆发伊始就一再强调，病毒没有国籍，抗疫需要人类共同行动，呼吁警惕疫情防控过程中的各种错误价值选择，为全球抗击疫情指明了方向。当疫情过后，一切都回归正常的时候，教育者应当好好整理这些生动的抗疫故事，用青少年学生喜闻乐见的方式，指导他们在聆听或阅读这些故事时，感悟一线医护人员、基层民警、社区志愿者以及其他一切有关人员和组织的价值情怀、行动勇气和不惧牺牲的伟大品格，尤其是要强化培养青少年学生人类命运共同体的意识与责任担当。

价值观是指导人行为的正当性标准，价值观教育对于青少年的健康成长意义重大，但是我国中小学校的价值观教育总体上来说还是比较薄弱的。此次抗击疫情过程中出现的种种价值现象，为中小学开展价值观教育提供了大量生动的素材，家长和教师应当很好地利用这些内容丰富的素材，对学生开展基于真实行动案例的价值观教育，帮助他们扣好人生的第一粒扣子，形成正确的价值观念，涵养积极的价值情感，并不断提升他们的价值判断和选择能力，坚定他们为社会进步、国家富强和民族复兴而不断努力奋斗的价值信念。若能如此，新冠肺炎疫情对于亿万青少年学生来说，就不会仅仅是他们漫漫人生旅途中的一段难忘经历，更是一次十分难得的价值观学习和人格成长的机会。

转危为机，在线教育的一次伟大实验

【作者简介】

杨银付，教育学博士，中国教育学会秘书处秘书长。曾任国家教育发展研究中心副主任，教育政策评估室主任、研究员，中国驻洛杉矶总领事馆教育领事。参与《面向21世纪教育振兴行动计划》《国家中长期教育改革和发展规划纲要（2010—2020年）》等纲领性文件的研讨和起草工作。获全国第二届教育科学优秀成果二等奖、第四届中国青年科技创新奖。主要从事素质教育、均衡发展和教育体制改革与教育政策等领域的研究。参与或主持10余项国家或教育部重点科研课题，发表论文30余篇，著有《中国教育的改革和发展》等。

第二篇
基础教育的现实生态与基本形势

2020年伊始，一只新冠肺炎疫情"黑天鹅"将中国的在线教育推上前台。教育部强调"停课不停教、停课不停学"，不能面对面在课堂上课，就搭建"云课堂"，让孩子们在家也能开展学习。由此，我国开始了一项世界上最大规模的教育实验：受新冠肺炎疫情的影响，国内所有大学、中学和小学都延迟开学，转为在线教育，全国约有2亿名学生远程学习，在线教育体系奇迹般地"拔地而起"。[1]由于疫情在全世界蔓延，全球大多数国家的学校停课，学生学习转为居家和在线形式。

在线教育，让我们体悟教育之变。第一个变化是"名师零距离"。疫情中，通过"国家中小学网络云平台""空中云课堂"和《同上一堂课》等，全国各地，不管是城市还是乡村的孩子们都能一下子接触到全国名校的名师与课程资源。无所不在的、广泛的优质数字化资源，使得知识的传播摆脱了时空的限制，让我们同时达到扩大教育机会、降低教育成本、提高教育质量三重目标。"家门口"就有好学校，大山再也挡不住知识。第二个变化是"学习者中心"，这是学习和教学形态的变化。一方面，线上线下相融合的学习形态正在形成；另一方面，教育形态从原来更多的以教为主，转向以学为主。我们谈了这么多年的以学习者为中心，信息化让它插上翅膀，让梦想变成现实。互联网让每个孩子都坐到了教室的第一排，让为每个孩子提供适合的教育成为可能，助力个性化教育、差异化教育，促进学生全面而有个性地发展。第三个变化是"学校无边界"，这是学校和社会形态的变化。在学校形态上，从有围墙的学校走向"无围墙的学校"，学校的物理围墙依然在那里，但是学校的院墙正在打开。一个基于学分的、基于单元学习成果的体系正在形成。学生的"学校所有制"被打破了，学校的"院墙"被打开了，教育能够量身定制……这就是未来教育的新形态。信息技术甚至带来社会形态的变化，这就是学习社会化、社会学习化。课堂不止于学校，学习不止

---

[1] 中华人民共和国教育部. 2019年全国教育事业发展统计公报[1][EB/OL]. (2020-05-20)[2021-08-24]. www.moe.gov.cn/jyb_sjzl/sjzl_fztjgb/202005/t20200520_456751.html.

于教室，在线教育能够让我们从学历社会走向学习社会，使得人人学习、时时学习、处处学习成为可能，成为现实。

在线教育，让我们思考"变"与"不变"。教育是培养人的社会实践活动，在线教育也是如此。这是教育的质的规定性，也就决定了在线教育与面对面教育所要共同遵循的内容。一是要始终贯彻党的教育方针。新时代全面贯彻党的教育方针，要坚持马克思主义指导地位，贯彻落实习近平新时代中国特色社会主义思想，坚持社会主义办学方向，落实立德树人根本任务，坚持教育为人民服务、为中国共产党治国理政服务、为巩固和发展中国特色社会主义制度服务、为改革开放和社会主义现代化建设服务，扎根中国大地办教育，同生产劳动和社会实践相结合，加快推进教育现代化，建设教育强国，办好人民满意的教育，努力培养担当民族复兴大任的时代新人，培养德智体美劳全面发展的社会主义建设者和接班人。二是要始终遵循教育科学规律。例如教育基本理论中教育与社会发展关系的规律和教育与人的发展关系的规律，即教育的外部关系规律和内部关系规律。例如教学过程中间接经验与直接经验相统一的规律，掌握知识与培育素养相统一的规律，传授知识与思想教育相统一的规律，教师的主导作用与学生的主体作用相统一的规律。人工智能无法代替老师的"爱"，学生知、情、意、行的发展应当相统一，在线教育与线下教育应当相融合。三是要始终坚持教育内涵发展。技术再华丽也是手段，内容才是根本。"互联网+教育"也好，"教育+互联网"也好，本质上"互联网"只是手段，"教育"才是目的。在线教育应始终关注教育本体，面向学生多样化、个性化、升级化的教育需求，提供高品质的教育内容和课程资源。高素质的教师同样是在线教育品质保障的关键所在。

在线教育，让我们创新以新迎新。"通其变，天下无弊法；执其方，天下无善教。"在线教育不是照搬课堂教学那么简单。要深入实施《教育信息化2.0行动计划》和《关于促进在线教育健康发展的指导意见》，通过强化保障和改革创新持续推动在线教育的高质量发展。一是要持续强化硬件条件保障。面对突如其来的疫情，教育部与中国电信、中国移动、中国联通三大运营商和百度云、阿里云、华为技术有限公司等密切协作，采取"先保障后付费"的结算方式，快速满足服务器和带宽需求，不到两周时间，包括7 000台服务器、90 T带宽的可供5 000万学生同时在线学习的"国家中小学网络云平台"搭建成功。[1]下一步要利用5G技术等进一步推动信息化基础设施升级改造，进一步提升并发能力、终端保障和互动体验。二是要深入探索在线教学模式。在线教学在实现"名师零距离"的同时，也带来了"师生远距离"。在线教学与直接、实时、连续互动的课堂教学之间最本质的区别就是教的行为与学的行为在时空上的分离。较之传统课堂教学，在线教学中学生与教师之间的交互、学生与学习资源之间的交互、学生与学生之间的交互，都有自己的特点。这就需要深入探索其模式和规律，形成相应的教学管理制度、教学组织体系和教育教学方式。比如探索双师课堂，线上名师授课，解决优质教育资源共享问题；线下教师提供学习支持服务和辅导答疑，解决针对性、个性化、差异化问题。比如探索伴随式大数据收集和综合评价，让教学效果和问题难点直观呈现，促进有效学习、高效教学。比如，不同年龄段学生对没有教师持续关注的在线学习具有不同的适应性，这就需要根据学生年龄特点有所区别地设置课堂时长、资源呈现方式等，从而集中学生的注意力，保护学生的视力，提高学生自主学习的能力。比如，用好名师工作室、主题工作坊等在线教研方式，建立学习共同体，促进家庭、学校、社会密切协同等，提高在线教学质量。三是要切实提升师生信息素养。经过本次大规模在线教学，大部分入门类问题已在开课前一两周基本得到解决，但师生信息素养还需要持续提升，才能在智能时代的智慧学习中立于不败之地。"互联网＋教育"带给我们无限可能，但只有苦练内功，才能完成从可能性到现实性的飞跃。

苟日新，日日新，又日新。由于数字化、网络化、智能化的梯次发展，由于

---

[1] 中国教育报.为了两亿学生居家学习——教育系统抗击疫情"停课不停学"系列报导之一[EB/OL].（2020-03-23）[2021-06-03]. http://www.moe.gov.cn/jyb-xwfb/s5147/202003/t20200323_433670.html.

云计算、大数据、物联网、人工智能、移动互联的叠加倍乘，由于更大的存储能力、更快的传输能力、更强的计算能力和更好的互动体验，由于战略专家、教育专家、技术专家的跨界协同，由于网、云、端的人机协同，由于校长、教师、学生、家长的共创协同，这样一个"互联网+"时代，这样一个智能时代，正在赋能教育，正在带来教育的建构，正在形成教育的新业态，正在形成教育的新生态。这一过程本已在进行当中，疫情使得这一进程突然提速。而这次大规模在线学习的被迫上马和紧急练兵，虽然实践中暴露出一些问题，但有力地支持了全国范围的"停课不停学"，成效巨大，特别是使得线上线下相融合的教育和学习有了社会基础，有了战线共识，有了国际影响，正在成为教育的新常态。这也就是"学习的革命"。

非常时期，居家"云端"之学的三重意味

【作者简介】

于伟，教育学博士，东北师范大学教育学部教授、博士生导师。东北师范大学校长助理、东北师范大学附属小学校长，兼任第二届教育部基础教育课程教材专家工作委员会委员、中国教育学会教育学分会副理事长等。入选教育部"长江学者"特聘教授、教育部"新世纪优秀人才支持计划"、吉林省"长白山学者"特聘教授，吉林省人民代表大会代表。曾获教育部高等学校人文社会科学优秀成果著作三等奖、国家级教学成果奖二等奖、第四届全国教育科学研究优秀成果奖三等奖、吉林省第七届教育科学优秀成果论文类一等奖等。主要从事教育哲学、儿童哲学、教师教育、基础教育等方面的研究。在《教育研究》等期刊发表学术论文80余篇，著有《率性教育的理论与实践探索》等。

2020年的新冠肺炎疫情冲击、改变了教育的生态和样貌。"停课不停学"将学习空间从教室转移到家庭。学校教育凭借技术手段规模空前地走上了"云端"。"停课不停学"犹如双面镜，不仅呈现了基础教育学习方式变革的发展进程，同时也折射出了我国基础教育改革20年间的盲区。教育的形态走向"云端"，教育工作者更须贴地而行，对非常时期学校教育的价值、立场以及行动进行理性反思。

一、"云端"之上，教育意味着什么

"云端教育""居家学习"打破固有的时空壁垒，使学校从真实的场域转型为虚拟的空间。虽然学校教学的时空场域、原有样态发生了转变，但以促进学生发展为核心的宗旨没有变。居家学习让家庭、学校和社会进行了一场前所未有的跨场域的合作。在这样的合作中，我们更清楚地看到了家庭、社会、学校在学生发展与成长道路上的职责与担当。

（一）以学校为引领

应该说，在这场全民网课的"战役"里，学校教育被赋予更多的意蕴。学校作为"云端"教育的设计师，担负起构建全新的育人模式、课程体系和学习资源库的责任和使命。如何在"云端"教育的条件下做到学生成长不延迟、不缺位？学校要始终围绕立德树人根本任务，以促进学生发展为目标，实现学科知识学习与品德发展、习惯养成的双线并举，统筹兼顾儿童居家学习的规律特点以及现实条件，进行整体的课程设计，进一步整合已有教育教学资源，挖掘疫情背景下的教育生长点，做好课程资源的补充和开发，努力实现学校教育向线上教育全方位、系统性转化。从两个多月的实战来看，一些学校还远不适应，甚至远不到位。有的学校准备不足，仓促上阵；有的学校"本领恐慌"；有的学校只是把面对面教学模式简单搬到屏幕上而已，没有升级换代；有的学校只注重文化课，特别是工具类科目的教学。

（二）以家庭为基础

家庭教育是一切教育的基础和根源，家长是学生的第一任教师。疫情期间，教育的主阵地、主战场、主课堂从学校走向家庭，需要家长做好接力工作，积极辅助学校和教师，参与学生的居家学习，为学生提供精神动力、心理支持和环境保障，使学生置身于安全、自由的学习氛围中。从线上教学的效果看，学生的自主学习能力是影响学习效果的主要因素，家长的有效指导及合理监管是提高学习效果的有效保障。家长除了为学生提供固定、便捷的学习空间和场所之外，更要提供一个安全、舒畅的心理环境以及良性、和谐的亲子关系环境。在监管学生学习的过程中，家长既要提出明确的规范和要求，积极配合学校和教师完成线上学习任务，同时要给予孩子理解、关心、支持与帮助。家长的陪伴与监管要从原来的纸上谈兵转为以身示范、亲力亲为。特殊时期的家校沟通也尤为重要。学校要为家长提供适当的学习指导和要求，比如通过拟定"居家学习生活指南""给家长的一封信"、召开网络家长会等方式，明确学习要求和规范，让家长了解学校对居家学习的整体设计和安排等。家长也要与教师定期沟通，反馈学生居家学习的问题和困难。从两个多月的家长反馈来看，有的家长对"云端"学习的新情况、新要求、新角色比较适应，有的家长却难以适应；有的家长没有精力也没有能力支持和配合学校与自己的孩子；有的家长处于"本领恐慌"状态。

（三）以社会为平台

社会是学校教育、家庭教育的大背景、大前提。全民抗疫逐渐走向常态化，"云端"日益成为教育的主场。作为更大支持系统的社会能够发挥什么样的作用呢？"互联网+"时代的重大成果就是为此次全民网课提供了重要的网络支持和平台支撑，为"停课不停教、停课不停学"提供了现实基础。与此相对应的是，我们看到互联网与教育的融合仍然停留在1.0阶段，技术的更新、应用的发展、网络的畅通并没有从根本上架构起互联网教育的体系。疫情袭来，我们看到线上教育教学资源的空白和缺位。全民网课更多的是学校和区域的各自为战。如果说抗疫是一场持久战，那么我们亟须开发出一整套基础教育的优质课程资源，这样的资源应该是"战备粮"，应该是"应急物资"。另外，从社会与学校教育资源的融合度来说，社区资源、博物馆资源等并未与线上学习进行有机整合。近年来，国家非常重视大众传媒、网络平台、社区资源进入校园。非常时期，丰富的数字化社会资源，比如网络博物馆、名师公益在线学堂以及"云游"体验等应该成为线上教育内容的补充和延伸，以丰富学生的居家生活。

二、屏幕背后，教师意味着什么

教育走向"云端"，教师守在屏幕的一端。教师既受到来自信息技术的挑战，也面临来自网络课程设计与实施的挑战，更受到来自学生自主学习的多样性、不可控性以及结果不确定性的挑战。教师不再是知识的唯一持有人，不再是学习效果的唯一诊断者。教师要将原来封闭在教室内的教学面向学生、家长同时开放，原来沿着既定目标展开的教学也更具有多样性和生成性。

首先，教师要立足全人教育观设计线上教学。教师要思考的是：线上学习应该学什么？世界就是活动的教室，社会就是鲜活的课堂。疫情时期的线上学习有其特殊的背景和意义。这场疫情本身就是生动的人生教材和课堂，是学生最好的学习资源。教师要以全人教育观组织教学，让健全的人格人性、健康的心理发展、浓厚的家国情怀成为孩子一生的财富，成为化解生活危机的一剂良药，促进学生的终身发展。教师要对丰富的学习资源保持敏感，充分挖掘疫情中蕴含的教育价值。东北师范大学附属小学倡导教师从两条主线架构居家学习的内容，一是国家课程的学习，侧重于各学科的课程设计与实施；二是学校以疫情为主题开发的系列教育活动：敬畏生命、积极主动、明辨是非、涵养美德、心怀使命、坚持自律、学会合作、惜时如金、致敬英雄。通过"云班会"的形式有效开展各主题

第二篇
基础教育的现实生态与基本形势

教育活动，将爱国主义教育、生命教育、信念教育、价值观教育、责任教育等通过课程建构落到实处，促进学生从自发成长转化为自觉成长。此外，教师要思考的是：居家条件下，学生的学习方式是怎样的？要将原有的注重单一的知识接受性的学习转换为实践体验探究式的学习，把原有的课时学习的短任务开发成中长任务。如开展以家务劳动、养殖、帮助家人等为主要内容的体验类课程，丰富学生的生活体验，提高其生存能力。各学科结合本学科特点开展研究性学习活动。如数学学科，学生根据疫情变化情况收集相关数据，利用统计图表整理、分析数据，利用自身的经验和知识得出结论。这样的学习活动，鼓励学生在现实问题的真实情境中发现并解决问题，不断培养学生用数学的眼光看问题、用数学的思维思考问题、用数学的方法解决问题的能力。班主任教师倡导学生为父母做一件事、承担一项家务等，科学学科指导学生观察家里养的小动物，美术学科绘制致敬英雄的儿童画，等等。

其次，教师要及时掌握学习进程并开展有效的个别辅导。居家学习使课堂教学发生了翻天覆地的变化，师生交互时间、空间、方式得到了无限延展，教师不再是课堂的中心"发言人"，开放、多元的环境对师生互动发起新的挑战。在这样的新时空环境下，教师基本上处于随时准备工作的状态，随时准备为学生所需提供帮助和指导。及时、有针对性的个别辅导是避免出现学习过程中两极分化现象的重要保障。为此，教师可以积极尝试使用线上工具做好班级管理和学习进度管理。学校教师可以通过组建班级学习小组，鼓励小组内同学互相督促与分享讨论，以4—5个学生为一组，针对学习过程中遇到的困难展开线上集体讨论、反思与交流，有效地解决学习过程中的重难点问题；通过设计分层作业，了解学生所处的学习水平；依托班级每周召开的反思总结会了解学生的学习状态和进程；借助网络视频工具开发适合的短视频、微视频，让学生在反复观看的过程中加深对学习内容的理解。

再次，教师在教学的同时更要育心。疫情当下，许多人处于一种焦虑状态，教师应该清楚把握学生的心理状态。线上学习除了要传递知识，更要滋养心灵。中小学生喜欢丰富多彩的生活与体验，在与自然、他人和社会互动中实现和谐发展。特别是对小学生而言，长期的居家学习对情绪、情感的体验以及学习态度都是一种挑战。教师自身要提高心理健康水平，以积极、乐观、投入的状态带动学生，同时要积极了解、发现学生的身心健康情况，学习相关心理健康知识，将其转化为相应的课程并渗透在教学中。东北师范大学附属小学为了做好心理防疫工作，面向教师和学生群体，依托个别交流、小组交流、团体互动等方式，开发并实施了系列心理调适、心理免疫等维护心理健康、激发心理潜能的课程，构建并优化了系统的心理健康环境，为学生居家学习、生活保驾护航。

最后，教师要以开放的心态持续学习。可以说，"停课不停学"倒逼教师快速适应这场无声的变革。信息技术的水平不再停留于教师培训资格证明上的成绩，而是体现在教师的工作日常中。这场在"云端"的教育抗疫要求每个教师以活跃的思维、热忱的状态进行信息素养的自我提升，以确保线上教学的畅通有效，保障学生居家学习的质量。当然，我们也看到，在线上学习开展之初，当各种网络工具应用到教育中，教师出现了诸多的不适应。但迎着困难的前行才能让人感到每一步的坚实有力。除了适应在网络环境下教学之外，教师面临的另一个挑战是如何把教材中的内容转化为网络条件下的学习资源。东北师范大学附属小学积极发挥教师团队的集体智慧，依托学科委员会实现了多校区的学科线上学习资源的共享式开发，在提高学习资源整体质量的同时，提升了工作效率。教师采用每周"云备课+阶段性小结"的方式，积极深入研究居家自主学习状态下学生学习的特点、规律，在有限的网络教学时间内，突破教学重难点的同时，更好地帮助学生理解和接受。开展居家学习以来，全学科备课研讨累计432次，提交工作小结958篇。鼓励并帮助教师勇敢地走出职业的舒适区，不断尝试与挑战，对教师来说也是一次难得的审视教学、理解学生的自我提升机会。

三、空中课堂，学生的学习意味着什么

学习的本质是促进人的发展，学生的发展是教育的核心问题。居家学习是学生的自主学习。从"停课不停学"的整体效果来看，学生整体的自主学习能力普遍不强。小学生的自控能力不强，学习动机相对薄弱，加之缺少教师、家长的监管等，这些都会影响居家学习效果。对于学生的居家学习，学校和教师要有科学、准确、客观的评估，要严宽适度，量力而行，关注过程，不苛求结果，为学生和家长"松绑"。

第一，学习资源包满足居家学习的多样化需求。小学生的居家学习需要家长陪伴和督促，而且单次的连续时间不宜超过 20 分钟。考虑到小学生居家学习的现状和困难，网上现场直播教学并不适合年龄较小的学生，而一整套包含导学案、学习单、讲解视频、自测卡的资源包，则便于家长陪伴学习。这就对学习资源提出了较高的要求，既要丰富有趣，又要清楚明了。基于此，学习资源包要呈现出任务明确、路径清晰、学评一体、灵活使用的特点。开发重点、难点微课视频，让学生明确本节课的核心学习任务，通过对重点、难点问题放大镜式的讲解、演示以及一问一答的呈现过程，帮助学生在短时间内实现有效学习。开发导学案，让学生了解学习的步骤，经历"预习—听课—理解—巩固"的完整过程。开发一系列学习卡片，完成学习卡片的过程就是引导学生同步思考的过程，让学习过程可视化。其中的练习卡、评价卡能够让学生在学习之余及时反馈，开展自评，了解学习效果。学习资源包规避了直播课堂所带来的网络拥堵，便于家长下载、打印，学生可以根据自己的时间随时学、反复观看，符合小学生的学习规律。居家学习开展两个多月以来，学校累计开发了 1 100 个学习资源包，自主制作了 418 个教学视频，自主开发了 770 张学习卡片。

第二，坚持以学定教，关注学习过程。基于学生目前在"空中课堂"自主学

习的现状，首先要确保学生能够通过学校提供的资源包开展自学。这种自学是学生在父母或长辈的监督下，参照资源包学习的流程和步骤逐步开展学习的过程，学生要经历自主消化理解、自主思考、自主发问、自主探寻答案等过程，教师要激发学生内在自主学习动机和愿望，培养学生的自主学习能力，避免网络直播教学带来的单一讲授与灌输。

在推送资源包的同时，教师借助网络开展集中讨论和分享，便于及时了解、反馈学生自学的情况。学校采用每天上午推送资源包，下午开展讨论分享的教学活动安排；每周安排一次整理与复习，每个月安排一次学习反思小会，在讨论与分享环节帮助学生实现超越时空的同伴学习。学生通过群组，针对学习过程中的问题、观点、思考进行充分的交流和分享，教师对学生提出的问题进行答疑、归纳、总结，实现了完整的教学环节。可以说，虚拟的网络教学与现实的课堂教学在设计理念与环节安排上整体是一致的，努力还原了学生在课堂上参与学习的全过程。

第三，提倡"一生一案"，关注个性差异。儿童学习本身存在巨大的差异，对居家学习来说更是如此。学生的自律性、学习习惯、学习内容的难易程度以及是否有成人看管，电子设备、家庭环境是否适合学习等，都是造成学习差异的因素。学校要尊重个体学习的进度，指导学生制订个体规划。东北师范大学附属小学设计的学习资源包正是充分考虑了学生在家生活、学习的情况各异，所以不限制学生自主学习的具体时间，而只是提示每项学习任务所需的时间，目的就是便于学生开展居家自主学习。同时，在学习资源的推送上，也要考虑学生差异，提供可作多种选择的学习方案和学习内容，倡导循序渐进，适当放宽学习要求。为有不同程度学习困难的学生提供关心和帮助，给予更多的额外指导，既体现保护天性、尊重个性的办学理念，又传递疫情中对学生的人文关怀。

这场规模空前的"云端"教育试验提供了将教育、社会、家庭、人的发展等一系列问题放在更为宏大的历史变革中去考量的机会。面对大考，无论结果如何，可以肯定的是，学校教育的改革任重道远，行则将至！

超越当下预演，迈向未来学习

——长江沿线部分地区中小学网课调研的反思与启示

【作者简介】

杨小微，教育学博士，华东师范大学教育学系教授、博士生导师。曾任教育部人文社会科学重点研究基地华东师范大学基础教育改革与发展研究所所长，兼任中国教育学会教育实验分会副理事长、教育学分会教学论专业委员会副主任等。研究成果多次获教育部、上海市哲学社会科学奖。主要从事教育学原理研究（包括教育基本理论、课程与教学论、教育研究方法论等）和基础教育改革尤其是学校变革的理论与实践研究。在《教育研究》《华东师范大学学报（教育科学版）》《学术月刊》等期刊发表学术论文百余篇，著有《"新基础教育"学校领导与管理改革指导纲要》《教学论》《现代教学论》《教育研究方法》《转型与变革——中小学改革与发展的方法论》《全球化进程中的学校变革》等。

因疫情而提前到来的全域网络教学，牵动了全民关注的神经，也掀起了全国"在线上学"的热潮。为了探明网课的实际效果，华东师范大学、复旦大学等进行了一次在线调研。参与本次调研的对象分布在长江沿线，共有来自上海、浙江海盐和杭州、安徽合肥、重庆荣昌5个地区的25所中小学，其中小学14所，初中9所，九年一贯制学校1所，完全中学1所；城市学校15所，乡镇学校10所。共有2 742名教师、13 535名学生和13 446名家长提交了由"范尔问卷调研平台"发出的问卷。从2020年3月10日至3月13日，共回收有效答卷29 723份。研究人员同时围绕"空中课堂"在线教学实施情况，对上海市部分中小学教师进行了访谈。

调查显示，在线学习作为一种现代化技术手段，要最大化地发挥其潜能和优势，使"在线学校"走向"在线学习"，进而走向"全民在线学习"，共识的达成及共建机制的形成是重要前提。如何避免在线学习过程中的理解偏差，化解技术价值层面的认识冲突，形成在线学习的价值共识，是走向全民在线学习的关键。疫情之下的网课，是对未来在线学习的一种预演，唯有直面问题，不断改进和优化，才有可能实现我们对未来学习的美好预期。

一、疫情之下的在线教学效果如何

尽管疫情突如其来，网课仓促上线，但准备还算充分，效果还算不错。参与调研的教师中，约有六成参与网络授课，他们普遍感到挑战极大。整体而言，网课难度适中或偏易，参与性和互动性不甚理想。

各地网课以线上线下结合为主要形式，教学方式基本上复制线下教学。60%左右的教师有过上网课的经历。浙江样本学校上过网课的教师占比（73%）相对于其他地区要高，重庆（65%）次之，上海（56%）和安徽（55%）的占比相当；城乡之间无显著差异，甚至农村教师略高（高出约4个百分点）；东部、中部和西部地区之间以及城乡之间无明显差别。网课的形式以线上线下结合为主,其他形式如"线下教学复制到线上""独立开发课程""无网课经历"依次递减,亦无梯度和城乡差异。有人认为,目前80%的网课都算不上是在线教育,只是线下教学的高度还原。作为一个应急之举,不能充分挖掘在线教育的能效,也属正常。

教师为网课准备较充分,约有四成教师胜任感不足。教师在本次大规模网课中都做了充分的准备,但在确保视频等教学资源的有效性方面,还需要做更多的工作;近四成教师对自己能否胜任网课教学的回答是"不能"或"不确定",教师在信息技术素养方面需要有更多的培训和提升。

网课难度适中偏易,区域和城乡之间有较大差异。绝大部分教师认为网络课程对学生来说,内容是适合或容易的。但这种判断在区域之间有差异,认为教学内容较难的教师,东部地区占比9%,中部地区占比22%,西部地区占比29%;城乡之间也存在较大差距,城市教师认为教学内容较难的占18%,乡镇教师占28%;认为教学内容合适的教师,城市地区占63%,乡镇地区占43%。

认为网络教学难度适中的学生,无论是东部地区、中部地区还是西部地区,都在50%以上;认为网络教学内容能满足学习需要的学生,城市地区占57%、乡镇地区占49%;认为难度适中和容易的,各学段占比都在70%左右。

教师、家长和学生对网课中师生互动充分性的认识存在一定差异。80%以上的教师认为网络教学中的互动是不充分、不到位的,区域之间没有显著性差异(见图1)。然而,认为有互动机会的学生比例却很高,东部地区有80%,西部地区有78%,中部地区有54%;乡镇学校认为有互动机会的学生的比例高出城市学校约10个百分点。从年段分布看,认为有互动机会的初高中学生占81%—84%,而小学仅有62%。在回答"网络学习中你是否有机会表现自己"这一问题时,认为"有机会"的东部地区和西部地区学生占65%以上,中部地区学生却只有约48%,其比重还略低于认为没有机会的。

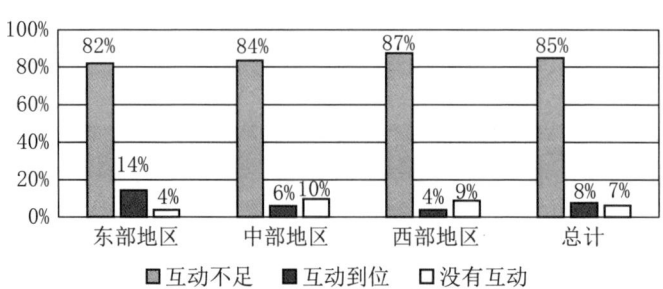

图1 教师对网课中师生互动充分性的判断

认为学生有表现机会的家长在40%左右（见图2），不少家长认为网课的互动性不足，并在问卷的开放式问题中提出加强互动的建议。在上海，一个课时划分为20分钟全市统一电视教学和20分钟本校在线教学，这种前提下，互动时间不足是个明显的瓶颈。

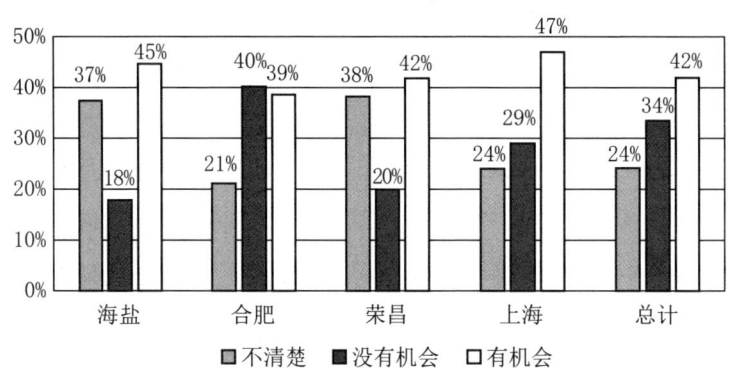

图2 家长对孩子在网课中有无表现机会的判断

教师普遍认为网课对学生、家长及自身的信息与媒介素养提出了挑战。89%—97%的教师认为学生和家长的信息与媒介素养需要加强；九成教师认为网络教学对自身的信息与媒介素养有挑战。认为自身的信息与媒介素养能胜任疫情期间网课教学的教师，东部地区占69%，中部地区占56%，西部地区占52%，依次递减，城乡略有差异。对信息与媒介素养课程学习有兴趣的教师约占80%，其中，东部地区的教师偏少。

约七成的小学及初中学生认为，平时学校设置的信息技术课程有效果，但超过四成的高中学生觉得没有用处。可见，中小学的信息技术课程在这个关键时期并未显示出其应有的效能。

上海自2020年3月起统一推进的"空中课堂"，由基于课程标准的全市电视录播教学与各校多样化平台的师生互动为基本构成，辅以"晓黑板""晓作业""晓讨论"等互动工具。受访的上海市中小学教师表示，上海的"空中课堂"主要带来了两方面的变化。

一是教师教的方式改变了。原来的教学五环节中，备课、授课曾是教师关注的重中之重，但现在有了"空中课堂"，课已经有优秀教师上了。学生和家长普遍反映课程的质量不错。因此，各校学科教师的工作重心发生了转变，转向了研究学情，精心设计作业并适时进行辅导和测评。

二是学生学的方式改变了。学生足不出户，每天都能在名师、骨干教师的录播课中享受到优质的教学。学习时间变得灵活了，学生可以在自己方便的任何时候回看；学生有了学习的主动权和选择权，能力强的学生甚至可以选择不看录播课。有了"晓黑板"，师生的互动多了；有了"晓讨论"，每个学生都有机会发声；通过"晓作业"，上传展示、发表观点、相互评价都十分便利。

在这样一个全新的教学模式中，教师更像学习活动的组织者、引领者和指导者，可专注于发现、指导和评价；学生则有了机会学习如何做一个自主的学习者。

二、预演显示当下网课存在的问题

调查显示，公平问题应进一步引起重视，东部地区的规范性强于中西部地区，在线学习的优势还未显现，共识尚未达成，硬件支持不足，视力问题堪忧。

区域差距和城乡差异再次凸显教育公平问题。在学习环境层面，不同地区的家庭基本上都能够为学生提供相对安静的学习环境。西部地区的学生上网课以手机为主，东部地区学生手机上课的比重仅占13.38%（见图3）。在网络教学的软硬件支持方面，城乡差距较为明显，乡镇学校低于城市学校近18个百分点。

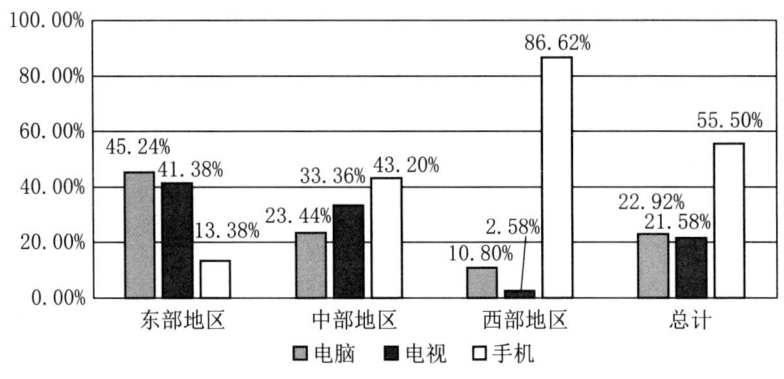

图 3　学生在线学习媒介使用情况

网络学习的规范性从东部地区到西部地区依次递减，城乡之间存在较大差距。82%的东部地区教师、66%的中部地区教师认为学生有网络学习规范，而只有52%的西部地区教师这样认为。认为学生有网络学习规范的城市教师占70%，乡镇教师仅占53%。56%—65%的家长认为自己的孩子适合进行网上学习，东部地区家长的认可度略高，城乡之间、学段之间均无显著差异。60%—68%的学生认为自己能适应网络课程的学习，东部地区的学生相对更适应一些，城乡之间无显著差异。年段之间，初中学生的适应性最好，小学居中，高中较低。

在线学习的优势未能得到充分发挥。调查显示，诸如"慕课""翻转课堂"等方便学生随时随地学习以及借助信息技术所能达成的扩大共享范围和增强学习效果等优势，在这次网课中并未显示出来；课程改革实践中的互动、探究、自主学习等学习方式，也难以在这次的在线学习中得到体现。例如，60.60%的教师表示无法了解学生的学习进度和状况。从技术上看，缺乏实时互动设计是网络教学平台最为突出的缺陷,这需要系统供应商在平台设计上加以突破。在线教学如何避免将教学方式简单地从线下移到线上,如何利用网络优势突破线下教学的时空限制,如何在技术与内容的深度融合上引领教学方式的根本性变革……这些,都是值得深入探究的问题。

在线学习的共识依旧难以达成。调查显示,40%左右的教师认为疫情结束后没有必要继续在线教学;大约有69%家长认为还是到学校上课比较好;而绝大部分的学生,不论是小学、初中还是高中生,都更喜欢到学校去上课,特别是小学生,仅有9%更喜欢网络教学。对在线学习存在如此高比例的不认同,值得我们深刻反思以往的信息技术教育研究与实践。

硬件支持以及视力保护是发展在线学习模式的瓶颈。调查发现,网课在技术支撑上的主要问题是"网络卡顿、中断"(49%),约三分之一的学生家里没有电脑。数据显示,69%的家长认为网络课程学习对孩子的视力有影响,22%的家长认为网络课程学习对孩子的视力有很大影响,仅有9%的家长认为网络课程学习对孩子的视力没有影响。经过一天的学习,12%的学生感觉视力下降。尽管我们一向认为软件比硬件更重要,但这次大规模在线教学一下子将我们网络技术支持保障系统的问题暴露出来。由于缺少合理的在线教学规范和良好的在线学习习惯,学生视力下降及对视力下降的担忧,依旧是在线学习挥之不去的魔咒。

三、今天的在线学习与未来学习之间存在相当大的距离

大部分长江沿线中小学的受访者表示,本次疫情背景下的网课模式还算不上严格意义上的在线教学,只能说是在线教学的雏形,或体现了在线教学的某些特征。不过,这对我们探讨未来学校形态及未来学习方式,走向全时空、全新的育人模式有着相当重要的借鉴意义。

我们需要理解未来学校和未来学习的特性。未来教育在形态上将呈现数字

化、个性化、交互性、国际化等基本特点。尽管目前尚无公认的定义，但未来学校以儿童为中心，以学习为中心，作为一个学习共同体，是开放的、个性化的、以游戏为主的，相对成为共识。无论未来学校是否依然作为实体机构存在，也无论其名称是"学习中心""学习空间"还是依然称为"学校"，其形态、特征及功能都将发生巨大的变化。受访的上海教师表示，只有实现了以学习为中心的在线教学，才是真正显现了未来特征的教学，这种教学应具备资源利用最大化、学习行为自主化、学习形式交互化、教学形式个性化、教学管理自动化等特征。我们目前的在线教学在资源利用最大化方面做得很好，也因其可回放等特点，使学习行为自主化得以实现，但教学形式个性化的实现难度较大。线下教学要做到、做好教学形式个性化已经很难，在目前师生无法面对面交流的时期，这一问题显得更有挑战性。

迎接未来学校，应从优化当下的在线学习开始。未来的学习是泛在的、无边界的学习，其内容是定制化、个性化、项目式的，学习时间是弹性的。网络学习将日益成为常态，且是全天候的。未来学习是深度的，是技术与内容深度融合的。未来学习还是终身的、可持续的。

恢复正常教学后，网络教学是否还有必要进行下去？这是本次调查问卷中的"未来一问"。六成左右的教师认为疫情过后，线上教学可以继续下去，中西部地区的教师似乎信心更足，城乡地区的教师之间无显著差异。建议继续保留在线教学的家长，东部地区只占10%，中部地区占15%，西部地区占20%，但50%左右的家长表示可以考虑保留在线教学。明确表示没有必要保留在线教学的家长，东部地区占43%，中部地区占32%，西部地区占28%。近九成的学生表示更喜欢去学校学习。希望网络教学继续存在的小学生比初高中生少11%。尽管师生对于是否继续在线教学的态度不尽一致，但这是发展过程中不可避免的一个阶段，也是在线学习走向未来的现实基础。

前文提到，网课中师生互动频次低、互动质量不高，表明现在实体学校中已然发生的多维多层、多群多向的互动以及项目式、研讨式学习等形式未能很好地融入在线教学。如果网络学习会在未来社会成为常态,那么,继续因循守旧是难以实现我们对未来学习的期许的。

毫无疑问,未来社会的线上学习,应能完整地体现未来学习的泛在化、无边界、项目化、全天候、有深度、可持续等基本特征,而今天的网课与真正的未来学习之间还存在相当大的距离。

四、面向未来学习,当下的在线学习应当如何

显而易见,这场预演与未来学习预设之间的较大差距,必须不断缩小才可实现我们美好的预期。

中小学教师可深入探寻在线学习的独特优势,尝试将项目式、游戏式、合作式的学习引入在线课堂,不再简单复制线下学习;发挥在线学习的开放、互动、随机、激趣、技术增值和满足自主学习需求等优势,形成在线学习与实体学校互相补充、共同发展的格局,遵循线上学习的特点,彰显线上学习的优势;在自由开放、个性化学习、一对一、泛在学习、交流分享、项目化学习、资源共享等方面,挖掘在线学习的价值空间。各地区需要根据自己线上线下的实际,扬长补短,避弱就强,制订并完善在线学习规划,逐步放大在线学习的独特优势,使线上线下相得益彰,合力促进深度学习,引领教学改革。

一方面,学校应高度关注教师、学生和家长信息与媒介素养的提升;另一方面也要不断加强学校技术力量对教师在线教学的支撑,提升线上学习互动的质量。学校应以教师、学生和家长的相关核心素养为抓手,积极进行媒介及信息素养教育的普及工作。虽然我国已经普及了多种媒介技术,也大量运用于人们的日常生活、工作之中,但与在线学习的高要求相比还有较大距离。为此,不仅需要加强信息技术相关知识技能的普及,更需要加强媒介参与意识、信息筛选能力、

信息使用中的批判性选择能力以及伦理道德意识等方面的教育。理性看待网络和信息技术，从小树立正确的媒介观，是未来教育信息化建设中的应有内容。可以通过师范院校和教师发展中心的在线学习体验和网络教育的渗透，加强职前教师和在职教师的信息与媒介素养教育；在中小学信息技术课程中渗透在线学习的功能；独立开设媒介课程，注重全员信息素养、媒介素养培训等课程的开发。通过上述努力，让教育系统中的这些核心人群都能成为信息技术时代的"达人"。

建议教育行政部门充分发挥制度和体制优势，大力推进全民在线学习的基础设施建设；重新定位教育信息化服务的质量标准，以高标准建设全民在线学习的教育信息化硬件水平，提高公共教育信息化的供给能力和技术服务水平；加强和加快教育教学网络综合平台建设，着力于充分满足教学直播、师生互动、作业传递、学习评价、学生管理、教师研训、家校互动、资源整合、学校领导与管理等综合性要求；充分发挥制度和体制优势，由教育部、工业和信息化部等部门组织、指导专门队伍，实施在线教学基础平台的深度研发。研发技术人员要深入学校和课堂，深谙课程建设与教学改进的过程，才能开发出好用的在线教育工具。教师教学的操作台、学生观看的显示屏、师生的移动教学和学习设备、教师备课和研修的电脑等设备，要做到视窗统一、智能化程度高、教师易学易操作，还有网络与学生学习机（无游戏等功能）的双向支持等。

可以借助技术平台的开放性和共享性，拉动教育公平与均衡，以"弯道超越"的姿态迈向未来学习化社会。在线学习是进入知识社会和后工业社会后诞生的一种新型学习形式，针对工业社会产生的实体学校学习制度的局限，通过在线学习这一种新式的学习革命，突破传统的学习观念及时空概念，意义深远。不仅如此，在线学习所具有的优势，以及作为支撑的技术平台的开放性和共享性，使其在克服落后地区信息沟通困难、资源不足等方面有着得天独厚的优势。从数据来看，认为疫情过后线上教学可以继续下去的，中西部地区的教师似乎信心更足；建议继续保留在线教学的家长中，西部地区（20%）和中部地区（15%）的比重要高于东部地区（10%）。因此，发挥在线学习突破时空限制、弥补优质资源不足以及助力学习能力提升等长处，以技术拉动均衡与公平，实现中西部及落后地区的快速发展是完全可行的。借助在线学习的共享特征及"弯道超越"的突出优势，东部、中部、西部地区携手迈进未来学习化社会，指日可待。

（本报告系国家社会科学基金"十三五"规划2017年度教育学重大招标课题"我国教育2030年发展目标及推进战略研究"〔VGA170001〕的阶段性成果。感谢所有参与调研学校的校长、教师、学生和家长以及具体组织调研工作的地方教育行政部门负责人，感谢上海范尔网络科技公司罗星等提供的技术支持。）

新冠肺炎疫情带给教育现代化的思考和建议

【作者简介】

眭依凡,教育学博士,教授,博士生导师。浙江大学高等教育研究所所长,第七届国务院学位委员会学科评议组成员,第六届全国教育科学规划领导小组高等教育学科组副组长,兼任中国高等教育学会学术委员会副主任、中国教育发展战略学会常务理事、中国高等教育学会高等教育管理研究会副理事长、浙江师范大学博士生导师、北京师范大学中国教育政策研究院兼职教授等。教育部"长江学者"特聘教授,享受国务院政府特殊津贴,曾获"从事高等教育逾30年高等教育研究有重要贡献学者"等荣誉。主要从事高等教育基本理论与高等教育管理研究。在核心学术刊物发表论文200多篇,著有《论大学》《大学校长的教育理念与治校》《大学的使命与责任》《理性捍卫大学》《大学文化思想及文化育人研究》《大学理想主义及其实践研究》等。

第二篇
基础教育的现实生态与基本形势

这次新冠病毒蔓延虽然得到了有效控制，但也给各行各业留下了许多有待反思的问题，包括教育领域。黑格尔曾说："一个民族有一些关注天空的人，他们才有希望；一个民族只是关心脚下的事情，那是没有未来的。"凡社会问题，本质上是人的问题，而人的问题无不关涉教育。如何教育青少年，是国家必须思考和面对的关乎国家未来的大课题。一个付出了社会代价包括生命代价而不去思考并因此而成熟的民族，是不会有希望的民族。教育的价值与意义在于让整个民族及其成员更加成熟，而民族成员个体的成熟是民族整体成熟的前提。基于上述立场及逻辑，可以作出如下的判断：与时俱进地推进教育现代化，对国家的文明进步具有顶层战略性设计与布局的重要作用。为此，笔者就选择什么样的教育现代化路径来引领我国教育未来的改革发展，提出以下建议。

首先，科学界定教育现代化概念，并准确把握其操作性要素。何谓"教育现代化"？据笔者《高等教育现代化的理性思考》(《高等教育研究》2014年第10期) 一文的研究结论，教育现代化是以国际教育最高水平、最先进状态为参照的目标体系和追求，是具有时空局限性的相对概念，反映未来某阶段或现实教育发展的最高水平及其综合实力的最强状态。教育现代化既是一个追求国际比较及国际化目标的过程，又是一个注重本土现实的过程；教育现代化既包含数量发展的要求，更强调质量的要求，是精英教育与普通教育的结合；教育现代化既是教育未来发展的方向和目标，又是教育发展的进程和状态；教育现代化始于国家竞争和国家现代化需要，又引领国家现代化发展，并构成国家现代化不可或缺的基础；教育现代化是建立在本土社会经济基础上的教育国际化；教育现代化既是关系教育宏观治理体系的现代化，又是教育实施者治理能力的现代化；教育现代化是教育理念现代化和教育内容、手段、方法现代化的结合。如图1所示，教育现代化的要素包括教育高投入、教育普及化、教育高质量、教育善治结构、教育国际化、教育信息化及学习化社会等。教育的改革开放是促进教育现代化的唯一途径。作为国家强盛之基的教育，不仅只是面临治理现代化的问题，其整体的现代化更是肩负着强国的使命。教育现代化既是教育发展和教育强国的目标，又是教育发展和教育强国的手段与基础；既是我国教育改革进程中迫切需要解决的重大理论问题，又是教育强国进程中亟须面对的重大实践问题。

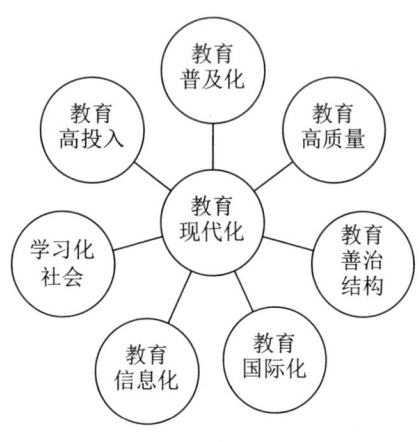

图 1　教育现代化的要素

其次，教育现代化作为国家教育行动指南，必须具有很高的操作和实践价值。教育现代化无论是作为目标还是过程的变量，其操作价值在于，它是由诸多具体表达教育状态或进程的要素组成的，即由多个具有量化标准的要素参与的反映教育发展水平的复杂状态和进程构成。如图1中的7个要素，"教育高投入""教育普及化""教育高质量""教育信息化"等都是可以用量化的教育目标进行描述的。教育现代化既要求教育的数量与规模，又注重保证教育的效率及质量。教育现代化的特征绝非只是教育内部独立要素的反映，而且是教育内部及社会共同努力追求的结果。因此，我们的教育现代化设计不能仅以发达国家反映教育竞争力水平的指标为目标追求，诸如教育投入占国内生产总值的比重、教育信息化的水平、适龄青少年的入学比例等，还要从未来我国人口质量，如青少年的道德人格水准、心理身体素质、创新智慧能力、爱国情操和世界文明意识等方面加以要求。如果我们的教育现代化仅仅关注所谓体现诸如教育高投入、教育硬件高水平、受教育人口高指标等"好看的数据",而忽视教育的真谛,忽视国家教育的终极目的是提高受教育者的整体素质和国家公民的整体素质,那么教育现代化的追求就本末倒置了。举例言之,教育现代化能不能让青少年身心更健康、社会文明及社会担当意识更强烈?现在,我国青少年不仅身体素质下降,比如近视率过高,存在不同程度心理障碍的青少年达到一定比例。试想,我们的青少年学生即便各科考试成绩优秀,但脆弱的身心素质能否保证他们承受未来人生激烈竞争的挑战与压力,担负国家民族振兴的使命与责任?

基于上述思考,笔者认为,疫情之后,在面向未来的教育现代化的国家顶层设计中,我们不仅要关注确立教育目标,更要关注用什么样的教育现代化理念去引领教育现代化发展。我们应该以中国之未来、中国青少年之未来,而不是以中国教育指标之未来作为教育现代化顶层设计的价值统领。只有跳出教育本身去看待教育、改善教育、发展教育,我国的教育未来及青少年的未来才会真正成为全社会关心和支持的事业,教育培养的一代代新人才能具备担负中华民族伟大复兴之大任的德与才。

疫情下的反思：突破"信息茧房"中教育的应为

【作者简介】

王枬，教育学博士，广西师范大学教育学部教授、博士生导师。兼任教育部2006—2010年高职高专教育专业类教学指导委员会主任委员、教育部人文社会科学重点研究基地华东师范大学基础教育改革与发展研究所兼职研究员、中国教育学会教育基本理论专业委员会理事、"广西21世纪园丁工程"专家委员会副主任委员、广西壮族自治区社会科学界联合会第五届委员会常委、广西教育学会理事等。享受国务院政府特殊津贴，入选广西壮族自治区优秀教师、全国"巾帼建功标兵"、广西高等学校教学名师、广西壮族自治区优秀专家。主要从事教育原理、教师发展等领域的研究。在《教育研究》等期刊发表学术论文百余篇，著有《教育学——行动与体验》《智慧型教师的诞生》等。

第二篇
基础教育的现实生态与基本形势

2020年初，一场突如其来的新冠肺炎疫情不仅打乱了人们的日常生活，而且由于海量信息的冲击，以及人们在相应信息选择下确立的个人立场和价值判断，造成了史无前例的亲友圈的价值撕裂。近则夫妻、父母、兄弟、子女争辩，远则同学、同事、战友、伙伴产生分歧……价值撕裂现象的出现，显然与个体对信息的判断、选择和确认有关，也与教育相关。其中，尤其值得关注的是"信息茧房"这一概念。本文试图探讨"信息茧房"的形成及其可能造成的危害，并期待教育在帮助人们突破"信息茧房"中有所作为。

一、"信息茧房"的形成

"信息茧房"（information cocoons）是一个传播学的概念，最早由美国哈佛大学教授凯斯·桑斯坦（Cass R. Sunstein）提出。在桑斯坦看来，信息社会为公众提供了"资讯汪洋"，并如尼葛洛庞帝（Nicholas Negroponte）所预言的那样，每个人都可以在其中挑选自己喜欢的主题和看法。互联网在为我们聚合有价值信息的同时，也带来了"信息封闭"的风险，即我们只相信我们选择的内容，只关注自己喜欢看的信息，只愿意接收自己相信的资讯。久而久之，我们会将自身桎梏于像蚕茧一样的"茧房"中，并在自己不感兴趣的信息前竖起一道拦截的高墙。然而，长期生活在"茧房"这个舒适、温暖、友好的地方，与观点相近的人分享相似的看法，会令我们逐渐失去全面客观地判断事物的能力，如此一来，"茧房"就会变成"可怕的梦魇"。[1]

客观地说，"信息茧房"的出现，凸显了个人对信息选择的主体性和自由度，体现了媒体去中心化、扁平化的倾向，也展示出人与信息更为紧密友好、私人定制的连接趋势。

---

[1] 凯斯·R.桑斯坦.信息乌托邦——众人如何生产知识[M].毕竞悦，译.北京：法律出版社，2008：8.

但是,"信息茧房"所具有的空间封闭、信息窄化、观点趋同的突出特征是值得关注和警惕的,[1]"作茧自缚""画地为牢"等成语能够生动地说明深陷"信息茧房"可能带给人及社会的巨大危害。就个体而言,长时间只选择自己感兴趣的内容而排斥那些与自己想法不一致的信息,这是一种"选择性失明",也是一种"信息挑食",任由那些自己喜欢的资讯在茧房内不断汇集,就会形成"信息孤岛",进而会强化自己的偏执。因此,固守"茧房"会由于信息失衡造成视野窄化、知识固化、头脑僵化等问题,严重阻碍个人的全面发展。就群体而言,长期沉浸在同质而排异的"茧内交流"中,只与"情投意合""志同道合"的成员分享相同意见而拒绝其他合理性观点的输入,会形成"回音室效应",造成小群体内成员的极端自信及某些观点的极度膨胀。而技术构建的信息壁垒,又将人群区分为各种标签的小圈子,加剧社会的碎片化。这可能会助长群体盲思和社会极化,降低社会基于共同经验而形成的黏性,造成社会共识的分裂及共同价值观的离散。极端的言语甚至会导致网络暴力现象,进而使得整个社会的聚合力降低,使得增强社会的凝聚力变得日益困难。

二、"信息茧房"的成因

在《乡土中国》中,如费孝通所说,人们生活在一个"熟人社会",彼此之间"并不是由于我们选择得来的关系,而是无须选择,甚至先我而在的一个生活环境"[2]。这是由乡土、血缘、亲情等构成的人际关系。但在信息时代,这种传统的格局被打破,人们生活在一个由陌生人组成的社会中,城市森林的逼仄空间与快节奏的生活疏远了人们的现实交往,却提供了更丰富、更多元的网络交往的可

---

[1] 许幼飞.算法推荐的"信息茧房"效应及反思——以"今日头条"个性化新闻推荐为例[D].重庆:重庆大学新闻学院,2018.
[2] 费孝通.乡土中国[M].北京:人民出版社,2015:6.

能性。这是"人找人"的过程。而连接人与人之间的纽带不再只是甚至不再是血缘或亲友关系,共同的爱好、兴趣,共同的见解、看法,共同的世界观、人生观和价值观,成为人们彼此认同的重要基础。大数据和算法技术的兴起,更为人们寻找志趣相投的朋友提供了便利。"人找人"就变成了基于大数据的呈现而形成的"人以群分"。

算法技术通过用户在网络上浏览信息的痕迹,推测出用户的喜好,进而有针对性地向用户推送相关信息。这里,算法技术是手段,算法推荐是目的,投其所好是基本原则。

作为信息的受众,人们大都有一种对信息选择的偏好,即更愿意接触自己感兴趣的内容,更愿意接受与自己态度一致的信息,这是"人找信息"的过程。这种偏好是人的天性使然,也是人的惰性所致,本无所谓好坏或善恶。但是,在大数据时代,人们在网络上的阅读兴趣很容易通过个人的购书清单、浏览偏向、点赞情况、读书痕迹等被记录下来,形成个人的阅读轨迹。在网络上,看一个人读什么书,就能判断出他大抵是个什么样的人;看他每天浏览什么样的信息,就大致能判断出他持有怎样的价值立场。这样的偏好一旦与个性化的算法技术相结合,定期推送、定向分发的资讯便会更加强化人的信息偏好。"人找信息"就变成了"信息找人",这加速了"信息茧房"的形成。

造成"信息茧房"的原因,可以从内外两个方面来看。

从内部来看,其一,与个人的思维定式有关。受每个人原有的知识基础和价值立场的影响,人们在看待问题时容易形成思维定式,心理学上将其解释为人们受先前活动的影响而造成在从事某项活动时的一种心理准备状态,也可看成是在长期的思维过程中形成的一种思维条件反射。人们习惯按照已有的认知方式处理相同的事情,这是人的本性使然,但是,若情况发生改变后仍惯性地按照思维定式判断或处理问题,就很容易产生偏见。这不仅会伤害他人,也会伤害自己。其二,与个人的信息过滤机制有关。个人在筛选信息时往往以自己的立场、观点和主观好恶为根据，这使得人们获得的信息带有强烈的"聚合性"特点，而由算法构造的过滤器组成的"过滤气泡"强化了信息的聚合，每个人的"过滤气泡"决定了每个人在网上所能看到的信息。[1]恰恰是这种"过滤气泡"聚合信息的努力，使人们"似乎在毫无觉察下已被包裹进个体与机器共筑的温柔却严丝合缝的茧蛹"[2]，而这有可能把人带向极端主义、安于现状和错误的深渊[3]。

从外部来看，其一，与信息爆炸和信息过剩有关。半个世纪以来，计算机技术全面融入社会生活，在为人们带来更多便利和快捷享受的同时，也使世界充斥着比以往更多的信息，而且其增长速度也在加快，可以说，"人类信息正在经历指数级增长"[4]。互联网又是多种媒介聚合的平台，在"人人都是自媒体""人人都有麦克风"的时代，每个人都可以在网络上发布信息，造成"真相与假象齐飞，传言与谣言共舞"的局面。这增加了人们信息选择和判断的困难。在泛滥的信息面前，人们会出现选择焦虑，故而更愿意躲在个人容易接受的信息舒适区，这助推了"信息茧房"的构建。其二，与信息落差或信息鸿沟有关。随着信息通信技术的不断革新，全球更多的人获得了享有信息的权利和条件。但由于网络拥有程度、技术能力的差异，以及经济实力所能支持的网络资源的不同，不同人群或不同地区在获取信息上存在不均衡，出现"信息富人"和"信息穷人",[5]甚至引起贫富两极的进一步分化。而占有信息的不对称又可能强化了"信息茧房"。

也有研究者指出，并不是所有的算法技术都与"信息茧房"有着必然的联系。基于内容的推荐算法可能会比较严重地窄化用户的视野，但协同过滤算法不

---

[1] 王斌，李宛真.如何戳破"过滤气泡"：算法推送新闻中的认知窄化及其规避[J].新闻与写作，2018（9）：20—26.
[2] 喻国明，方可人.算法推荐必然导致"信息茧房"效应吗？——兼论算法的媒介本质与技术伦理[EB/OL].（2019-12-20）[2020-04-14]. http://www.jutui.com.cn/a231372016-1.html.
[3] 凯斯·R.桑斯坦.信息乌托邦——众人如何生产知识[M].毕竞悦，译.北京：法律出版社，2008：19.
[4] 埃雷兹·艾登，让-巴蒂斯特·米歇尔.可视化未来——数据透视下的人文大趋势[M].王彤彤，沈华伟，程学旗，译.杭州：浙江人民出版社，2015：9.
[5] 于良芝，周文杰.信息穷人与信息富人：个人层次的信息不平等测度述评[J].图书与情报，2015（1）：53—76.

会，因为它依据的是与用户相似的其他人喜欢什么，用户可能会因此而接触到自己想不到的多样内容。[1] 所以，"信息茧房"的"锅"，算法推荐不能全背。

三、教育的应为

疫情期间出现的价值撕裂，看似是立场不同、价值观迥异，实则是人们的对话和沟通出现了问题。而造成对话和沟通障碍的，是人们所持的不同逻辑或不同语言。按照哈贝马斯（Habermas）的观点，在以理解为目标的语言交流中，"言说者必须选择一个可领会的表达，以便说者和听者能够相互理解；言说者必须有提供一个真实陈述的意向，以便听者能分享说者的知识；言说者必须真诚地表达他的意向，以便听者能相信说者的话语（能信任他）；最后，言说者必须选择一种本身是正确的话语，以便听者能够接受之，从而使言说者和听者能在以公认的规范为背景的话语中达到认同"[2]。这便与教育有关，与教育应该帮助人们掌握基本的逻辑和语言沟通能力有关，与教育应该培养人们的共同体意识和共情能力有关，与教育应该确立的人性底线，即真善美的价值追求有关。

人的成长是一个不断突破旧我、成就新我的过程。在个人成长的道路上，需要不断地挣脱束缚，摆脱桎梏。在信息化社会和互联网时代，更需要个体努力"破茧而出""化茧成蝶"，自觉克服"信息茧房"带来的负面影响。这也成为信息时代教育的重要任务。

要突破"信息茧房"，首先需要重新理解"知识"的内涵。联合国教科文组织在2015年的报告中提出："可以将知识广泛地理解为通过学习获得的信息、认识、技能、价值观和态度。"而"获取何种知识以及为什么、在何时、何地、如

---

[1] 喻国明，方可人. 算法推荐必然导致"信息茧房"效应吗？——兼论算法的媒介本质与技术伦理 [EB/OL]. (2019-12-20)[2020-04-14]. http://www.jutui.com.cn/a231372016-1.html.
[2] 陈学明，吴松，远东. 通向理解之路——哈贝马斯论交往 [M]. 昆明：云南人民出版社，1998：19.

何使用这些知识,是个人成长和社会发展的基本问题"。[1] 若对汉语的"知识"一词进行释义,"知"从矢从口,意指说话像射箭,说对了话就像箭中靶心,一语中的,引申来看,就是知晓,就是信息来源;"识"繁体写作"識",从言从戠,意指用语言描述图案的形状和细节,引申来看,就是见识、眼光,就是辨别、判断的能力。也就是说,一个人判断力的高低与其信息多元与否有很大的关系,如果固守单一封闭的信息来源,就会成为井底之蛙,也就无法理解丰富多彩的世界。如庄子在《秋水》中所说:"井蛙不可以语于海者,拘于虚也;夏虫不可以语于冰者,笃于时也。"这就涉及教育应该"教什么"的问题。教育当然要传授知识,但不仅限于知识。我们学习语言,是为了能与人更顺畅地沟通,并体会不同语言背后文化的魅力;我们学习数学,是为了学会严谨地思维,从而更好地分析问题和解决问题;我们学习历史,是为了了解我们从哪里来,并将要向哪里去;我们学习科学,是为了认识人类知识的边界,并成为一个讲道理的人;我们学习艺术,是为了获得灵性的成长,进而促进自身的全面发展。因此,教育应该帮助人们学会在多元文化的比较中开阔眼界,在缤纷信息的鉴别中拓宽视野。这就需要大量的阅读,需要广泛的涉猎。没有阅读的积累,没有深厚的知识基础,就没有独立思考,也就不可能有高远的境界。

要突破"信息茧房",还需要重新理解人类的特性。人是万物之灵长。马克思指出:"人不仅仅是自然存在物,而且是人的自然存在物,也就是说,是为自身而存在着的存在物,因而是类存在物。"[2] "一个种的全部特性、种的类特性就在于生命活动的性质,而人的类特性恰恰就是自由的自觉的活动"[3]。作为"自然存在物",人应该敬畏自然;作为"类存在物",人应该秉持"类"的关怀。当今时代,人类生活在同一个"地球村",无论是什么种族、肤色和地域,不管身处

---

[1] 联合国教科文组织.反思教育:向"全球共同利益"的理念转变?[M].北京:教育科学出版社,2017:16.
[2] 马克思,恩格斯.马克思恩格斯全集(第42卷)[M].北京:人民出版社,1979:169.
[3] 马克思,恩格斯.马克思恩格斯全集(第42卷)[M].北京:人民出版社,1979:96.

第二篇
基础教育的现实生态与基本形势

哪一个国家，人都是共生共在的。联合国教科文组织《反思教育：向"全球共同利益"的理念转变？》中说："我们应将全人类视为一棵树，而我们自己就是一片树叶。离开这棵树，离开他人，我们无法生存。"[1] 2017年1月18日，习近平总书记在日内瓦发表了题为《共同构建人类命运共同体》的主旨演讲，强调我们共同生活在一个"你中有我，我中有你"的世界。这次新冠肺炎疫情再次证明了这一点。环球同此凉热，世界共处一村。病毒没有国界，疫情不分种族，全人类都是"当事人"，一荣俱荣，一损俱损，没有哪个国家可以独善其身。教育应该帮助人们真正站在人类命运共同体的高度，树立同舟共济的理念，在守望相助中实现共进，在团结合作中获得共赢。这就需要消除隔阂，放弃偏见，平等相待，互利互惠，秉承"人人为我，我为人人"的理念。任何抱怨、指责、谩骂都不能消除病毒，彼此间的对立、敌视、相残也无助于问题的解决。只有各国人民携起手来，勠力同心，才能真正战胜病毒，重建岁月静好的生活。

要突破"信息茧房"，还需要坚守人性的底线。人类对于真善美的追求是价值共识的基础。一部人类文明史，就是一部真善美相统一的发展历史。真，是符合事物发展规律的认识；善，是人的思想、言行所表现出的利他的属性；美，是人物、事件的内外形象引起社会主体喜悦的情感体验的属性。可以说，人类所有的实践活动，归根到底都是为了追求真善美。在信息时代，没有真则难求一致，没有善则遑论伟大，没有美则奢谈愉悦。教育正是要帮助人们认识真善美，热爱真善美，追求真善美，创造真善美，做到从善如流，嫉恶如仇，以实现真善美的统一，最终成为有益于人民、有益于社会的人。这就需要通过课堂教学和日常活动来实现。比如学科教学中的"真"，不仅指教学内容要符合科学性的要求，还指教学活动要符合学生身心发展规律，实现知识逻辑与心理逻辑的统一；学科教学中的"善"，不仅指教师通过言传身教对学生进行道德教育，还指教学本身渗

---

[1] 联合国教科文组织.反思教育：向"全球共同利益"的理念转变？[M].北京：教育科学出版社，2017：20.

透着丰富的情操教育、理想教育、人格教育的内容，使教学永远具有教育性；学科教学中的"美"，不仅指教学过程生动形象，使学生获得"如临其境、如闻其声、如见其形"的体验，还指教学活动刻骨铭心，成为师生共同拥有的一段愉快且值得回味的生命历程。自然科学的教学所揭示的自然规律体现真，蕴含善；社会科学的教学所反映的社会规律展示善，包孕真。而这些科学知识的表述方式，如语言、模型、方程式、元素表等，都具有对称均衡、对立统一的形式美的因素。挖掘学科内涵，以美引真，以美储善，就成为教育的重要任务，并帮助人们确立人性的底线和边界，建立以常识为基础和共识的对话平台。

当然，要突破"信息茧房"，教育只是外在的因素，最终还须依靠个体自身的努力。

第二篇
基础教育的现实生态与基本形势

在线教学与开创教学新常态

【作者简介】

尹后庆,国家督学,教育部基础教育课程改革专家委员会副主任委员,教育部人文社会科学重点研究基地华东师范大学基础教育改革与发展研究所学术委员会委员。兼任教育部基础教育教学指导委员会副主任委员、教育部教育发展研究中心研究员、华东师范大学教授、上海师范大学教授、上海市教育学会会长、中国教育学会副会长。主要从事学校变革、教师专业发展等领域的研究。参与或主持多项上海市基础教育重大改革方案和政策的制定。著有《见证变革——站在上海基础教育转折点上》等。

从应对这次疫情的不平凡经历中我们看到,基础教育的教师队伍面对突如其来的疫情,面对"停课不停学"全员开展线上教学的要求,在如此仓促的时间里克服重重困难,创造了几乎覆盖全体的线上教学样式。其背后提供支撑的是这支队伍深厚的专业功底和高效的协同机制,教育信息化的工作基础也发挥了很好的作用。

疫情期间在线教育的发展为基础教育和教师培训工作的改革与发展按下了快进键。客观上,这个过程成了师生信息素养提升的培训过程,也是信息化教学的一次大规模的社会实践,对运用信息化手段推进教育教学方式改革具有历史性意义。

问题是,疫情过后怎么办?

一份上海市的课题报告试图初步描述互联网时代新一代数字化学习的图像:未来的教学,将是面对面学习和在线学习同时并存、互为补充的混合教学模式;书本知识的传授将逐步被支持个性化学习的网上学习替代;课堂将成为运用互动、体验和探究的学习方式促进知识理解和应用的场所,具有网络学习不可替代的功能;深度学习将打通课内学习与课外学习、面对面学习与网络学习、学科学习与综合学习,使之成为一个整体。这份报告把以上描述称为"互联网+时代的教学新常态"。

为了应对疫情而开展的线上教学,为我们开创信息化背景下的教学模式提供了广泛、有益的尝试机会,也促使我们为开创教学新常态迈出了坚实的一步。

一、在信息化背景下形成学与教的新常态

要利用疫情期间形成的工作基础乘势而上,加快促进教育观念的转变,促进学校、教师和学生把面对面的教学与在线教学结合起来,使混合式学习成为新常态,使学生的知识获取方式与教学过程中的师生关系发生深刻变化。

第二篇
基础教育的现实生态与基本形势

这次疫情中,上海还以"同一学段、同一播出时间、同一批授课老师"的方案推出在线教育,其中有两个环节值得关注:一是统一授课之后的互动和辅导环节仍由原来的任课老师组织,这使得学习者的群体学习意识得到延伸的同时,又初步尝试了虚拟的学习社区环境;二是学生通过电脑、手机等终端接入"空中课堂",开展听课、作业、互动交流,一定程度上尝试了智能的、泛在的教学活动。

疫情过后,我们能不能让这些积极的因素得到进一步的发展,而不是回归到原来的形态?多样化的学习终端能不能继续在学生的学习过程中普遍延续使用,而且是更频繁、更有意义地使用?"翻转课堂"、微视频教学、自适应学习等能不能顺势得到更加广泛的尝试和推广,从而更主动地去适应人类学习方式变革的客观态势,去逐步改变基于讲授和训练的学习范式,去催生教学流程的再造?

在信息化背景下,改变教学需要加大信息化基础建设的力度。我们过去做的工作在疫情考验下可以看得很清楚,哪些是有效的,哪些是不足的,哪些是"花架子"、无用功。有一件事是一定要做的,就是从支持学生学习的角度出发,把建设在线学习的技术支撑——"学习管理系统"提上议事日程。通过提供多样化的学习资源、学习工具(提示、问答)、自我评价工具等,为学生学习方式的变革提供有效支持。与此同时,对教师参与教学变革,我们也要提供有效的技术支持,提供多样化的教学资源、教学工具、教学设计案例(教学策略、教学范例)、评价工具。

其实,为教师提供有效支持是提升教师信息化能力的重点。要通过现实的任务让教师学习在信息化背景下指导学生学习的理念、方法、工具和技术,成为学生学习的指导者和引领者。特别是要着眼于帮助教师在各种有差异的教学情境下,运用资源和工具为学生设计并组织实施丰富、多样、有效的学习活动,促进学生的深度学习。这次疫情中的教师培训为什么有效?因为与教学需要紧密结合。今后我们怎样让教师继续具有培训的饥渴感?这就需要为他们提供合作交流、知识建构、反思总结的工具,提高教学服务的效率。

二、形成学与教新常态的几项任务

在讨论教育信息化时,大家会感觉到信息化的任务似乎很远,但是当我们真正尝试以后就会发觉,当下与未来是有联系的,是可以接续的。所以,当下我们有必要把曾经作为任务的话题重新提起。

(一)学习空间的重构

泛在的学习环境必将重构学习空间,现实的学习空间和虚拟的学习空间相结合,将实现教育资源的便捷获取和智能推动,从而构建新型的学习场。这不仅是泛在学习的空间营造,也是学校内部空间的重构。学校内部的空间将支持多样的学习场景,构建更加灵活、智能、人性的学生成长空间。网络虚拟空间与现实实体空间的相互结合,将构成泛在的、智慧的学习空间。特别是网络学习空间,学校要整合信息化软硬件设施,加快构建网络学习空间"人人通",为每个学生打造一个数字书房,为每位教师打造一个数字办公室,实现基于数字空间的教育资源供给,建立人人皆学、时时能学、处处可学的智慧教育服务空间。

(二)教与学流程的再造

"翻转课堂"、微视频教学、自适应学习等学习方式在线上教学的实践中已经不同程度地出现,这使基于讲授和操练的学习范式受到冲击。疫情期间,教师已经普遍尝试了虚拟课堂教学。能否顺势推动教师有步骤、有计划地更多地学会使用虚拟教学助手,帮助教师处理重复性的智力劳动呢?先学后教、以学定教、少教多学,体验式、沉浸式、情景化、项目化、问题化和研究性的学习……丰富的形态和历程都已经出现了,关键是要因势利导,再造教与学的流程。技术提供更具智能化和个性化的教学内容和辅助学习工具,实现更加精准、更加耐心的智能导学。教师的工作重心更多地转向对学生的能力培养、素养培育、心理干预、人格塑造等。

实现这样的目标需要进一步加强教育信息化服务平台的建设,在教学资源、教学工具、教学设计案例、评价工具的开发和提供上,在教师培训机会的安排上,给予支持和保障。

(三)学习资源供给侧的改变

基于创新、实践和体验的教育资源已经成为新的需求热点。创新供给,创客学习,STEAM 课程[1],都会成为人们教育追求的新热点。一切教育信息化装备和技术都要服务于人的教育教学的新需求,都要服务于学习的有效发生,遵循学习的内在规律,促进学习的进程。

要围绕促进教学方式的进化,用技术优化教学,提升教育生产力。如何更为高效地传授知识、提升能力、建构观念、创新技术和应用?这是教师教学法的核心,教学方式的进化主要是以教师工作方式的进化为主。要围绕促进学习方式的进化,以技术促进学习方式变革,促进学与教流程的再造,思考技术创新和应用。在这里,基于知识图谱和人工智能技术,构建新形态的学习资源体系,重构学习内容,创新知识呈现,针对不同的学习内容构建自适应学习系统,构建复合型教材和智能化学习服务体系,这就不是远在天边的理想了。

(四)教育评价方式变革

教育信息化在学习评价领域的创新突破,在于其基于综合素质的评价贯穿教与学的始终,从而推进从以高强度操练和博闻强识为主的应试教育逐渐转向以注重创新精神、实践能力和社会责任为主的综合素质培养。

教育数据可采集、可分析,基于数据汇聚,实时了解学生,从而为每个学生构建数字画像,实现大规模的因材施教,为办学改进、生涯规划、分类遴选、持续培养提供技术支持。

(五)教育治理转型

教育治理转型可以从两个方面考虑。一是推进基于大数据的教育数据挖掘与

---

[1] STEAM 课程是集科学(science)、技术(technology)、工程(engineering)、艺术(arts)、数学(mathematics)五大领域的综合课程。——编者注

学习分析，推进教育精准治理和科学决策，真正迈入教育管理和服务的智能时代；二是用数据改进管理，使管理伴随着教育教学的整个流程，通过管理优化资源配置，提升教育效率，为学生提供更好的服务。我们要始终把握的是管理进化主要体现什么，即基于数据的教育治理、基于技术的环境设计和基于个性的推送服务，智能化是其核心特征。

新冠肺炎疫情下的学校教育
——基于核心素养与生命教育的视角

【作者简介】

李子建,哲学博士,教授。香港教育大学学术及首席副校长,课程与教学讲座教授,香港教育大学宗教教育与心灵教育中心总监、卓越教学发展中心联席总监、可持续发展教育中心联席总监。历任联合国教科文组织中国环境教育项目顾问及国际学校效能与学校改进学会理事、国际课程研究促进协会技术支援委员会委员等。其领导的"优质教育跃进学校计划"在2008年获得优质教育基金杰出奖。主要从事课程与教程、环境教育与地理教育、学校改进等领域的研究。编辑出版20余本书籍,发表文章百余篇。

新型冠状病毒对全球人类健康和公共卫生造成很大的威胁，对日常生活乃至工作和教育都造成不小影响。写这篇短文之际，内地的疫情已得到一定控制，而香港以及国外的情况仍然颇为严峻。笔者尝试从个人的观察出发，探讨这种不可能预测的事件对学校教育未来发展的启示。有一些问题在这段时间出现，例如，（1）在"停课不停学"的情况下，在线教学的成效如何？不同机构和学校采用了不同的上课形式，是否会对学校教育造成冲击？（2）我们的学习，是否仍旧围绕原有的课程进度，抑或有一些议题需要因时制宜，更值得花点时间让学习者去学习和理解？

我国在2016年提出的中国学生发展核心素养，[1]与其他国家和地区提出的核心素养或21世纪技能颇有相通之处。[2]

从表1可以看出，以新冠肺炎疫情为例，学校教育可以考虑通过问题探究或相关内容教授的方式，来与学生发展的核心素养结合。

表1 中国学生发展核心素养与由新冠肺炎疫情引发的学习内容和思考

核心素养	基本要点	由新冠肺炎疫情引发的学习内容和思考
人文底蕴	人文积淀	与瘟疫相关的文学作品，例如《鼠疫》，纪红建的报告文学《一名武汉民警的春天》。
	人文情怀	关切人的生存、生命和生活。从疫情中，我们学会了哪些与生命有关的事情？什么是幸福的生活？
	审美情趣	你能否以及如何以艺术形式表现前线抗疫人员的无私奉献？
科学精神	理性思维	专家是如何推断疫情发展的？是如何利用数据的？病毒是如何传播的？
	批判质疑	有些国家采取不同的抗疫政策，如何判断其成效？有何利弊？
	勇于探究	为什么不同质量的口罩和生活习惯（例如，洗手，保持社交距离等）对病毒有不同的预防作用？

---

[1] 核心素养研究课题组.中国学生发展核心素养[J].中国教育学刊，2016（10）：1—3.
[2] 李子建.21世纪技能教学与学生核心素养：趋势与展望[J].河北师范大学学报（教科版），2017（3）：72—76.

(续表)

核心素养	基本要点	由新冠肺炎疫情引发的学习内容和思考
学会学习	乐学善学	你在疫情期间如何利用时间学习？你对自己的学习有何反思？
	勤于反思	你对部分人的不同表现（例如，囤积货品、分享物资等）有何评价？
	信息意识	网上有不同的疫情讯息，如何分析和分辨其可靠性？
健康生活	珍爱生命	你这段时间做些什么运动？如何反思自己的生活、习惯和个人卫生？当你知道一些抗疫人员和其他病人不幸离世时，你有何感触？
	健全人格	在一线抗疫人员（包括来自外地的志愿者）身上，你看到哪些优秀的心理和品格素质？
	自我管理	经过这次疫情，你学会了什么？如果疫情不幸再次发生，你会不会帮助和鼓励家人及其他人？你打算做些什么？为什么？

除国家提出的学生发展核心素养以外，叶澜老师早在 20 世纪 90 年代便提出"新人素养"的观点。[1]"新人素养"涉及认知方面，尤其是善于分析和反思信息，以及对信息进行价值判断；同时强调道德，尤其是自尊和尊重他人的统一；还重视精神，尤其是自信和自我超越。此外，学校作为一个"生命场"，要提升"生命质感"，重视生命成长。这种观点与生命教育和学校发展的有机结合可谓不谋而合。在《光明日报》刊发的一篇文章中，叶澜老师谈及"生命·实践"教育的信条，[2] 她引用《道德经》第三十三章"自知者明，自胜者强"，提出以"教天地人事"贯穿课程，以"生命自觉"作为教育最高境界的追求。儒家思想也谈及"天人合一"，《易经》曰："天行健，君子以自强不息。"

部分学者亦从生命教育的视角提出发展中学生的核心素养的主张。例如陈滨建议使用"翻转课堂"教学模式、情感教育教学模式，以及不同形式的生命体验活动，促使学生的生命体验与学习过程达到"明理""共鸣"和"导行"的效

---

[1] 叶澜."新基础教育"内生力的深度解读[J].人民教育，2016（3—4）：33—42.
[2] 叶澜."生命·实践"教育的信条[N].光明日报，2017-02-21（13）.

果。[1]李凤堂则提倡全方位的策略，包括透过课题研究，将生命教育与办学理念相互结合，建构独一无二的学校特色；通过设计生命教育相关的校本课程，以体验式、对话式、探究式、发展式等多元课堂教学方式，借助"学校—家庭—社会"的影响与合力，营造生命教育的氛围等。[2]

《国家中长期教育改革和发展规划纲要（2010—2020年）》提到，要重视生命教育，上海市教育委员会颁布的《上海市中小学生命教育指导纲要（试行）》期望学生"热爱生命，建立生命与自我、生命与自然、生命与社会的和谐关系……提高生命质量，理解生命的意义和价值"。疫情期间，教育部办公厅、工业和信息化部办公厅联合发布《关于中小学延期开学期间"停课不停学"有关工作安排的通知》，强调"加强爱国主义教育、生命教育和心理健康教育"。生命教育作为教育研究与发展的领域，逐渐受到全社会的关注。有学者提出，生命教育包括天、人、物、我四个环节，也涉及知、情、意、行四方面。[3]就笔者的个人理解而言，以新冠肺炎疫情为例，可以思考如下问题：它对我理解生命的意义有何启发？这个事件对我与社会、与他人的互动有何启示？例如，为什么我在一段时间内会留在家中不能外出？我在这段时间内如何与朋友沟通？我对抗疫人员的努力有何感受？我会做什么来鼓励他们，为他们加油鼓劲？这个事件引发我关注和增长了关于环境（物）的哪些认识？例如，病毒是如何传播的？大自然的生态与病毒传播有什么关联？这个事件对我自己（自我认识）有何意义？例如，我的生活习惯有何改变？健康为什么是重要的个人财产？罗崇敏认为，价值教育的核心组成部分是生命教育、生存教育和生活教育，它涉及人生信仰、真理和智慧、道德和法规、情感和理性、自主和创新方面的教育。[4]

在新冠肺炎疫情期间，对于教育教学的关注大多集中于在线教学如何增强与

---

[1] 陈滨.重视生命教育　培育初中生核心素养[J].兰州教育学院学报，2017（5）：170—174.
[2] 李凤堂.生命教育视野下发展中学生核心素养的理性思考[J].天津市教科院学报，2018（5）：74—78.
[3] 王秉豪，李子建，等.生命教育的知、情、意、行[M].台湾：扬智文化，2016：1—12.
[4] 罗崇敏.三生教育论[M].北京：人民出版社，2013：151—153.

第二篇
基础教育的现实生态与基本形势

学生的互动，也讨论如何利用网络资源促进学生的自主学习。随着疫情的逐渐缓解，大家可能逐渐淡忘疫情对生活和教育的影响。此外，网络学习逐渐普及并不断革新，教育工作者也许会忽视学校教育的一些本质问题，例如，未来教师的角色是什么？教师的哪些角色与功能是科技、人工智能和网上学习都不能取代的？生命教育是以"议题"或"专题"的方式出现，抑或作为学校教育的基本内涵？这些都值得我们思考。施瓦布（Schwab）提出课程的共同要素，包括学科内容、教师、学习者、环境等。[1] 从施瓦布的课程慎思和实用取向出发，无论环境如何改变，无论学科内容和学习者随着年代的变迁而产生如何不同的需求，教师仍是推动和实施课程与教学的主体，需要考虑核心素养和生命教育如何融入课程。在教育政策与教育专家的影响下，教师也宜与时并进，丰富自己的生命经历和生命自觉，成为21世纪的教师和"生命教育者"。[2] 面对前所未有的全球新冠肺炎疫情，我们也许要思考学校教育的本质是什么，尤其是面对逆境，我们怎样维持正面积极的态度，加强对人生和生命意义的肯定，以及如何通过疫情经历而"经一事，长一智"，如何关怀自己、他人、社会，乃至关心国际社会面对新冠肺炎疫情的应对策略，如何反思生命成长以及新冠肺炎疫情之后可做与应做的事情，这可能比追赶课程进度更加重要。

---

[1] SCHWAB J. The Practical 4: Something for Curriculum Professors to Do [J]. Curriculum Inquiry, 1983, 13 (3): 239—265.
[2] 李子建, 龚阳. 科技发展下的教师角色：生命教育者 [J]. 北京教育（普教版）, 2019 (8): 11—15.

新冠肺炎疫情对贵州未来基础教育的影响

【作者简介】

史秋衡，教育学博士，贵州师范大学教授、博士生导师。贵州师范大学校长助理、教育学院院长，兼任教育部全国高等学校设置评议委员会委员，《中国社会科学》《教育研究》等权威刊物审稿专家，《高等教育》执行编委，教育部普通高等学校本科教学工作水平评估专家组成员，教育部普通高等学校审核评估专家，教育部、全国教育科学规划办、国家留学基金委、国家自然科学基金、国家博士后管委会等评审专家。享受国务院政府特殊津贴，入选教育部"新世纪优秀人才支持计划"、福建省哲学社会科学领军人才、福建省高校领军人才、福建省"百千万人才工程"，曾获教育部高等学校科学研究优秀成果奖（人文社会科学）三等奖和教育部教育科学研究优秀成果二等奖等省部级政府优秀科研成果奖8次。主要从事高等教育学、教育经济与管理等领域的研究。在国内外权威报刊发表60余篇学术论文，著有《国家高校分类体系及其设置标准实证研究》《大学生学习情况调查研究》等。

第二篇
基础教育的现实生态与基本形势

教育是民生之首,教育是与人民群众根本利益关系最为密切的事业之一。基础教育是西部"扶贫先扶智"的重要抓手,对作为国家扶贫攻坚之地的贵州省来讲,意义重大,直接影响人民群众最关心的教育公平乃至社会公平问题。新冠肺炎疫情给本就相对薄弱的西部基础教育带来很大影响,西部地区既难以拥有全面覆盖、家家在线学习的良好教育条件,又难以在短期内全面恢复正常的教学状态,这使得西部基础教育包括贵州基础教育的竞争力弱化,直接影响全国未来基础教育的发展基准。

在中国这样一个人口大国,保障亿万人民接受教育的权利绝非易事,但党和国家为基础教育公平所作的努力从未间断过。我国素有重视教育的传统,西部人民为培养下一代更是不遗余力。贵州省近年交通事业高速发展,大数据等高科技独秀于林,国内生产总值快速增长,并致力于建设成为有特色的教育强省,这些都是国家支持和全省努力的结果。如果弱势省份没能维持公平的教育水准,不能提供相应的教育资源,那么,原本获得的发展潜力也将无以为继,西部包括贵州人民强烈要求改变命运的朴素愿望也可能因此破灭,代际传承和阶层固化将难以避免。这不仅会使西部地区缺乏活力,也会埋下社会矛盾的隐患。在此背景下,贵州教育界增强应对新冠肺炎疫情的能力,贵州高校和全国优质教育资源主动支持贵州基础教育,可以有效促进教育公平,尽可能地让贵州的每个孩子享有成才的机会。

教育的均衡发展是社会进步的必然要求。我国教育的结构和布局还不尽合理,贵州的山地形态使得城乡、区域教育发展很不平衡,教育仍处于非均衡发展状态。受经济发展水平的影响,不仅省内各区域间教育资源配置不均衡,甚至同一区域内不同县市之间的教育水平也存在较大的差距。如何破解深层次矛盾,寻求发展的平衡支点,切实提升基础教育质量,促进教育公平,成为当前推动贵州教育事业科学发展必须面对的重要问题。厦门大学与贵州师范大学的友好历史渊源久远,教育部指定厦门大学对口支援贵州师范大学。作为代表之一,本人也在致力于东西部的"山海合作"。此外，还有浙江大学与贵州大学等诸多东西部院校之间的联动协作。

实现现代化是中华民族百年来的梦想和期盼，国家实现现代化，教育现代化要先行。正如现代摆脱贫困需要教育扶智，实现教育现代化需要提高全民的受教育程度，包括促进贵州基础教育整体基准的大幅提升。贵州基础教育应促进贵州经济社会的改革。贵州决胜扶贫攻坚，提升基础教育水准作为事关国家社会主义建设全局和中华民族根本命运的战略问题，需要贵州高校为基础教育研究与基础教育师资建设承担使命。

新冠肺炎疫情后的西藏基础教育教师培训

【作者简介】

杨小峻，教育学硕士，西藏民族大学教育学院教授、硕士生导师。西藏民族大学教育学院院长，兼任西藏自治区学术技术带头人、全国中小学校长国家级培训计划专家库成员、中国少年先锋队工作学会第五届理事、中国教育发展战略学会促进西部教育发展专业委员会常务理事、中国人民政治协商会议西藏自治区委员会第九届委员、西藏自治区第四届督学、陕西省高等教育学会理事、《西藏民族大学学报》编委等。曾获国家民委第二届科研成果三等奖等。主要从事教育原理、民族高等教育、教师教育等领域的研究。发表学术论文40余篇，著有《西藏高等教育研究》等。

假如有两个孩子，各自拥有一部手机，两部手机在性能上没有显著差异，但一个孩子只知道用手机聊天和玩游戏，另一个孩子则经常用手机学习，例如上网课、了解时事新闻、查阅资料、分享心得、提升写作能力等，那么，这两个孩子的发展迟早会显现出明显的差距。在这个例子里，教育的硬件设施不存在差距，存在差距的是人的观念和行为模式。

这两个孩子之间的差距，一定意义上就是西藏与其他省市尤其是与东部地区基础教育之间的差距。由于国家的高度重视，加上援藏省份的大力支持，即使是很多较偏僻的西藏农牧区学校，教育信息化的硬件设施都堪比经济发达地区，但其使用率和使用的效果存在比较大的问题。归根结底，原因在于落后的教育教学观念所导致的教育教学模式上的路径依赖长期难以打破。

新冠肺炎疫情期间的网络教学给西藏的教育教学模式带来了巨大的冲击。家长们开始懂得，手机不只是用来玩的，还可以用来学习，他们今后就可能更加支持子女参与网络学习，并在这方面加大投入。学生运用手机、电脑进行学习，获得了丰富的学习经验。教师对教育信息化的理解和应用不再局限于教学端的使用（如制作课件和运用多媒体授课），他们对学生利用学习终端设备参与教学互动的重要性开始有了新的认识。教育管理部门和学校领导更加习惯于网络会议，这为教师远程培训创造了更好的条件。许多改变已经开始，作为教育学者，我们关注的是如何抓住这个契机，推动西藏基础教育信息化和教育教学模式改革更上一个台阶。

过去，西藏的教师外出培训最大的困难是交通，最大的支出也在交通（坐火车太慢，坐飞机太贵）。另外，西藏的师资本来就紧张，工学矛盾非常突出，今后可以适当减少安排教师到其他省市实地培训的次数和时间，而更多地采用远程培训的形式。为了解决教师远程培训中可能存在的不认真听课的问题，可以由县市或学校组织就地集中参加培训。进行这种就地培训，参与面可以更广，投入少，见效大。远程培训不仅可以听讲座，还可以同步观摩课堂教学，或者由培训机构录制专题片，介绍其他省市学校的优秀经验。当然，我们也可以安排外省市教育专家或援藏优秀教师对西藏的学校教学进行远程诊断和指导，甚至开展"一对一"的指导。新冠肺炎疫情使西藏教师对远程教育教学的认识和实践经验都有了很大的提升，为远程教师教育打下了良好的基础。过去，外省市研究西藏教育很困难，包括我们的西藏民族大学，研究西藏基础教育也存在很多不便。今后，我们可以通过互联网更好地参与西藏教育教学改革的实践。

新冠肺炎疫情下的教育生态

【作者简介】

吴勇毅,语言学博士,华东师范大学国际汉语文化学院教授、博士生导师。华东师范大学国际汉语文化学院应用语言研究所所长,兼任世界汉语教学学会常务理事、上海市语文学会理事、浙江师范大学教授、浙江大学国际教育学院学术委员会委员等。曾获全国对外汉语教学优秀科研成果三等奖等。主要从事语言学理论、应用语言学、对外汉语教学理论与教学法、现代汉语等领域的研究。发表学术论文多篇,著有《对外汉语教学课堂教案设计》《对外汉语教学探索》等。

第二篇
基础教育的现实生态与基本形势

根据《现代汉语词典》(第7版)的解释,"生态"指生物在一定的自然环境下生存和发展的状态,也指生物的生理特性和生活习性。教育生态是人在自然与社会环境下的教育生活状态。一场突如其来的新冠肺炎疫情,似乎彻底改变了我们的教育生态:孩子们不再像往常一样早起,蹦蹦跳跳地去上学,而是宅在家里坐在电视机或电脑前上网课;父母或爷爷奶奶除了"陪坐"(监督孩子在学习而不是在打游戏),还要从微信(常常是晚上)接收学校老师布置的作业,让孩子在电脑或手机上直接完成,或打印出来做好后拍照上传给老师;老师则苦思冥想哪个平台直播好用,如何制作和改进课件,如何在微信群里答疑解惑或组织讨论,等等。"停课不停学"似乎给疫情下的学校教育找到了前进的方向。

学习方式的改变(从线下学习为主转向全方位的线上学习或线上线下混合学习,从教学为主转向自主学习),教学模式、教学方法、教学手段的改变(从教室转到虚拟的空间,从面授转为录播、直播),教学内容、教学资源的变化(电子图书资源开放;实操技能变成"纸上谈兵";也有体育课教师要求学生自己选择体育项目居家锻炼,上传锻炼视频,老师据此进行反馈),这一切都正在形成并且将会影响未来的教育理念、教学观念和教育管理。网络教学的实施似乎印证了一个道理,所谓"上帝关上了一扇门,必定会为你打开一扇窗"。中国古人说"失之东隅,收之桑榆",有失必有得。

但是,我们不应忘记,人是社会性动物,需要群居(集体)、社交(见面),无论是信息交流还是情感表达与互动,都是社会人所必需的。学校教育不只在于知识的传授、技能的养成,还有社会情感学习(social emotional learning)。据笔者疫情期间对新加坡一所国际学校的调查,该校教师说:"学校本身是一个社群。我们所有的学生,不管什么性格,内向也好,外向也好,都说希望回到学校上课,主要原因是可以见到人,如朋友、同学、老师等,这些是他们学习生活的重要组成部分。"尽管网课有其优势,但该校的网上家长会显示,几乎所有的家长和学生都提到传统学校不能消失,网课最多作为辅助(只能作为plan B),还是应该以面授为主。另外，在人们的社会交往和互动，包括学生的学习中，有声语言并不是交流的唯一模态，视觉、听觉、感觉、情绪、表情，甚至身体语言（body language）都参与其中。学习是一种多模态的感知，这是大多数网课目前所不具备的或受限的（更何况录播式学习并不是真正意义上的网上学习）。集体面对面（face to face）的教学形成的是一种教育环境和教育生态，若个体的学习、教育不能与环境和生态达成和谐与平衡，那就不是一种健康的教育。

疫情下的教育生态，不仅仅是科学技术的问题，还应该赋予更多的人文思考。

新冠肺炎疫情与在线教育的发展

【作者简介】

张志强,社会学博士,教授,博士生导师。南京大学出版研究院常务副院长,南京大学出版科学研究所所长,兼任中国编辑学会常务理事、中国图书评论学会理事、中国图书馆学会编译出版委员会委员、台湾淡江大学《教育资料与图书馆学》大陆地区主编、台湾南华大学华文出版趋势研究中心顾问等。曾获第十二届中国图书奖、第九届江苏省哲学社会科学优秀成果一等奖、第六届江苏省哲学社会科学优秀成果二等奖、第四届中国高校人文社科优秀成果二等奖等。主要从事编辑出版学、文献学、传播社会学等领域的研究。发表学术论文百余篇,著有《非法出版活动研究》《面壁斋研书录》《现代出版学》《20世纪中国的出版研究》《图书宣传》《图书出版面面观》《传递知识》等。

2020年春节期间爆发的新冠肺炎疫情，改变了许多人的生活，也改变了许多行业。这中间，在线教育行业得益最大。以目前情况看，专家认为新冠病毒将长期存在，人类要做好与它长期共存的准备。疫情期间的"停课不停教、停课不停学"政策，无异于给在线教育做了超级广告，使在线教育人人皆知。

在这次疫情之前，我并不看好在线教育。这主要源于我早年的体验不佳。2003年9月，我有幸去哈佛大学访学，得以旁听有关教授的课程。由于是旁听，我自觉地坐在教室的最后面。那时，国内笔记本电脑刚刚流行，但在美国已经普及。哈佛大学的学生们人手一台笔记本电脑，常常在上课时打开做笔记。我发现，这些世界"第一学府"的学生，有的经常在上课期间利用笔记本电脑看新闻、写邮件，更有玩游戏的。这让我大吃一惊。此后，我也有意在其他教授的课堂上作了一番观察，发现了同样的情况。那时，互联网的连接速度还比较慢，线上课堂出现传输延迟、语句不连贯更是常事。因此，当媒体大炒在线教育，认为"慕课"将取代传统的课堂教育时，我认为这是"痴人说梦"。

2020年寒假结束后，由于学校无法正常开学，从大学到小学，各级各类学校都开始采用线上教学模式，就连体育、书法等需要"动手动脚"的课程，也尝试在网络上展开。由于学校的要求，我硬着头皮在"腾讯会议"、Zoom上开课，同时，利用"腾讯会议室"组织了12场"疫情与出版特别讲座"。该讲座我原本只准备做一场，但第一场就吸引了除本校师生外的全国其他高校师生、出版从业者参与。由于省时省力，影响广泛，该讲座最后变成了12场，也吸引了美国、澳大利亚、我国港台地区等感兴趣者参与。

通过这次实践，我发现在线教育的环境已经发生了变化。信息传输技术的进步使在线课堂在音效、画面、互动等方面比十多年前有了明显的优化，不但能与线下课程相媲美，更拥有了消弭地理阻隔和时间差异等线下课程不具备的优势。从理论上讲，线上课程可以全球接纳学员，且可以上不封顶，不用担心教室满员，可以更大规模地传递知识，服务社会。这是这次疫情带给我的对在线教育的新认知。

然而，在线教育的实效取决于学员的自律。哈佛大学的学生尚且会在有人监管的实体课堂做点"小动作"，更不要说一般学生在无人监管的线上网络课堂了。生活中作为个体的人，往往会有逃避或偷懒的行为。这次疫情期间，小学生们把"钉钉"软件刷成1星，各地家长对"神兽"们在家参与在线教育的疯狂吐槽，正是在线教育的软肋所在。未来在线教育的发展，取决于如何最大限度地克服其弊，发挥其利。如果仅仅依靠现在的人脸识别、指纹打卡等技术来强制学生听课，可能达不到教育的目的，也无益于在线教育的发展。唯有提高在线课堂的质量与趣味性，学生乐于来听课，乐于参加课堂讨论，改变学生对在线教育的态度，才能使学生真正学有所获、学有所成，在线教育才能真正得到发展。

教育的最高境界是因材施教，全面发展，但传统的课堂教学受制于人数与时间，往往无法真正做到。而信息技术的发展，尤其是人工智能技术在在线教育中的应用，将使因材施教、全面发展成为可能。人工智能可以快速发现个体之间的差异，并提出有针对性的措施。但在线教育恐怕还是不可能取代线下的课堂教育，因为教育的功能不仅仅是传道、授业、解惑，还要培育团结、合作、互助等社会情感。未来已来，将人工智能技术应用于在线教育，并与线下教育相融合，从而使人得到更全面的发展，这才是教育的最大福音，也是疫情带来的另类启示。

找寻教育之"蓝牙"

【作者简介】

张丰,浙江省教育厅教研室副主任,兼任民盟中央教育专门委员会委员、民盟浙江省委教育委员会主任。曾获第七届浙江省青年科技奖,获评"浙江省优秀教师",入选浙江省"新世纪151人才工程",6次获得浙江省人民政府的基础教育及职业教育教学成果奖,并有2项成果分获全国首届基础教育课程改革教学研究成果一等奖、二等奖。主要研究领域为校本研修、学校教学管理、课堂教学改革等。在核心期刊发表论文60余篇,著有《基层教育科研发展与管理》《校本研修的活动策划与制度建设》《校本研修的实践嬗变》等著作及20余本教材。

第二篇
基础教育的现实生态与基本形势

新冠肺炎疫情的突然来袭，使面临开学的学校忽然间变换了模式。在教育部"停课不停学"的要求下，大部分学校利用网络开展教学与指导。许多教师改行当"主播"，通过网络直播课进行教学活动。

切换到网络直播课的教师，一开始总有一种不自然的感觉。面前只有一个摄像头，却要假想面对一群学生进行娓娓道来的讲述，这是需要一点定力的。老师很想知道网络那端的响应，却又触摸不到，就好像原来拉着的风筝线突然间断了。

肯定会有教师以埋怨的情绪面对这种特殊的课堂。然而，这样的课堂却可能是学习的本来形态，只是因为长期习惯于课堂的控制性思维，教师在不自觉间将自己的课堂权力悄然放大了。其实，今天教育中的控制性思维依然广泛而强势地存在。就如在"停课不停学"的初期，许多学校马上就安排出与原先一样的、填满上下午时间的课程表，全天候地隔空给学生上课。他们也许以为，课表安排得越满，就代表教师越努力，对学生帮助越大。殊不知，以"控制"代"教育"必然是一厢情愿的。

突如其来的疫情，让教师对学生的影响从实时的控制转换为积极的感召。老师，你意识到这样的转变了吗？

尽管有教师对此措手不及，但还是有许多教师恍然发现了教育的真谛而调整策略。如何成为孩子们学会学习和健康成长的促进者？教师们积极地找寻教育之"蓝牙"。

大家知道，利用蓝牙技术的鼠标往往都配有一个USB拔插的小物件，事先将其插在终端设备上，才能建立终端设备与鼠标的关联与响应。这就好比教师在与学生的交流中，必须事先植入"成长之芯"，这比任何事情都重要。如果教师平时不注重对学生进行自我认知的唤醒、学习动机的激发、自主学习的引导、自我管理的鼓励，就会在"学习场"看到许多忽然隐去的迷茫学子，哪怕他们的学业成绩曾经很优秀，但依赖控制而进步的学生只是"木偶"。

人们的认识不一定来自先知的提醒,但凡亲身经历后的体验,便可能刻骨铭心。疫情爆发所形成的突然"休止",给了我们特别的情境和特别的思考。我们必须反思教育的控制性思维,学校教育之于学生的更重要的意义在于"成长之芯"。

风筝突然断了线,找寻教育之"蓝牙",不忘植入"成长之芯"。

疫情之后的新生态：重塑"教育操作系统"

【作者简介】

彭建平，中学高级教师，广州中学党委书记、执行校长。广州市基础教育系统首批专家，广东省名校长工作室主持人，华南师范大学硕士研究生兼职导师。曾获广州市名校长、广州市优秀教育工作者、广州市"最具教育智慧的教师"、全国教育创新"十大杰出校长"等荣誉。著有《教育，让生命激扬生命》《校长治校方略》等。

新冠肺炎疫情加快了教育的变革。全国范围内大规模的"停课不停学"在线学习，为未来教育提供了一种可能性的实验。在线学习打破了传统课堂的时间和空间限制，为跨区域的学习、远距离的交流、个性化的教学提供了便捷，同时也为农村和偏远地区的学生提供了与城市学生相同的学习机会，促进了教育公平。

然而，仅仅变换教学表现方式，是无法突破传统教育生态系统的思维模式的。当教学在新的生态系统中运行时，在线教育尤显育人功能缺失的弊端。

当每个人都希望自己能够获得个性化的、优质的、灵活的、终身的教育服务时，与学习和社会发展脱节严重、不适应个体发展需求、阻碍学习者学习进程和发展潜力的学校传统生态"教育操作系统"，显然运行起来就相当吃力了。

在数字世界成长起来的第一代数字原住民，从小就接触个人计算机、电子游戏、平板电脑、手机，没有互联网的世界是什么样，他们并不知道。他们通过手机接触到大量的应用程序，是"应用程序的一代人"，特别在乎设备构建的虚拟平台和生态系统。他们生活的世界，包括他们拥有的社交、创造和合作能力，都和过去的时代大不相同。他们学到的知识、获得的能力，其实很多也不是在课堂上通过教师讲授学会的，而是自己在实践中探索获得的。正如普林斯基（Prensky）所说，数字原住民会以和我们完全不同的方式去思考和处理信息。学校教育越来越难以满足每一个个体学习发展的需求。

因此，未来教育需要"重新布线"，建立一个像计算机那样能满足学生需要的学校新生态"教育操作系统"，将学生、教师、家长、社会更好地联系起来，将线上教育和线下教育各自的优势和育人功能整合起来。通过对学校教育体系的"重新布线"，从被动的"教育模式"转向积极的"学习模式"，让学校成为创造力和创新思维生长的沃土，只有这样，我们才能在变化时积极去适应，而不用担心更新会使系统短路和瘫痪。

未来学校新生态"教育操作系统"的建构，并不是仅仅把互联网视为一种工具，而是利用对学习的研究成果，创造更多的满足个性化学习的体验。正如约翰·库奇（John D. Couch）在《学习的升级》中所说，数字原住民根本没有将技术视为一种工具，而是认为技术本来就是生活环境中自然存在的一部分。重建新生态"教育操作系统"时，要在互联网与教育理念、教育内容、教育方法，以及教学流程、教学管理、教学评价、课程形态、课程活动之间建立一种共生的关系，运用网络来改变学习的整个生态环境，而不仅仅只是改变教和学的表现形式。

未来学校新生态"教育操作系统"，应更加开放网络，关注学生的个性化学习需求，提供更多相互交流的机会和开放的学习空间，让师生根据兴趣和自主学习需求，组成社群、微班级、微团队、微学校。在开放的学习空间，学生不再只是学习内容的摄取者，而逐渐成为知识的协同创造者，在参与中贡献自己的智慧。

未来学校新生态"教育操作系统"，应能满足教师在课堂中提纲挈领，对学生及时反馈；帮助教师意识到自我的教育力量，把自我融入学生的交往场域之中，增进和学生的多方面交流，实现生命相互融通与彼此激励，以生命激扬生命。

未来学校新生态"教育操作系统"，基于互联网空间的时空灵活性、资源共享性、行为数据性、供给多样性、信息众筹性和关系网络性的特点，构建物理空间、社会关系空间和互联网空间三种空间支撑的教育管理和教育组织体系，以更好地适应这个时代的需要。

一个教育反思的时代来临

【作者简介】

周鹏程，博士，中学正高级职称，中学历史特级教师，心理咨询师。国家督学，华中师范大学第一附属中学校长，兼任国家教材委员会专家委员会委员、教育部中学教师培养教学指导委员会委员、普通高等学校师范类专业认证专家、湖北省中小学校长协会副会长及高中分会理事长。曾获"全国群众体育推进先进个人""全国创新名校长"等荣誉。先后主持或参与全国"九五"规划重点课题、湖北省教育科学"十一五""十二五"规划课题、湖北省高中课程改革重大研究项目等研究工作，主持的"省级示范高中教育国际化发展研究"课题获湖北省第六届教育科学研究优秀成果奖一等奖。著有《湖北省基础教育均衡化发展研究》等。

第二篇
基础教育的现实生态与基本形势

作为一个震惊世界的事件，新冠肺炎疫情造成了严重的全球危机，深刻影响了世界格局的走向以及人们的世界观。有什么样的教育，就会向我们呈现怎样的过去，更能引领我们去实现怎样的未来。新冠肺炎疫情下，传统教育模式按下了"暂停键"，各国学校相继停课，这更引发了个人、家庭、学校和社会等各层面对教育的反思。这其中必然包含以下几个方面。

家庭教育走向科学理性。家庭教育与学校教育之间在育人观念上往往存在距离。家庭教育的重心应该是情感的熏陶、健康身心的培育、良好品格的培养等。而实际情况是，家长往往过于关注学业成绩，导致学校教育与家庭教育之间的越位、缺位现象，学生在家庭教育和学校教育的冲突中成长。新冠肺炎疫情下，家长和孩子长时间的居家相处，使孩子成长的局限提前暴露，大部分家长开始检视家庭教育的弊端，积极寻求学校教育的帮助。由此，家庭教育会向学校教育靠近，逐步走向科学理性。家校共育的氛围会得到不同程度的改善，家长和教师有望"志同道合，抱着一致的信念"，学校育人的大环境逐渐向好。

素质教育从概念走向行动。多年来，我们对素质教育的基本认识是，其主要针对学生普遍存在的人文素养欠缺以及创新能力、实践能力、想象力不足等问题，倡导"人的全面而有个性的发展"。但在实际教育教学中，素质教育被一点点扭曲为才艺、体能或竞赛教育。在新冠肺炎疫情中，我们惊讶地发现，原来很多人不会戴口罩，不会正确洗手，不懂环境消毒，不会居家运动……民众提议让学生学好人类抵抗新冠肺炎疫情这本无字之书，如健康生活、生命观念、科学素养、职业道德、献身精神、责任担当、国际理解、家国情怀等，而不是急于让学生通过网络教学回到传统课堂。其实这些年，素质教育并没有很好地从概念落实到行为和习惯中，我们往往是在做基于概念的教学，告诉学生诸多"应当"，而不是进行基于行动的教学，让教育贴近学生的日常学习与生活，帮助学生做到知行合一。或者说，我们的视野更多聚焦在升学上，而忽略了很多更重要、更基本的东西。新冠肺炎疫情给我们的启发之一便是，教育不应只停留在象牙塔中。教育抽象而宏大，我们应加强教育与生活的关联，让素质真正体现在生活中，突出个性化，进而让学生看到、体会到学习的意义所在。

教育国际化的文化自信与相互借鉴。新冠肺炎疫情严重冲击了教育国际化进程，阻碍了正常的国际交流与合作，也引发了人们关于民族主义与全球化的反思。自蔡元培提出军国民教育、实利主义教育、公民道德教育、世界观教育、美育"五育并举"的教育方针，到今天德、智、体、美、劳全面发展的育人观，"全人教育思想"在我国横跨一个多世纪，经受了实践的检验。中国教育取得了令人瞩目的进步和成绩，是实现中华民族伟大复兴中国梦的根基所在。我们理当看到自身的教育优势，树立文化自信。民族的，才是世界的。这是本次疫情给我们的一大启发。

与此同时，新时代中国正全方位参与全球治理。疫情期间，我国全方位支援国外，处处彰显"人类命运共同体"的理念。教育上，一方面，针对自己的弱项，我们应努力借鉴其他国家和民族的某些优势，如美国的体育教育、创新教育，日本的生命安全教育、健康卫生教育等；另一方面，我们要告诉学生，不仅要埋头认真学习那几本教科书，更要抬头关心、关注这个充满不确定性的世界，鼓励他们勇敢地把世界装进内心，帮助他们增强关键能力，提升精神高度和品格修炼，为这个世界而学习。

这场疫情，促进了教学的"相遇"与教学的"联系"

【作者简介】

林卫民，中学特级教师。国家督学，北京外国语大学校长助理，北京外国语大学附属学校校长，曾任浙江省教育厅教研室副主任、杭州外国语学校校长、浙江省人民代表大会代表等，兼任浙江省人民政府督学、浙江省特级教师协会副会长。曾获全国优秀教师、北京市第七届民办教育园丁奖优秀校长奖、第五届全国教育改革创新优秀校长奖等荣誉。主要从事教育领导学、教学论和化学教育论等领域的研究。发表教育类学术论文50余篇，著有《学校正面临挑战》等。

新冠病毒引发的疫情，导致了长时间的延期开学。网上教学的方式引发了教师对一些学生更多的抱怨——在无人强力监管的远程课堂，"心在逃学"的现象成为某些学习动力不足学生的学习常态。

抱怨对改变现实毫无作用，只会使心情变得更加沉重。帕克·帕尔默（Parker J. Palmer）在《教学勇气》一书中说，教学就是一种无穷无尽的"相遇"，教学是一种代代相传的两全其美的舞蹈：年长者给年少者以经验，年少者给年长者以活力，他们在一起翩跹起舞，共同塑造着休戚与共的人类社会。然而，"相遇"并不总是美好的，有的学生拒绝与你共舞，有的学生与你并不合拍；今天上课你可能高奏凯歌，明天上课则让你铩羽而归，恨不得立即远离这份工作。

即便在正常的课堂教学中，具体怎么做也是一个难以回答的问题，更何况在远程教学背景下。因为到底要以何种认知方式来设计和开展教学，这本身就是一个难解的题目。《教学勇气》提到，如果我们认为真理来自高高在上的权威，课堂看起来就像是在实施独裁统治；如果我们认为真理取决于想入非非的个人，课堂恐怕要陷入"无政府"的混乱状态；如果我们认为真理生成于人们相互切磋的复杂过程，全班很可能就会成为一个集思广益并取长补短的共同体。可是，把课堂变成一个自由求索真理的场所，并不是一件容易的事。

教学除了有"相遇"的复杂性之外，还有"联系"的复杂性。教师要与学科、学生联系，还要与家长、管理者、学科专家、同事等发生联系。

对长期从事化学教学研究的我来说，在课堂教学实践和化学教学研究中习惯用理性、逻辑、事实、数据去讨论这个世界，并采用抽象化的隔离方式，以防止学生用对现实世界的看法和主观想象来扭曲科学的知识体系，以免污染属于真理的客观认知。我们这一代人，年少时喊的口号——"学好数理化，走遍天下都不怕""知识就是力量"，被捧为掌控和治理世界的法宝，一代又一代的学习者总是试图通过客观认知的方式，来实现科学、技术、权力和主宰等方面的幻想。

20多年的校长经验让我越来越感受到这样一个事实：教学远远不只是教授

客观真理那么简单，需要在待知者与未知者之间介入主观的认知方式，用"已知"对抗"未知"。音乐、绘画、舞蹈等"软学科"再也不能处在数理化等"硬学科"的底部，更不能用客观的方式去教授需要依靠直觉、想象等主观感受去建构的知识。这就需要把关联性的认识、没有标准答案的知识和发散式的教学方法引入课堂，用知识建构和知识创新的手段去客观评价学生的学业，因为学生是通过连接而不是隔离来获取知识的，认知就是学习如何与陌生的他者建立联系。离开了联系，教师做再多的知识贮存工作都无助于改变当今世界，也无助于激发学生拥抱"更好的未来"的热情。

总之，作为"相遇"的教学，需要我们了解和发现学生在学习过程中的状况，这将决定如何帮助和指导学生学习；作为"联系"的教学，需要我们寻找基于理智的途径、情感的途径以及精神的途径等方面的多重"联系"，而不是将知识像"打点滴"那样输进学生的躯体。

穿越技术的丛林，回归学习的源头：数字化教材

【作者简介】

唐彩斌，中学高级教师，浙江省特级教师。浙江省杭州市时代小学校长，兼任中国教育学会小学教育委员会常务理事、浙江师范大学兼职教授、杭州师范大学教育硕士实践导师、杭州现代小学数学教育研究中心主任、杭州上城区教育学院副院长、浙江省新思维教育科学研究院院长等。教育部首批公派中小学教师留英访问学者，杭州市"131"中青年人才培养计划第一层次培养对象，享受杭州市政府特殊津贴，曾获国家首届基础教育课程改革教学研究成果奖二等奖、浙江省基础教育教学成果一等奖、杭州市青年科技奖等。浙教版新思维小学数学教材副主编，在国内外教育学术期刊发表论文150余篇，著有《思想改变课堂》《技术改变课堂》《零距离英国教育》等。

第二篇
基础教育的现实生态与基本形势

一场疫情,加速了在线学习的发展。"不管你有没有准备好,在线教育的时代已经来临。"生命重于泰山,疫情就是命令。不管城乡,无论年龄,在这特殊时刻,广大教师众志成城,挤上宽带,登上网络,对着麦克风,边学边做,开始了一场史上规模最大的网上教学。然而,待疫情缓解,我们有必要重新审视这些教育技术和教学方式:哪些是应急之举?哪些是日常所需?哪些是权宜之计?哪些是未来趋势?待疫情结束,可以"丢掉口罩",但不要丢掉特殊时期学会的特别技能,不要荒废线上教育教学的经验和能力。

透过眼花缭乱的网络,穿越技术的丛林,哪一条才是普通学校广大教师日常教学的必经大路?笔者结合学习和实践认为:在线教育道路千万条,不要忘记源头那一条——数字化教材。教材建设是国家事权,教材对于教育的重要性不言而喻。信息化时代,建设数字化教材同样任重道远,大有可为。

从世界范围来说,引领数字教材研究实践的是美国。数字教材不是微观层次的教育创新,而被上升到国家教育实力及国际竞争力的层面。数字教材已成为美国中小学数字化发展的引擎,成为改革教育教学的方式、内容、结构,提高教育质量的重要驱动力。在我国,数字教材研究主要还是采用以内容商为主体的模式,由大型出版集团牵头研发推广。无论从研究还是实践层面来看,我国的数字化教材仍处于起步阶段,尚需予以进一步重视和努力。

数字化教材不是纸质教材的电子版,那只是数字化教材最初发展的一代。数字化教材是以数字化信息系统为支撑,融合文字、图片、音频、视频、动画等各种多媒体信息,集成多种互动学习软件和链接多种网络资源的开放性、综合性学习平台。

南国农教授一直强调,教育技术姓"教"不姓"技"。学习的优势归根结底还是"内容为王"。与在线课程和学习平台相比,数字化教材具有自身的特性,主要表现为以下几点。

一是普适性。数字教材以传统纸质教材为蓝本,凝聚专家和一线教学智慧,内容权威可靠，针对信息化环境中教与学的新需求，不用另起炉灶，而是顺应教师和学生原有的工作路径。

二是关联性。数字教材可以内嵌外联相关丰富的资源，基于教材而不止于教材。基于友好的界面，学生能方便地获取相关资源，拓宽视野，丰富理解。

三是交互性。满足学生、教师、家长和数字教材之间的人机或人人多项交互，形成多维度的反馈和评价统计数据。学生既是知识的学习者，也是知识的建设者，共享知识。

四是开放性。可以组合其他的数字学习内容工具，能调度、集成相关的各种新技术来支持学习，兼容技术，促进理解。

五是智能性。数字化教材覆盖学生学习的全流程，在学习的过程中采集师生教与学的行为数据，实现学习内容的智能化推送及个性化评价。

操作要求越低，技术普及性才会越大；日常使用越高频，技术才越有生命力。数字化教材建设是一条适合大多数地区、大多数学校、大多数教师的在线教育之路。我在文献搜索的过程中，看到数字化教材专业团队 Discovery Education 领衔人斯科特·肯尼的一句话："在自然灾害、疾病暴发，或个别学生长期缺席的情况下，数字化教材还可以提供持续教育的机会。"[1] 今天读来，百感交集。

---

[1] 刘春林.美国数字教科书出版概览（上）——数字教科书挑战美国 K12 学校［J］.中小学信息技术教育，2013（5）：81—84.

疫情影响下德国教育的现实状况以及对人类本性经验的反思

【作者简介】

克里斯托夫·武尔夫（Christoph Wulf），德国柏林自由大学教育人类学专业教授，德国教育人类学学会创始人，德国历史人类学创始人之一，历史人类学研究中心主要成员，兼任联合国教科文组织驻德国办事处副主席，是多所世界著名大学的客座教授。主要研究领域包括历史与文化人类学、教育人类学、仪式与体态语、情绪、想象力、跨文化交流、模仿、美学等。研究著作颇丰，多部著作被译成英语、日语、法语、汉语等多国语言。在教育人类学、历史人类学等研究领域拥有国际声誉，是当代杰出的教育人类学家之一。

当人类开始认识到我们生活在这样一个时代——这个星球的命运很大程度上由人类主宰，新冠肺炎却使我们得以正视自身的潜力边界和弱点。自工业化和现代化以来，人类以超乎想象的方式扩张了对自然和自身的统治。这一进程造成了不可预见的后果，使得地球的自然资源遭到破坏。这些消极影响包括：气候变化、生物多样性的破坏、生物地球化学循环的扰乱、海洋酸化和不可再生资源的消耗。我们不加批判地接受了人类行为的这些破坏性影响，无意识地遵循了"一切皆有可能"的全球化格言。但现在的情况已截然不同，疫情爆发后的情形已不可与往日同语。这种病毒正以惊人的速度在全球蔓延，造成无数人重病和死亡。我们体验了潜藏很久的脆弱，人们被不安和恐惧控制。到目前为止，我们对一种威胁健康和生命的无形病毒束手无策。

大多数欧洲国家都采取严厉措施限制行动自由。在德国，公众就形势和可能采取的措施进行了密切的沟通。政府试图让事态透明化，并让人民有机会了解必要的决策过程，以及可能的替代方案。除了医生和病毒学家之外，经济科学、人文科学和社会科学等领域的代表也有发言权。这次疫情对个人、群体和整个社会意味着什么？哪些决策是必须立即作出的？哪些必须推迟？哪些又必须避免？这些不同的决定对社会和人民未来的社会生活有什么影响？所有媒体都在积极地报道，以传播和形成意见。他们还呈现不同的研究成果、政治观点和问题解决策略。无论是在科学领域还是在政治领域，对于需要做什么都没有任何可靠的知识，一切知识和政治决策都伴随着不可知性和不确定性。在这种情况下，公众的道德意识发展成为政治决策的规范性基础。近 90% 的人接受用严格的管控来控制疫情。人们与病人或老年人等危险群体团结在一起，并准备接受相当大的经济损失。2020 年，德国的经济产出预计减少 5% 以上，意大利和西班牙等南欧国家的处境更为艰难。为了防止最严重的情况发生，除了各国提供的财政援助外，还有 5 000 多亿欧元的联合贷款用来抗击疫情。非洲、亚洲和拉丁美洲一些国家的形势则更糟。

第二篇
基础教育的现实生态与基本形势

在所有欧洲国家，宪法保障的基本权利暂时地受到限制。幼儿园、中小学、大学、商店、餐馆、电影院、剧院等都关闭了。在此期间，公共和社会生活陷入停顿。许多产业部门，如汽车和旅游业，以及许多中小企业不得不减少工作，甚至停止工作。数百万人登记从事短期工作，他们近三分之二的收入来自国家。各领域数以万计的微小型企业获得了几十亿欧元的直接补贴。这些现状的结果是巨额的国家债务。这些激进措施旨在遏制感染人数的指数级增长，使示感染人数的曲线变平。为了尽可能地降低死亡人数，配有通风设施的重症监护床位从 2.8 万张增加到近 5 万张。医疗卫生人员不足，也难以为他们配备必要的防护面具和防护服。复活节标志着春天的开始，且是最受欢迎的家庭庆祝节日，但在这期间的社交活动受到了一段时间的限制和劝诫：人与人之间保持距离 1.5 米，长时间仔细洗手，不进行公民聚会，只与居住在共同地方的人见面，与不是家人的其他人只能单独会面……无人不受这些限制。

通过限制当下的生活，许多年轻人更加意识到他们之前生活的价值。他们想念自己的朋友，把自己看作是社会人，其幸福在很大程度上取决于与他人的关系。对大多数年轻人来说，当下限制他们与朋友接触是最强烈的负面变化。在这种情况下，用智能手机沟通变得越来越重要。用智能手机发送图片和文字进行交流，必然会取代会面交流。目前的局势加剧了多年来的事态发展：年轻人用智能手机生活，随时准备交流；他们不再区分线上和线下的交流。在这种新形势下，许多家长反对过度使用智能手机和互联网的呼声正在减弱。由于目前的情况，父母和教师很难对青少年的网络生活进行时间上的限制。年轻人不断地指出他们有多么想念朋友，多么寂寞和无聊，数字通信被视为弥补这些缺陷的一种手段。

令许多年轻人震惊的是，他们发现自己想念学校，他们不仅会想念朋友，还会怀念上学和能探索新事物的时日。诚然，这需要付出和努力，但与此同时，他们体验到成功是快乐的源泉。在学校关闭期间，许多教师试图继续进行数字化教学，这促进了近年来在德国学校系统中日益重要的数字化教学的发展。一些教师把数字化运用看作是对学校进行根本性改革的机会;另一些人承认数字化对于学习和教育越来越重要,但也强调必须将教学法和教育学的相关问题始终放在首位,必须首先确定这两点,然后才能确定数字媒体的使用范围和方式。在德国学校,数字化教学的局限性是显而易见的。毫无疑问,在学校关闭期间获得的经验将有助于德国学校数字文化的进一步发展。在与数字化的对抗中,新的学习仪式或习惯将得到发展。

在主要借助数字媒体居家授课的情境下,教师只是暂时的虚拟"在场"。这里经常使用的方法是让学生自己决定学习的目标和过程,教师给学生布置必须独立完成的任务,因而探究式学习变得十分重要。为了达成此目的,学生可以使用辅助工具,但必须学会发现和认识自身,并正确地将其整合到搜索过程中。这种学习主要不是将已经存在的东西熟记于心,而是一个发展过程,通过这个过程,学习者必须找到问题的答案。学习的目的不是获得那些在测试中能够被检索的知识,而是促进学习者自身的活动和独立。简言之,过程即是目的。在此情境中,发现学习成为一种尤其重要的学校学习形式。期待危机过后,这种以学生为中心的学习方式能够继续保持和发展下去。

在法国,社会管控一直持续到2020年5月11日。在德国,尽管有许多对过早取消管控的忠告,但政府的意图是最早在2020年4月底缓慢解除禁令,并逐步恢复正常的日常生活。德国科学院已为此制定了计划。根据计划,恢复正常的条件为:第一,疫情不再蔓延;第二,保障医疗卫生措施,例如,保持社交距离、洗手和戴口罩;第三,医院要有必要的容纳量。在这些条件得到保障的情况下,商店、餐馆、文化活动将逐步开放,并逐步恢复正常的工作和日常生活。虽然幼儿园将一直关闭到夏天,但其他学段将重新开放,特别是小学。在小学,年幼的孩子尤其依赖教师亲自的关注和指导。最初,教学将局限于核心科目,并将在较小的小组中进行。对中学生和大学生而言,限制仍然存在。通过这种方式,希望我们能逐渐从生活的管控中摆脱出来。

第二篇
基础教育的现实生态与基本形势

在这场危机中,人们的生活普遍放缓,导致许多工作被搁置在一边。面对生命的威胁,许多东西似乎不那么重要了。人们日常生活中的社会价值观已经发生了转变,对工作成就的高期望,被对他人、健康及福祉的关心取代,这导致了人性新形态的浮现。年轻人在日常生活中也会经历这些变化。我们希望,那些集中彰显人类本性的经验将在危机过后保存下来。

【编译】杨润东

后疫情时代法国基础教育面临的严峻挑战与远程教学实验

【作者简介】

让-查尔斯·夏班(Jean-Charles Chabanne),博士,法国里昂高等师范学院、法国教育科学研究院教授。主要从事语言教育、艺术教育与文学教育等领域的研究。著有《与艺术对话的文学教学:教学方法的对抗、交流和关联》《教育:在人文科学和社会科学中怎样进行对话?》等。

第二篇
基础教育的现实生态与基本形势

与公众一样,法国从事教育工作的专业人士从2020年3月17日开始真正意识到新冠肺炎疫情的严重性。当天,所有学校都已关闭。现在就谈从这一事件中吸取的教训还为时过早。法国正在进行大量的研究来收集数据,这将为未来的分析奠定坚实的基础。所以这里的回答只是我个人对李政涛教授所提问题的主观解释。

初步观察发现,绝大多数法国教师积极参与制订远程教育的解决方案,但很少有教师有过这方面的经验。在这种情况下,无论教育机构的压力如何,它们都表现出了令人难以置信的创新和主动能力。

在现阶段,有两点似乎显而易见。第一点是法国基础教育面临重大挑战的严峻事实:尽管这些挑战已经存在,但学校的关闭使这些挑战表现得更加明显。相比之下,第二个问题是正在兴起的改善和丰富基础教育的倡议,特别是将基础教育与校外教育(非正规)和家庭教育(非正规)更有效地联系起来的倡议。

有一个关键词——"不平等",概括了这种情况凸显的消极方面,即尽管所有人都在努力,但不平等依旧存在。造成这种不平等的一个原因是技术差距。这场危机已经清楚地表明,家庭和个人的装备先进与落后之间存在巨大的差距。即使对于最基本的数字任务(例如用电子邮件通信),个人电脑、快速连接设备,甚至只是一个有利于集中精力单独工作的空间,都是必不可少的。学校是否应该负责提供必要的材料,让数字工具在未来得到更广泛的应用?

这种不平等也可能涉及教师,他们并不总是有合适的设备(例如,带麦克风的耳机)。此外,事实证明,学校或地方当局提供的软件规模往往不够大,无法供数以百万计的学生密集地、持续地使用。

这场危机还揭示了不平等的另一个根源:教师在教育方面使用数字技术的培训水平,无论是同步的还是异质的,都超越了纯粹的技术障碍。无论是设备和连接的质量,还是教师在教学设计方面的技术技能和创造性,普通教室中的教学方式都必须经过彻底的反思和改造,以适合远程学习。这项工作离不开对学生自主性（相对于依赖教师的指导）、学生参与真实活动的能力以及这些活动的节奏等方面的深入调查。时间表必须重新考虑，这本身就是一项主要工作。

显然，这些限制因素对不同学科领域的影响是不同的，这取决于它们的适应性：虽然对阅读、数学和社会科学等所谓"核心"学科来说，这种转变似乎更容易，但显然，所有学科都有一个需要物理共存的维度。而在现代语言、体育、艺术等学科的教学方面，这部分的课表似乎涉及可能出现在中学或选修课上的教学，但事实证明，大家还没有这样做。由此产生一个开放性问题：这些学科能否在不影响基础教育质量的情况下，降级到课外、校外？

然而，主要问题既不是技术问题，也不是课程问题，最重要的是社会学问题。教育社会学的研究在法国较为普遍，重点指向来自贫困家庭的学生。研究表明，对于这部分学生群体来说，缺乏专家所说的"学习准备"是他们面临的困境。他们的身体、智力和情感能力都没有在一定程度的独立性教学中获益，哪怕是通过实时的视频教学。远程学习的大量使用大大加大了这些学生与那些无论采用何种教学方法都能充分学习的学生之间的差距。

一些学生由于家庭环境的原因，通过校本教育活动，甚至通过各种非学校活动（例如看历史电影或新闻）培养了适应不同类型学校教学的能力，特别是自学能力。他们学会了独立工作，充分利用自我创造和自我指导的活动。

这场危机也暴露了更为明显的不平等现象：一些学生，甚至一些家庭，已经完全脱离了教师的视线，尽管他们努力进行直接的个人接触。即使建立了联系，许多教师也注意到，最困难的学生是那些需要远程教育所无法提供的支持和后续行动的学生。

然而，这种大规模的经验不应仅限于其挑战。这种完全例外的情况导致了面对面的教学突然转变为大规模的远程学习，这也是一个令人难以置信的实验。出现这种情况，最值得注意的好处是什么？

首先，这种情况显示了教育专业人员的反应和适应能力。在技术背景允许的

第二篇
基础教育的现实生态与基本形势

情况下,教师通过反复试验,尝试了一系列的解决方案,包括发明新的应用。当情况恢复正常时,教师仍可以研究那些继续使用的有效方法。从通过视频会议的实时在线课程,到以原始方式分发传统工作表(例如,在某些缺乏数字通信的地区,一些教材已在超市分发),许多解决方案都将得到检验。对远程教育的所有形式进行分类本身,需要一项详细的研究:这对教学实践有何长期影响?

这种情况也突出了分享解决方案和资源的重要性,各种直接或潜在的教材提供者得以有机会走上舞台。例如,社会网络社区、专业组织等非学术性机构提供了教育资源,它们有时比官方机构更具反应能力和效率。这些情况也值得研究,以便调查这些横向的、点对点的、自我训练的方法,打破自上而下的方法。

一个有趣的现象是非传统的教育材料提供者的干预,这些提供者不再局限于通常的教师、出版商和专业媒体。博物馆等文化机构根据学校课程的各个方面提供了资源;一些电视频道和广播电台已明确提出将其档案作为可直接使用的课程材料。这些发展在多大程度上为更先进地重构正规教育和非正规教育之间的现有关系打开了大门?

一些非学校教育方法同样有意思,例如使用以前在非正规教育领域传播知识的新形式。这些以多种形式呈现知识的新方式,首先带来了大量可以取代传统讲授课堂的解决方案,从而丰富了"翻转课堂"策略。

学校关闭造成的限制很快产生了打破传统的课堂教学方法,教学顺序的持续时间和线性结构,"一刀切"的课程概念,在一个大群体面前的主要教学形式,材料和任务的类型,等等,均得以不同程度地突破。同步格式的局限性突出了开发各种异步格式和使用特定数字媒体(如聊天)的价值。但是,这些新工作形式的实际用途是什么?学校重新开学后,这些新的工作形式还将在哪些方面继续存在?

从教育学的角度或具体从教育哲学的角度来看,这种情况表明,在个体与机器面对面,并大量使用数字技术的基础上,将数字教学转化为纯教育工程是有局限性的。无论技术水平如何,教学的核心不能简化为完全机械化的过程,教学取决于人际关系的质量和共同行动,涉及复杂的、物理上共享的事务。教育不能仅仅局限于技术,而是一种基于共同行动的基本社会实践,它强烈需要身体的存在。

在当今社会,人们越来越倾向于把家庭教育作为教育和指导的最佳解决办法。这种远程教育的经验会对家庭教育的发展产生影响吗?或者更普遍地说,会对其他非传统形式的教育产生影响吗?

总之,很明显,最近的事件导致了一个实验,这个实验对所有教育利益相关者(包括学生和家长)而言都是大规模的和深入的,并且超出了正规教育的范围。我们所能吸取的教训还有哪些?现在很难给出一个满意的答案,但我们渴望看到接下来会发生什么。

【编译】孔苏

新冠肺炎疫情下的美国基础教育
——以洛杉矶联合学区为例

【作者简介】

苏智欣,管理学博士,美国加州州立大学(北岭)教育管理学教授,加州州立大学(北岭)中国所终身名誉所长,曾兼任大学国际项目总负责人、加州大学太平洋研究中心执行委员和研究员,以及中国多所大学客座教授。荣获中国政府"春晖奖",两次获得美国国际荣誉学者联合会"国际交流杰出贡献奖"。主要从事中美教育比较研究。主持多项比较研究项目,在《国际教育论坛》《教育展望》等学术期刊发表多篇论文,主编译著《一个称作学校的地方》。

2020年初，新冠病毒开始蔓延，世界各国为之震惊！到了3月中旬，几乎所有国家都遭到了新冠病毒的侵袭，美国也不能幸免。随着各国"封城"、居家令的颁布和实施，各级政府部门、工厂企业、文化和教育机构也相继关闭，改为线上运行。根据联合国教科文组织4月初的不完全统计，全球将近90%的教育机构被迫关门，影响到15.43亿学生，给全球6 300多万教师带来了巨大的挑战。[1]美国的大中小学校在3月中旬被迫中断了春季学期的课堂教学，并在匆忙之中开始了全面的线上教育。这在美国教育史上是史无前例的。

在这篇文章中，笔者以美国洛杉矶联合学区为例，描述美国学校在应对这一挑战时所遇到的主要问题和采取的措施，评估美国线上教育的效益，并探讨存在的危机。笔者还根据一些初步的调研和访谈资料，比较了美国和中国中小学生对网络教学的看法及参与情况。新型冠状病毒肺炎疫情的发生给世界各地的教师提出了多重和复杂的难题，需要全球的教育学者及时地总结和交流经验，探索未知的领域，采用创新的方法，制定积极的政策，集思广益，共克时艰。

一、美国学校面临的首要问题：贫困学生的温饱和安危

洛杉矶联合学区（Los Angeles Unified School District，简称 LAUSD）是美国的第二大学区，有1 300多所中小学校，7.5万多名教职员工，70多万学生。学区里绝大多数学生来自少数族裔家庭，包括73.4%的墨西哥和拉丁裔，8.2%的非洲裔，4.2%的亚裔（菲律宾裔约占其中一半），其中80%以上的学生来自低收入贫困家庭，每天在学校享用联邦政府资助的免费或减费早餐和午

---

[1] UNESCO. COVID-19 Educational Disruption and Response［EB/OL］.（2020-04-16）[2020-4-20]. https://en.unesco.org/covid19/educationresponse.

第二篇
基础教育的现实生态与基本形势

餐。此外,学区约有 2 万名学生有过无家可归的经历,8 000 多名学生因为原生家庭的问题被安排在寄养家庭。[1]因此,自 2020 年 3 月 16 日闭校以来,学区首先要解决的问题并不是教学,而是如何继续为这些低收入家庭的学生提供免费餐。洛杉矶联合学区立即在全区范围内设置了 63 个取餐点,每天早上 7 点到 10 点开放,为每个贫困学生和他们的家长发放免费餐。到 5 月中旬为止,学区的免费餐点已经为有需求的学生家庭和社区成员提供了 2 000 万份免费餐,平均每天发放近 60 万份。[2]联邦政府的免费、减费午餐项目经费可以继续支付学生的餐费,但是在疫情期间,贫困学生的家长和社区底层的穷人大多失业在家,没有收入,也需要领取免费餐,而这部分的费用高达 4 000 万美元。洛杉矶联合学区为此设立了"洛杉矶最需要帮助的学生捐款项目",号召社会各界人士赞助,得到了积极响应,几周之内便从企业和个人那里募捐到 1 100 万美元。这些捐款首先被用来补贴发放免费餐的费用和购置学校急需的抗疫消毒物品。

由此可见,美国学校不仅是一个教育机构,更是一个社区服务中心。很多学校都设有家长和社区中心,联合社区里的各类服务机构,为当地的穷人提供免费的语言学习、职业培训、心理咨询,甚至义务的医疗检测。每当有天灾人祸的时候,贫困学生和家长以及在社区底层的贫民首先要依赖学区和学校来解决最基本的吃饭问题,并且期盼学校为他们提供各种社会服务。

除了在第一时间设立免费餐发放点之外,美国各大学区探索如何在线上继续为社区居民提供基本的社会服务。学区面临很多棘手的问题:怎样识别急需帮助的学生和家庭以及社区成员,并准确地判断他们需要何种服务?谁能帮助他们?学校被迫关门的同时,图书馆、社区中心、宗教机构和其他设施也都关闭了,并且防疫措施要求人们居家保安,互相隔离。那么,怎样才能提供那

---

[1] Los Angeles Unified School District(LAUSD). Los Angeles,CA. [J]. Health Affairs,2003(2):263.
[2] 数据整理自美国洛杉矶联合学区官方网站 https://achieve.lausd.net/domain/4

些需要的人在同一个房间见面的服务呢？比如敏感和隐私的心理咨询、生理治疗、语言矫正和家暴干预。这些服务关乎贫困家庭孩子的安危、基本健康和成长。

很多美国大学生也面临饥饿和安危的问题。在疫情发生之前，美国大学就有1/51的学生处于饥饿状态，有1/10的学生无钱租住固定的住所。美国最大的州立大学系统——加州州立大学最近几年的调研发现，大约有42%的州立大学生有过挨饿的经历，其中一半的学生报告说他们有较大的或严重的饥饿问题。[1] 很多大学，包括加州大学和加州州立大学，在校园里设置了免费食品库，供需要的学生取用。大学的关闭严重影响了这些食品库的运行，虽然有些大学的免费食品库还会在有限的时间里为饥饿的学生开放，但大学无法像中小学那样设立免费的日常取餐点。最近，联邦教育部根据各大学的需要拨款救灾，我所在的加州州立大学北岭分校就收到了4 400多万美元的资助，其中一半的经费是拨给因疫情陷入困境的弱势群体——贫困和少数族裔家庭出身的学生。这些特殊拨款旨在帮助贫困的大学生解决基本的生计问题并继续他们的学业。

二、美国学校转入线上教学的过程和教师培训

在解决贫困学生和社区民众吃饭问题的同时，美国学校力图在最短的时间内培训所有教师，帮他们做好开展全面线上教学的基本准备工作。新冠肺炎疫情初发时，美国各地的大中小学校都没有做好"关门"的思想准备，也没有建立起完善的线上办公和教学体系。即使在2020年2月底和3月初，新冠病例开始在美国出现并增加时，大多数人还抱着侥幸心理，希望疫情不会在美国大面积蔓延。2月底，洛杉矶追思篮球明星科比·布莱恩特（Kobe Bean Bryant）的万人聚会

---

[1] Reid D. CSU Study Shows Students' Food, Housing Needs abound [EB/OL]. [2020-4-20]. https://www.csus.edu/news/articles/2018/2/12/csu-study-reveals-student-hunger,-homelessness-still-problem.shtml.

第二篇
基础教育的现实生态与基本形势

如期举行，3月初的洛杉矶万人马拉松赛跑也照样举行。南加州明媚的阳光和温暖的冬天让人们很难把新冠病毒和自己日常的工作、学习、生活联系起来，社交隔离和居家防疫更是习惯于自由活动的美国人极为不情愿接受的。因此，当洛杉矶联合学区领导在3月中旬仓促宣布从3月16日起关闭所有中小学校的时候，大多数教师和学生都感到非常突然和措手不及。很多教师只有一天的在校时间安排各种离校事务。美国学校的教师早已习惯于面对面的书本和粉笔教学。尽管教育信息技术在过去几十年里迅速发展，但在美国课堂教学里的应用参差不齐，有的教师至今不会或很少使用教育信息技术。虽然一些学校赶在关闭之前的最后一天给教师紧急培训了线上教学的基本技能，但是没有一个教师敢说准备就绪，只能先摸索着干起来，边干边学。学区总督布特纳（Beutner）一开始宣布学校暂时关闭两个星期，但是几天之后，随着疫情的快速蔓延和州政府提出的抗疫措施，总督决定学校至少关闭到5月中旬，很快又改为整个春季学期都在线上教学。教师遵循校区指令，一开始只为学生准备了在家学习两周的资料放在学校网页，供学生下载使用。关闭学校的时间延长之后，教师们又根据学校应急管理规定为学生准备了一套"继续学习"的资料放在学校网页上，作为线上教育的补充资源。

到了3月23日，洛杉矶联合学区宣布实行全面远距离教学。这时，学区已经安排了一项长达10小时的线上教师培训计划，帮助教师掌握一套"以学习者为中心的、应用最新在线教学技术和资源的教学技能"[1]。学区并没有要求教师马上学完这10小时的职业发展课程，而是允许教师一边工作一边学，在4月30日之前完成这个线上培训任务，学完之后发给每个教师500美元的补助金。为了进一步提高教师的线上教学能力，洛杉矶联合学区又推出了一项长达30小时的"为将来做好准备"的培训计划，旨在帮助教师学会更多更好的线上教学方

---

[1] Harold B. The Disparities in Remote Learning Under Coronavirus（in Charts）[N]. Education Week，2020-4-10（13）.

法，以达到为学生提供高质量和有高度参与性的线上学习的目的。这项培训是自愿参加的项目，每个在 6 月 12 日之前完成培训的教师将获得一份证书和 1 000 美元的补贴费。学区约有一半以上的教师注册参加了这个培训项目。洛杉矶地区的教师目前主要依赖 Google Classroom 和 Zoom 平台来开展线上教学和指导学生，并用 Google Hangout Video 和电子邮件与学生保持联络。通过培训和自学，教师们努力学习使用各类网络教学工具和资源，如 Edpuzzle，Screencastify，QuickTime，YouTube，Khan Academy，TED Talks，National Geographics 等。到 5 月中旬时，洛杉矶联合学区为教师的培训项目投入了 3 000 多万美元。我有很多学生在洛杉矶地区的学校做教师，据他们反映，学区的职业培训项目声势浩大，但是过于仓促和肤浅，并没有给他们提供深度的培训，很多教学技术还要靠自己不断地学习和摸索才能掌握。目前，如何加强教师的在职培训，提高他们应对疫情和应用线上教学技术的能力和效率，仍然是美国学区和学校的艰巨任务。美国没有中国各省市都设有的教师进修学院和资源中心，也没有负责研修和培训的特级教师。在这方面，去过中国的美国教师教育专家都表示，很需要借鉴中国有组织的和常规化的教师在职培训的经验。[1]

三、美国学校在线教育中的数字技术不平等

美国学校面临的另一大挑战是如何为全体学生提供平等的线上学习工具和网络设施，实现数字技术的平等。虽然美国学校的教室基本上都配备了良好的教学和信息技术设备、网络，但是学校关闭之后，校内的大量教学资源和设施无法发挥作用。很多贫困学生因为家里缺乏电脑和网络而无法参与线上学习。根据美国皮尤研究中心（Pew Research Center）的最新调研数据，美国有四分之一的家庭

---

[1] 苏智欣. 中美基础教育比较与反思 [J]. 世界教育信息，2015（14）：59—68.

第二篇
基础教育的现实生态与基本形势

没有宽带网络。加州大学伯克利分校的教育学者观察到，在开展全面线上教育的过程中，数字技术资源的不平等必将加剧教育机会和教育效果不平等的现象，进一步拉开贫富阶层之间的差距。[1] 康奈尔大学的研究者也认识到这一教育危机，并一针见血地指出，新冠肺炎疫情的爆发把美国教育不平等的现象更加赤裸裸地展示在探照灯之下。[2] 这不仅是教育的问题，也是社会的问题。同样的不平等状况在医疗体系、社会保障、经济体制和劳动市场上也都存在，并在疫情期间更为突出。[3]

洛杉矶联合学区有12万高中生，在学校关闭之后的头两周里，大约有1.5万名学生因为家中没有电脑和网络设备而未能登上学校的教学网。小学和初中学生的线上学习出勤率更低，小学生在闭校之后第一周的线上出勤率不到20%。学区总督坦言，这些在线上缺席的学生都是学区里"最容易受到灾难影响"的人，包括那些在寄养家庭生活的学生、残疾学生，以及生活在贫困家庭环境中的学生，这些学生的家庭没有钱为他们提供电脑和高速网络。事实上，在洛杉矶联合学区，大约25%的家庭是没有网络的。为此，洛杉矶联合学区在关闭学校之后的几周内筹措了1亿美元，为学生购置和分发手提电脑或平板电脑，并与网络公司合作，为贫困学生家庭提供免费的网络和链接热点。[4] 有些学校在闭校时就给所有学生发放了手提电脑或平板电脑，并允许学生将出现故障的设备拿回学校以旧换新。除了缺少必要的电子学习设备和网络外，大多数贫困家庭无法给孩子提供舒适的学习场所。有的学生家长面临严重的失业问题和经济困难，需要学生帮

---

[1] BLUME H，KOHLI S. 15,000 L.A. high school students are AWOL online，40,000 fail to check in daily amid coronavirus closures，Los Angeles Times [EB/OL]．（2020-03-30）[2020-04-16]．https://www.latimes.com/california/story/2020-03-30/coronavirus-los-angeles-schools-15000-high-school-students-absent 4/．
[2] ROOKS N. Education Crisis：From Pre-K to Higher Ed，Students Face Unequal Access During Coronavirus Shutdown，Democracy Now [EB/OL]．[2020-04-29]．https://www.democracynow.org/2020/4/29/noliwe_rooks_education_during_pandemic.
[3] Harold B. The Disparities in Remote Learning Under Coronavirus（in Charts）[N]．Education Week，2020-4-10（13）．
[4] STOKES K，JAVIER C. All LAUSD Schools Are Closing Monday. Here's What You Need to Know [EB/OL]．（2020-03-13）[2021-01-28]．https://laist.com/2020/03/13/lausd_cancels_classes_starting_monday.php?v-1．

忙做工并照顾家中年幼的子女。如果没有疫情，这些学生还在校园里学习，他们还有三个月的时间可以获得教师面对面的辅导和帮助，提高春季学期的成绩。但是居家在线学习后，他们受到家庭和社区各种因素的干扰，就很难达到这个目的了。

一些教师也缺乏高质量的电脑设备和高速宽带网络。根据美国《教育周刊》的报道，美国教师中大约有 4% 的人居住在没有网络的地方，包括一些农村地区。[1] 有些教师只好每周几次开车到学校，在停车场或者空教室里，利用学校的无线网络开展线上教学。那些家里也有正在上学的孩子的教师，在上网课时还要兼顾孩子的线上学习，与孩子分享电脑设备和网络通道，经常会出现网络过于拥挤而不稳定或者断网的问题。美国各学区都表示，一定要保证教师们能够顺利地上网教学，但是美国《教育周刊》的最新调研表明，目前只有 1% 的美国教师家里的网络是学校帮助支付费用的。有的学区给每个教师提供 37 美元的网络月费。大多数教师还是要自己想办法和靠亲戚朋友的帮助来解决网络问题。美国的教师工会正积极与学区和学校领导谈判，为教师争取获得更好的线上教学设施和更稳定的无线网络。

四、美国小学在线教育的困境

疫情期间，美国学校在线教育的最大难点在小学。为小学生提供线上教育似乎比初中生和高中生更加困难。根据洛杉矶联合学区公布的统计数字，学校在 3 月中旬关闭后的第一周，只有 18% 的小学生登上了学校的线上教学网站，而初中和高中学生的登录率分别是 74% 和 84%。到 3 月底的时候，59% 的小学生、

---

[1] WILL M. Teachers Without Internet Work in Parking Lots，Empty School Buildings During COVID-19 [EB/OL]. （2020-04-29）[2021-01-28]. https://mobile.edweek.org/c.jsp?cid=25919821&bcid=25919821&rssid=25919811&item=http%3A%2F%2Fapi.edweek.org%2Fv1%2Few%2Findex.html%3Fuuid%3DFEE3884A-8A2E-11EA-BA24-8AF258D98AAA.

第二篇
基础教育的现实生态与基本形势

94%的初中生和96%的高中生登上了学校的教学网站。直到5月中旬,当98%的初中生和高中生可以登上学校网站时,小学生的登录率才上升到96%。学区认识到各级学校之间的差异,表示要重视小学的在线教育,实现对学生的"最基本承诺"。学区总督指出,只有帮助小学生打好语文和数学的基础,培养他们的批判性思维能力,才能为初中和高中的学习以及之后的高等教育和就业做好准备。在洛杉矶联合学区,学前班到六年级的学生人数占所有学生数的52%。因此,小学的问题牵动着整个学区的教育质量,也直接影响着每个学生今后的学习生涯和职业发展。[1]

美国的小学教育本来就存在很多棘手的问题,最大的弊病是包班或多科教学体制。之前我在中美小学教育比较研究中已发现,美国小学的多科教学方法导致美国学生在四年级结束时比中国同年级小学生的基础知识水平(特别是语文和数学)至少低两个年级。美国小学的包班或多科教学制要求每个小学教师各自为政,在自己的班上教学生所有科目的课程,每天教课时间高达六七个小时,因此他们备课时间很少,也没有机会、时间和空间与其他教师交流或一起备课。他们的妥协方法是不给或很少给学生布置需要自己花时间批改的基本功作业(特别是数学练习和写作),也很少给学生提供纠正性反馈。因此美国的小学教育给学生留下许多漏洞和不足。发现这些问题的亚裔家长会及时送孩子到外面收费的作业补习班,花钱买作业和辅导把漏洞补上。但是多数美国学生的家长并没有关注到这方面的问题,他们的孩子带着这些漏洞继续上初中、高中和大学,在学习上自然会遇到很多麻烦和困难,特别是在写作和数理学习领域。美国的中学和大学花费了大量的人力和财力为这些学生补课,同时开展轰轰烈烈的STEM教育,期望提高学生对科技、工程和数学科目的兴趣。但是要从根本上解决问题和补上学生在基础知识方面的漏洞,必须从小学教育开始。首先要彻底废除包班和多科教

---

[1] 数据整理自美国洛杉矶联合学区官方网站:https://achieve.lausd.net/domain/4

学体制，采用中国小学的单科教学方法。

2020年3月，当突如其来的新冠病毒的蔓延迫使所有学校关闭时，美国小学教育的弊病就更加明显了。虽然所有教师都在迎接线上教育的挑战，但是担任多科教学的小学教师比初中和高中的单科教师要承担更多、更大的压力。为了减轻教师和学生线上学习的负担，很多学校规定学生每天只参加一门学科的线上学习。因此，中学的单科教师每周只需准备和安排一天或一次在线授课，集中精力教一门课程，其他时间可以安排成"在线办公时间"。学生如果有问题或者想请教老师，可以先用邮件跟老师预约，然后上线请教师在"办公时间"给予咨询和辅导。问题是，很多美国学生并不积极地参加线上学习，更不愿意主动在线上请教老师。而美国的教师一般也不主动去询问学生。这样一来，一些有经验的中学单科教师在开展线上教学时反而感到比在课堂教学时轻松很多，而新手教师和缺乏教学经验的中学教师会感到线上教学的备课压力。相比之下，美国的小学教师是全科教学，每天都要为学生在线教授不同科目的课程，也要为学生安排各科学习的"在线办公时间"。因此，美国小学教师在线上教学的过程中承受的压力比中学教师更大。很明显，如果不解决美国小学全科教学的根本问题，小学教师是不可能为学生提供高质量的线下和线上教学的。他们的妥协办法只能是放弃对任何学科的深度教学，或者只侧重一到两门学科的教学。当然，影响小学生在疫情中参加在线教育的因素还有很多，例如，学生年龄小，自控能力差，更需要家长的密切督促和配合；贫困学生的家长往往需要外出谋生，无法监督和帮助孩子的学习；家长不能为孩子提供安全和安静的学习环境；家里缺乏技术资源和网络链接；等等。这些问题都有待进一步研究与解决。

在小学线上教育的实施过程中，领导是一个重要的因素。例如，洛杉矶地区的一位小学校长在过去几年里为了积极推进教育技术在教学中的应用，安排所有教师参加了这方面的培训，并且筹资为每一个学生购置了学习语文和数学的平板电脑。通常，这些平板电脑是不可以给学生带回家使用的，就像美国学校的课本一般也是不能给学生带回家的。这些都是用学校的教育经费购置的，属于学校的财产，并且要给好几届学生使用。但是在疫情爆发之后，学校突然关闭，线上教育迫在眉睫。这位校长果断决定让所有学生将平板电脑和教学课本带回家，并指定了专门的教师与学生家长联系，督促所有学生家庭帮助孩子登上学校的教学网络参加学习。这所学校有68%的学生是贫困家庭出身的，即使学生带平板电脑回家使用，但是一旦出现技术问题，家长也无法帮助解决。因此，这位校长希望学区能够考虑到这个难点，不仅为贫困家庭提供技术设备和网络链接，还要保证配套的技术指导和设备维修，否则学生仍然无法有效地参与线上学习。在特殊的情况之下，这位小学校长请学校的老师们侧重语文和数学的线上教学。显然，即便有杰出的领导和敬业的教师，美国小学依靠一位教师每天在线上或者线下为全班学生提供所有科目的教学，肯定是无法保证质量的。

五、美国学校在线教育的质量和效果

美国教育学者过去20多年的研究证明，线上教育的质量远不如在校的课堂教育，因为学校的学习氛围、环境结构、教学资源和课堂上的师生互动是线上教育所无法取代的。[1] 2020年3月中旬，美国的学校开展线上教学之后，很多教师都感到力不从心，因为他们无法运用在课堂上使用的多样化教学手段，而需要花费大量的时间设计网课和联络学生，担心教学中断网和学生不参与等问题。他们无法在线上跟学生建立稳定和持久的关系，不能与学生互动和组织小组活动，也无法实施需要合作学习和动手实践的教学项目。那些家境贫困和少数族裔家庭出身的学生往往有学习和语言上的困难，非常依赖教师的当面指导和学校提供的

---

[1] ROOKS N. Education Crisis: From Pre-K to Higher Ed, Students Face Unequal Access During Coronavirus Shutdown, Democracy Now [EB/OL]. [2020-04-29]. https://www.democracynow.org/2020/4/29/noliwe_rooks_education_during_pandemic.

在校学习环境及资源，一旦失去这些指导和资源，在家学习就异常困难。他们离开学校之后便失去了方向和结构感，在家很难进入学习状态，不能集中注意力参加学习。他们的家长文化水平低，语言能力差，在疫情中更是穷困潦倒，自顾不暇，根本无法辅导孩子的学习。比较负责的教师会给那些多次不参加线上教学活动的学生家长打电话，但是他们发现，有不少学生在说谎，分明没有参加线上学习，却会骗家长说自己在上网课，有的家长和学生干脆不回复老师的电话。

因此，虽然洛杉矶联合学区总督办公室公布的学生线上出勤率在5月中旬已经达到令人满意的数字——高中98%，初中98%，小学96%，可是在现实中，真正参加线上学习和做功课的学生寥寥无几。我的一位研究生在洛杉矶一所中学当英语老师，这里70%的学生来自贫困家庭，但是所有学生都拥有学校发放的免费电脑和网络热点。根据他最近的调研和统计，在学校关闭之后的6周里，他在线上所教的语文主课上的33名学生当中，平均只有7人在线上参与学习并提交了作业；他的同事，一位体育教师班上的41名学生当中，平均只有14人参与了学习；而同校一位科学教师班上的37名学生当中，平均只有19个学生完成了作业。[1] 经过认真研究与思考，这位美国教师得出的结论是，学生参与率低的原因是学区实施了错误的政策。学区宣布取消今年的标准考试，并规定教师不可以给学生不及格的成绩，也不允许教师给学生低于他们在学校关闭之前已经获得的成绩。所有的初中毕业生，无论成绩如何，都可以毫无例外升入高中。这样一来，很多学生就看不到线上学习的必要性，也没有内在的动机参加学习。他们在家里闲待着或玩游戏，将这一特殊的居家防疫时期当成了长休假，把学校发给的免费电脑当成了打游戏的工具。这位教师痛心地表示，再这样过十个星期，学生如此"混完"整个春季学期，虽然不会不及格或者无法毕业，但是他们白白浪费了几个月的学习时间，必定会更加落后于那些家境优越或者用功学习的学生。很

---

[1] CARCANO A. COVID-19 Impact on the Achievement Gap within LAUSD [G]. Los Angeles: California State University，2020.

显然，洛杉矶联合学区好心制定的宽松的课业安排和毕业政策，将使这些已经处于劣势的贫困家庭的孩子落在更远的后面，造成更大的教育不平等。

为了进一步比较美国和中国中小学在疫情中线上教学的情况和质量，我和我的访问学者通过邮件和微信采访了8位在美国学校学习的中小学生和7位中国浙江的中小学生。访谈的学生中有5名小学生、6名初中生和4名高中生。我指导的一些美国学生是在洛杉矶学校任教的教师和助教，他们也对各自学校目前开展的全面在线教育进行了评估。我们初步的印象和发现是，中美学校在应对疫情和开展线上教育时的关注点与做法很不相同，因此也产生了不同的效果。

第一，洛杉矶地区的学校要为80%以上的学生及其家长发放免费餐，并且为这些贫困家庭的学生提供平板电脑和网络服务。浙江学校的学生家庭似乎没有这方面的需求，因此中国学校不需要花费时间和经费做这方面的安排。中国城镇学生的家庭似乎都有条件为孩子提供线上学习的技术设备和网络，也可以关照他们基本生活的需求。当然，我们采访的浙江学校的学生生活在中国经济条件较好的地区，而不是边远的乡村。事实上，中国的教育社会学家已经发现，中国的城乡、区域、学校之间的教育资源与质量差距也造成了教育发展的不平衡和不平等现象。中国发展研究基金会2020年4月初的调查显示，发达地区的教育领先欠发达地区几十年。在欠发达地区尤其是边远农村地区，能按时上网课的学生仅有五成，而其中拥有电脑的不足一成。这个数据所反映的教育公平问题其实一直存在于中国社会发展的历程之中，只是在疫情期间表现得更加突出。美国的教育公平问题渊源已久，根深蒂固，疫情的爆发更加扩大了贫富阶层之间的差距，将贫困家庭和少数族裔家庭的孩子更远地抛在落后的位置上。[1]

第二，疫情发生后，中国教育部以及各省市教育厅为线上教育制定了一系列

---

[1] ROOKS N. Education Crisis: From Pre-K to Higher Ed，Students Face Unequal Access During Coronavirus Shutdown，Democracy Now［EB/OL］.［2020-04-29］. https://www.democracynow.org/2020/4/29/noliwe_rooks_education_during_pandemic.

统一的政策，国家和各省市教育部门建立了多种全国和全省市范围的教育平台和网络，让优秀教师的授课资源和卓越的教学平台可以为各地不同的中小学所用，保证了线上基础教育的基本质量。相比之下，美国是分权制国家，联邦教育部不制定统一的教育政策和措施策略，只负责给相关教育项目包括救灾项目拨款。因此美国各州、各郡县、各个校区都有自己的救灾策略和教育措施，每个学校的教学目标、内容和方法都有自己的特色，每个教师采用的线上教学方法和授课内容也不一样。有的教师干脆不教新课，只复习旧课的内容；有的教师不但教新课，还会添加一些有趣的练习。因此，美国在线教育的内容和质量参差不齐。

第三，美国学校对学生参与线上教学的要求比中国学校宽松很多，每天要求学生在网络上学习的时间也比之前在校学习时间少很多。疫情之下，美国学校的学生每天在线上听课的时间一般不用超过2小时，作业也比之前少，每天只有0.5—1小时的作业量，甚至作为主课的语文和数学也减少了教学和作业的时间。即使这样，很多美国学生在没有家长监督的情况下，还是会选择不参与线上学习，也不做作业，更不跟教师保持联络。虽然有的学生每天会登上学校的教育网站（因此学校和学区官方公布的线上出勤率会显得很高），但并没有参与任何实质性的学习活动。中国在线教育的情景和效果与美国很不一样。我们采访的中国学校的学生反映说，他们的老师在线上的教学内容与在线下的教学内容并无太大差异，仍然是原定的课程计划。根据他们提供的信息，中国学校的线上教学量大约比美国学校高出一倍以上。所有的中国学生或被动或主动，都会参加线上学习。如果个别学生没有参加线上学习，或者学习的时间没有达到学校的要求，中国家长会主动向班主任解释原因。在美国，学生如果不参加线上学习，家长一般是不会去找老师的，老师也不去找学生或家长。负责任的美国教师在学生屡次不参加学习的时候，必须主动联系学生家长，才能问明缺席的原因。

第四，中国教师非常重视学生的作业，对线上教学期间布置的作业也会认真批改，并每天为学生提供纠正性的反馈和个别辅导。我们的采访结果表明，虽然

第二篇
基础教育的现实生态与基本形势

参加美国高中AP（Advanced Placement）课程的学生也会有较多的网课作业，但总体而言，中国学校学生在线学习的作业量比美国学校学生多一倍以上。美国的教师，特别是小学教师，即使在正常的课堂教学中也没有充裕的时间批改学生的作业，更没有时间给学生提供纠正性的反馈。开展线上教学之后，因为学区的宽松政策，美国教师在这方面的要求更加降低了，学生可以不交或少交作业，教师也可以不改或少改作业。美国学生不参与线上学习或不做作业，教师也不能给他们不及格的成绩和不毕业的惩罚。加州大学伯克利分校的学者斯科特·莫拉（Scott Moura）提醒说，将这些学生认定为逃学或者逃课是不恰当的，因为他们中很多人担忧的不是学习，而是饥饿、无家可归、没有大人照看和缺乏保健的问题。[1] 的确，很多美国学生每天面临的是这些生活上令人担忧的事情，而不是学习。我们采访的中国学校的学生和他们的家庭都没有这些基本的生计问题，而我们访谈的在美国学校就读的学生也都是美籍华人和访问学者的孩子，他们也不存在基本的生活问题。美籍华人的家长跟中国家长一样，都会很负责地为孩子提供良好的学习条件和环境，孩子们也都会在家长的督促下比较自觉地学习。有的华裔孩子甚至感觉之前在学校上学时浪费了很多时间，因为他们要跟着在学习上有困难的美国学生一起放慢进度学习。现在居家在线学习，很多资料都在网上，学生可以自己掌握学习时间，因此，比较自觉的美籍华裔学生在线学习的效果甚至比之前在校学习时更好，也更有时间做自己想做的事情，学习自己有兴趣的课题，练习心爱的乐器。很显然，除了学校的要求和安排，不同的经济地位和家庭背景也会直接影响学生居家在线学习的质量。

即便是在大学，全面在线学习的效果也不理想。大学转为全面线上教学之后，美国各大学为家境贫寒的学生提供了免费的手提电脑和热点网络。但是，罗

---

[1] BLUME H，KOHLI S. 15,000 L.A. high school students are AWOL online，40,000 fail to check in daily amid coronavirus closures，Los Angeles Times［EB/OL］.（2020-03-30）[2020-04-16]. https://www.latimes.com/california/story/2020-03-30/coronavirus-los-angeles-schools-15000-high-school-students-absent 4/.

格斯大学最近的一项学生调研表明，85%的大学生认为线上教学的质量和学习效果不如在校的课堂教学。[1]波士顿学院的研究学者也发现，大学生似乎对他们现在被迫参加的在线课程不感兴趣。学生总体上对线上教学不满意，有的人还选择避免参与。尤其是本科教育，这是学生们最不熟悉在线授课的阶段，他们很需要并喜欢与老师和同学进行当面互动。[2]美国的高等教育机构包括加州的大学已经使用网络平台开展教学多年，很多教授把自己的课程做成了混合的教学模式，建立了网络讨论会，设置了网上作业和考核的机制，大多数教学资源也已经放在网络上。因此，美国的大学转为全面线上教学的过程比中小学要容易一些，很多教授加上 Zoom 课堂就可以继续实施原定的教学计划。近些年，美国大学的信息技术体系发展得很快，每个大学都有上百甚至数百人在信息技术部门工作，为大学的管理和教学工作提供24小时的免费技术支持，保证教授和学生顺利地使用网络开展教学活动。但是，美国的中小学校还没有建立起这样庞大的信息技术部门，有的学校只能由教师和学生义工担任技术设备的维修工作。全面线上教学不仅给学校教师带来新的挑战，也给参加线上学习的学生和他们的家长带来新的困难。美国学校为贫困学生购置了电脑并安装网络之后，还要设法为他们提供信息技术方面的日常指导和维护。这也是各学区领导必须重视和解决但尚未提上日程的问题。

六、疫情下的特殊教育

在美国的公立学校，有 10%—14% 的学生是有特殊需要（或学习障碍或残

---

[1] ROOKS N. Education Crisis：From Pre-K to Higher Ed，Students Face Unequal Access During Coronavirus Shutdown，Democracy Now［EB/OL］.［2020-04-29］. https://www.democracynow.org/2020/4/29/noliwe_rooks_education_during_pandemic.
[2] ALTBACH P G，WIT H D. 菲利普·G. 阿特巴赫：我们正处于在线学习的变革时刻吗？［EB/OL］.（2020-05-09）［2021-01-28］. https://mp.weixin.qq.com/s/nPuHhuNiEaKOy2_2iX5O-w.

第二篇
基础教育的现实生态与基本形势

疾）的人。美国教育采取"全纳"的政策和措施，将这类学生全部纳入普通中小学教育，在安排他们融入普通课堂的同时，为他们提供专门的帮助和服务，为每个学生设计个性化的教育计划，尽可能使他们与其他学生一样享受平等的义务教育。所有的公立学校都有专门的特殊教育教师和特殊教育资源教室。新冠肺炎疫情导致学校关闭，给这些学生带来了额外的困难，因为他们比普通学生更加依赖学校的资源和有组织的学习，更需要教师手把手地当面教导，更渴望与同学接触和互动。尽管很多美国学校的教师和特殊教育专家坚持在疫情之下继续执行个性化的教育方案，通过网络与这些学生和家长保持密切的联系，为他们提供各种可能的帮助，但还是无法利用学校里已经构建好的特殊教育资源。不能有效地开展远距离的特殊教育，给这些学生和他们的家长带来很大的难题，也带来了更艰巨的挑战。据美国公众电视新闻的采访和报道，很多有严重残疾症状的学生，其家长无法应对这些孩子的照顾和教养问题，有些家长甚至已经到了崩溃的地步。

在洛杉矶联合学区的 70 多万学生当中，有近 7 万人是有残疾的和有特殊需要的孩子。学校关闭后，学区带领各级学校的教师逐步建立起美国第一个为残疾学生和有特殊需要的学生服务的网络教育机制，已为近 1 000 名学生重新修订了个性化的网络教育计划。例如，在加州州立大学北岭分校附近的一所小学，有不少自闭症学生和其他特殊学生，疫情爆发之后，学校立即为这些学生修订了专门的线上教学计划，通过网络与每一个特殊学生及其家长保持联系，继续为他们提供咨询和额外的教导与帮助。这些学生每天都可以参加普通学生的网课，特教教师每周几次在线上为他们开设专门的辅导课。此外，学校的语音矫正和理疗专家也与普通班和特教教师密切合作，继续为这些学生提供特殊的语言矫正和理疗的视频指导，以期达到原定的目标。平时学校为有特殊需要的学生提供的很多额外的教学服务，包括视听故事，用视觉艺术的方式体现课程内容，采用多媒体教学等，都可以转换成在线的形式。但是有的特教服务无法转换，比如用不同的方式当面为学生反复解释课程的内容，对学习进度的及时和频繁的检测等。有中度和重度残疾的学生及年纪最小的自闭症学生在行为上有更多的障碍，上网课时也会遇到更多的困难，更不易独立自主地学习，因而也需要学校和家庭提供更多的干预和督导。学校采取的一种方法是，为这些家庭设计了一些容易操作的纸笔练习活动，让家长带着孩子做。

美国学校的特殊教育和全纳教育模式，以及在疫情中对残疾学生的特殊关照，很值得中国学校学习。参加过我组织的中国教育工作者培训项目的教师和校长在参观美国学校时，印象最深刻的就是美国学校对残疾和有特殊需要学生的全纳教育和个性化帮助。美国非常重视特殊教育，全纳教育政策强调有残疾和特殊需要的学生应该和普通学生一样获得同等的受教育机会。美国联邦政府每年都会为特殊教育提供大量经费，专门培训能够提供特殊教育服务的专职教师。此外，美国所有的师范生都必须修读特殊教育课程，明白政府在这方面的政策，学会帮助那些在普通课堂上有特殊需要或残疾的学生。[1] 新冠肺炎疫情给美国学校的所有教师和学生带来了巨大的挑战，而那些有残疾和有特殊需要的学生遇到的困难比一般学生要更多、更复杂，需要教师和家长更有耐心和勇气，并用创新的方法帮助这些学生参加线上的学习和活动。这也是疫情下较难解决和急需调研的教育问题之一。

七、美国学生的社交和情感健康

许多没有身体和精神残疾的学生，在疫情期间居家隔离的情况下，会产生种种社交和情感健康方面的问题。联合国秘书长最近发布了"新冠肺炎疫情与精神健康"政策简报和视频讲话，[2] 表示新冠肺炎疫情不仅攻击我们的身体，还增

---

[1] 苏智欣.中美基础教育比较与反思[J].世界教育信息，2015（14）：59—68.
[2] 联合国.新冠病毒大流行或导致全球心理健康危机[EB/OL].（2020-05-15）[2021-01-28]. https://mp.weixin.qq.com/s/zQDvhD-lTMS8Gic21lmvBQ.

第二篇
基础教育的现实生态与基本形势

了心灵上的痛苦，严重影响全社会的精神健康和福祉。他特别指出，儿童和青少年正处于危险之中，丧亲的悲戚，家长失业的冲击，隔离和行动上的限制，对前途的迷茫与恐惧，都造成了各种精神健康问题，包括抑郁和焦虑。来自意大利和西班牙的家长报告，他们的孩子难以集中注意力，还有烦躁、躁动和神经质的表现。居家隔离增加了儿童目睹或遭受暴力及虐待的风险。残疾、生活在拥挤条件下或街头的儿童处境尤其不利。他号召各国将促进精神卫生作为当前重要事项，迅速加以应对。虽然需要精神健康或社会心理支持的人不断增加，但在许多国家，心理健康服务已经中断。一些精神卫生设施被用于护理新冠肺炎患者，精神卫生人员感染病毒和面对面服务的关闭，也影响到了护理系统。

美国最新的研究也发现，很多学生及其家庭正经历严重的社交和情感健康问题。青少年在这种隔离的生活中感到孤独，对家人的重负感到无助。他们不满意也不愿意参加他们认为没有意思的学习活动，不喜欢老师布置的枯燥作业，对无法跟朋友见面和参加毕业典礼等社交集体活动的现状感到失望和沮丧。[1] 我们采访的在美国和中国学校就读的学生有同样的看法和感受。虽然他们尽力和一些同学、朋友保持网络联系，有的学生还约在同一个时间上线一起做功课和玩游戏，但是他们都很想念在学校与老师、同学交往和活动的快乐时光，盼望能早日返回校园。他们指出，线上教育无法提供动手实践和小组活动的机会，他们不能及时与老师交流，也失去了与同学、朋友一起参加课堂和校外活动的开心时刻和自由。一些美国高中生抱怨说，他们每天要在网上做很多功课，同时被局限在家里，和家人时时刻刻待在一起，这是一种非常压抑的精神生活。美国学生感受到的压力和焦虑似乎跟学校布置的作业量、教学内容很有关联。他们表示，当老师布置很多作业时，他们就会感到特别的焦虑和不安。他们喜欢老师安排一些好玩

---

[1] BLUME H, KOHLI S. 15,000 L.A. high school students are AWOL online，40,000 fail to check in daily amid coronavirus closures，Los Angeles Times［EB/OL］.（2020-03-30）[2020-04-16]. https://www. latimes. com/california/story/2020-03-30/coronavirus-los-angeles-schools-15000-high-school-students-absent 4/.

的功课，做起来比较开心和轻松。老师如何给学生打分也是让学生感到焦虑的一个因素。因此，很多美国中小学，甚至大学，都将疫情期间的学习成绩改成无记分制，只做"通过"和"不通过"的记录。洛杉矶联合学区还规定，教师给学生的线上学习成绩不得低于他们在校时的学习成绩。然而，一些思维敏锐和有社会公平意识的美国教师指出，这种过于宽松的政策并不利于弱势群体的孩子参与线上学习，反而使他们丧失参加线上学习的动机，更远地落在其他学生的后面。很多美国教师在疫情期间的思想和情绪也很不稳定，因为不能每天与其他教师见面交流，他们独自在家上线工作时，特别是在遇到困难时，很容易感到孤立无援，无法检验和表述自己工作中的优点和弱点，并及时获取同事的建议和帮助。

美国各个学校都设置了学校咨询员或心理辅导员的职位，有专门的办公室和专职人员为师生提供精神健康方面的咨询和服务。这些工作人员在疫情中仍然开放线上咨询和服务。政府部门也有专门的热线提供这方面的服务。关键是，需要这些咨询和服务的学生及家长大多来自贫困和少数族裔家庭，他们中的很多人因为缺乏语言能力和交流方法，不知道怎样联络和利用这些资源。美国学校心理咨询服务的弊病是，必须由学生本人或家长亲自电话或电邮联络预约，才能安排见面或上线得到咨询服务，而最需要帮助的那些人往往是最不愿意或不会去联络的人，这就耽误了对很多问题的及时发现和处理。除了学校的咨询服务，美国的专业医护人员也在积极设法为学生家庭提供这方面的建议和服务。加州大学洛杉矶分校医学院的李杰纳（Jena Lee）[1]博士根据她在精神病科急诊病房的临床研究观察指出，儿童和青少年很需要有组织的和结构性的生活，而学校正是提供这种结构的最好组织。学校有固定的学习日程和目标，有明确的规则和行为标准。学校也是培养学生自律和自控能力的最佳场所。更重要的是，学校的固定设施和配

---

[1] LEE J. COVID-19's mental health effects by age group: Children, college students, working-age adults and older adults [EB/OL]. (2020-04-08) [2021-01-28]. https://www.healio.com/psychiatry/practice-management/news/online/%7B250e2c9c-e510-4109-bb84-024660539c08%7D/covid-19s-mental-health-effects-by-age-group-children-college-students-working-age-adults-and-older-adults.

第二篇
基础教育的现实生态与基本形势

置的工作人员给青少年一种安全感和一切都有大人关照的安心感觉。一旦学校关闭，儿童和青少年失去了这种组织和结构，没有了习惯的日常规律和安全感，就很容易出现行为上的问题和种种心理及情感上的波动。李杰纳博士指出，要避免出现这些问题，家长就必须有能力在家里为孩子建立一个稳定的组织结构并提供有力的支持，这在很大程度上取决于一个家庭的内在机制——有多少稳定的资源和压力的来源。儿童和青少年随时都在观察和模仿大人。疫情期间，他们整天待在家里，有机会密切注视大人的言行，看他们如何组建家里的结构，怎样维护这种结构的稳定，如何处理自己的情感问题。因此，李杰纳博士认为，专职的医护人员应该配合学校给家长上课，教他们建立、维持良好的生活日程和家庭结构，这是对孩子们情绪和行为变化最好的回应。当然，在疫情期间，很多家长也经历着巨大的精神压力，特别是贫困家庭的家长。因此，学校和医护人员有着双重的任务，既要教家长学会管理自己的焦虑情绪，给孩子作出榜样，也要求他们学会关注孩子的情感健康。

对那些本来在情绪和精神上就有疾病的美国孩子来说，疫情发生之后，如果家里没有很好的结构，而是有更多的变故和压力，他们的精神疾病就会加重，出现抑郁症和焦虑症。这些症状的临床表现包括身体上的不适、睡眠和饮食上的困难、行为问题的出现等，不同发展阶段会有不同的症状。[1] 有的学生在家里遭受虐待、冷落和其他形式的磨难，他们平时把学校当成自己的"避难所"，而一旦学校被迫关闭，他们就成了无依靠的"难民"，需要学校继续为他们提供生活、情感、心理和法律方面的各种支持。这些学生的父母大多处于社会底层，疫情之下他们往往处于失业状态，无法为孩子提供最基本的生活和学习必需品，更不用说给孩子提供精神和情感上的支持。即使是普通家庭的家长和孩子，在疫情

---

[1] LEE J. COVID-19's mental health effects by age group: Children, college students, working-age adults and older adults [EB/OL]. (2020-04-08) [2021-01-28]. https://www.healio.com/psychiatry/practice-management/news/online/%7B250e2c9c-e510-4109-bb84-024660539c08%7D/covid-19s-mental-health-effects-by-age-group-children-college-students-working-age-adults-and-older-adults.

中也经历着不寻常的社交和情感问题。最近，美国读者最多的教育杂志《卡潘国际》(*Phi Delta Kappan International*)[1]对20万人进行问卷调研，了解他们在疫情中最担心的、最需要的和最希望得到的支持与帮助，特别是在社交和情感方面。调研结果显示，在成年人应对新冠肺炎疫情的自我保护活动中，91%的时间用在照顾自己和筹划长期对策方面，而青少年只有56%的时间在照顾自己；青少年中有76%的人希望能在疫情的混乱中找到某种稳定的结构，41%的人渴望参加有大人或教师指导的团组互动活动，70%的人希望成年人能清楚和及时地与他们交流思想。因此，美国的教育学者和心理学家建议，学校领导和专职的教育心理咨询工作者应该与社会工作人员和医务人员积极合作，在疫情期间主动地去发现、帮助有各种心理和精神问题的最需要服务的学生和家庭，不仅解决他们目前的难题，还要借此机会建立长期为他们提供干预和服务的计划。识别这些家庭的方法很直接：可以审阅学校或校区现有的学生出勤记录、学习成绩及其他档案，初步列出一个在学业和行为表现等多方面处于落后状态的学生名单。校长可以指派专人仔细查看这些学生目前的状况，调研他们及其家庭的现状，真正了解和理解这些学生的背景和经历，并且从他们的老师、咨询员、社会工作者甚至医生那里获取更多的信息，为他们制订个性化的、短期和长期的教育及咨询方案。[2]

许多中国学校在疫情期间和后期为学生设立了心理疏导课，请心理老师主讲。但是中国学校没有像美国学校这样普遍设有学生心理和精神健康咨询中心，为所有学生提供这方面的服务。相比之下，中国城市的家庭似乎比美国城市的家庭更稳定，也更有结构性，家长对学生在生活上的照顾和学习上的监督也比美国家长好很多。然而，中国学生在疫情中承受的心理压力也很大，出现的问题不比

---

[1] Phi Delta Kappan. Educators Rising Survey Results [J]. Phi Delta Kappan，2020，84（7）：502—506.
[2] Starr J P. On Leadership: Responding to COVID-19: Short- and long-term challenges [J]. Phi Delta Kappan，2020，101（8）：60—61.

美国学生少，只是中国学生比较内向，中国的文化不喜欢公开讨论这方面的事情，因此，这方面的许多问题很可能还没有凸显出来。一项最新的研究表明，中国的儿童和青少年在新冠肺炎疫情居家隔离期间也出现了很多心理和情感方面的问题，包括对病毒的恐惧和担忧，对现状和前途的迷茫及不确定，因社交隔离和学校关闭带来的孤独感和无助感等，而这些情绪直接影响了他们的睡眠、饮食和行为，降低了他们的免疫力。发现这些问题后，一些中国学者建议家长加强与孩子的交流，讨论他们关心的问题，帮助他们消除疑虑，跟他们一起玩耍，减少他们的孤独感，鼓励他们参加体能锻炼，并用音乐治疗的方法减少孩子们的担忧和恐惧，排解他们心中的压力。[1]中美教育和心理学者应该积极开展这方面的比较研究，并交流对策和经验。从学生的长远发展和全面发展来看，社交能力和情感健康或许比认知学习更重要，特别是在人类社会遇到突发灾害时。

八、结束语

新冠肺炎疫情在美国的蔓延导致学校关闭之后，各大学区匆忙采取应对措施，在保证所有贫困学生和家庭都可以享用免费餐的同时，摸索为学生开设远距离的线上教学。美国第二大学区——洛杉矶联合学区的教育总督每周都要实地走访几所学校，邀请教师、学生和家长代表参加不同主题的线上会议，并且在每周一上午准时在线上对全体师生和居民发表讲话，表彰抗疫工作的新成绩，报告最近筹备的款项和采取的措施，宣传各级不同学校线上教学的榜样和经验。在2020年5月11日的报告中，他兴奋地宣布洛杉矶联合学区所有学校将在6月中旬为所有学生开办线上夏季班。学区董事会准备为此投入5 000万美元，为学生

---

[1] JIAO W Y, WANG L N, LIU J, FANG S F, JIAO F Y, PETTOELLO-MANTOVANIM, SOMEKH E. Behavioral and Emotional Disorders in Children during the COVID-19 Epidemic[EB/OL].[2021-01-28]. https://www.jpeds.com/article/S0022-3476（20）30336-X/pdf.

补偿因疫情和学校关闭而失去的学习时间和机会。夏季课将侧重为学生补习基础教育的基础——语文和数学，培养学生的批判性思维能力，与当地音乐、电影、动漫公司合作为学生开设艺术娱乐课，为有特殊困难和学习落后的学生开办小型课堂，还要为移民的孩子补习英语。目前，学校毕业班的学生最关切的问题是如何举办毕业典礼。总督自己有四个孩子，最小的也是2020年的应届高中毕业生。他鼓励学生充分发挥创造力和想象力，与老师和家长一起设计、举办各类线上或虚拟的毕业典礼仪式，以崭新的方式庆祝毕业这一难忘的人生里程碑。

与此同时，总督对洛杉矶地区的居民坦言，由于疫情的蔓延、学校的关闭和额外的支出，本学年的办学经费出现了巨大的赤字——短缺大约2亿美元。而加州全州因疫情出现的赤字已经达到540亿美元。[1] 通常，洛杉矶联合学区每个学年的教育经费总额是92亿美元。目前短缺的费用包括继续为贫困学生家长和社区穷人发放免费餐的支出4 000万美元，为教师提供线上教学继续培训的费用300万美元，开办夏季班的5 000万美元，为学生购置和维修线上学习必需的设备和网络以填补教学技术不平等的鸿沟还需要2 300万美元。[2] 美国所有人的生活都受到了疫情的影响，尤其是很多贫困和少数族裔家庭陷入了失业、饥饿、病痛和绝望的境地。[3] 疫情的爆发更加凸显了美国教育机会不平等的问题，其根源还是贫富差异和种族歧视。新冠肺炎疫情给美国的社区和人民，特别是最底层的贫困家庭，带来了灾难和悲痛，也进一步显现了现存体制的各种弊病。很明显，美国教育的问题光靠学校的努力是无法解决的，学区必须联络和动员所有的政治和社会力量，调动和依靠企业及慈善机构的赞助，才能帮助改善贫困和少数族裔学生的基本生活及学习条件。2020年5月初，加州州长夫人报告了一个好消息：

---

[1] LUHBY T. California governor lays out deep budget cuts to close $54 billion deficit［EB/OL］.（2020-05-15）［2021-01-28］. https://www.cnn.com/2020/05/14/politics/california-budget-deficit-federal-funds/index.html.
[2] 数据整理自美国洛杉矶联合学区官方网站：https://achieve.lausd.net/domain/4
[3] ROOKS N. Education Crisis: From Pre-K to Higher Ed, Students Face Unequal Access During Coronavirus Shutdown, Democracy Now［EB/OL］.［2020-04-29］. https://www.democracynow.org/2020/4/29/noliwe_rooks_education_during_pandemic.

第二篇
基础教育的现实生态与基本形势

她已经与几大数字技术公司达成协议,将保证为加州所有的中小学生提供学习所需的技术装备和网络设施。然而,州长和教育总督都知道,学校还有很多其他的问题亟需得到关注和解决。洛杉矶学校的教师们已经在呼吁,学区领导必须改变宽松的打分政策和毕业政策,否则学生参加线上学习的真实比率仍将停留在最低的水平,疫情阶段的线上教育必将进一步拉开贫富家庭学生之间的成绩差距,使贫困家庭的学生处于更加落后和不平等的地位。

虽然新冠肺炎疫情迫使美国的学校采用线上教学的方式,但是美国过去 20 年的教育研究和目前的在线教学调研结果已经表明,无论怎样创新和努力,线上教学都远不如面对面课堂教学的效果好,也永远无法替代只有人与人之间的面对面接触和互动才能建立起来的人文和社会关系。美国的中小学生和大学生都盼望早日恢复校园教育,当问及他们最怀念学校里哪些人和事的时候,学生们都表示非常想念学校里热闹的氛围、老师及同学们。他们说,在学校里可以随时当面请教老师和助教并及时解决学习上的问题,可以天天和同学们在一起午餐、聊天、打闹、玩耍,可以上体育和艺术课,参加小组和班级的聚会、乐队和俱乐部的活动,以及动手实践的学习和娱乐项目。他们期待着疫情结束之后能重返校园参加这些活动,并且约上好朋友一起去校外吃饭、看电影、逛夜市、打球、散步、郊游和锻炼。我认识的在洛杉矶联合学区任教的教师们也渴望重返校园,与同事再叙友情、交流思想,叙述疫情期间居家隔离时所经历的喜怒哀乐。这将是一个深刻反思在线教育的利弊和前景,总结经验和教训,真情互动和愈合心灵创口的必要过程。

2020 年 5 月的初夏,中国的疫情已经控制住了,中国的学校逐步开学了。中国给全世界作出了抗疫和防疫、复工和复课的杰出榜样。我相信,美国的疫情也会在不久的将来被控制住,美国的学校也将重新敞开大门欢迎所有教师、学生、家长和社区代表,重现学校作为社区中心和终身教育核心场所的生机和繁荣。我认为,虽然教育学者会进一步研究和推出全面在线教育的最佳模式,帮助教师和学生作好充分的准备，在必要的时候可以顺利和有效地从校园的课堂教学转为在线教育，但疫情结束之后，美国的中小学教育应该不会有大规模的向远程教育的全面转变。各国的教育工作者应该借此机会及时总结和交流经验，通过整合线上和线下的课程内容，扩大混合式教学，提高课程和计划的质量，为未来的学校教育开创更广阔和更丰富的前景。

新冠肺炎疫情下的挪威教育

【作者简介】

多丽丝·博克（Unn-Doris K. Bæck），博士，挪威特罗姆瑟大学社会科学系社会学教授。主要从事教育社会学、青年社会学、社会不平等等领域的研究。曾在芬兰、瑞典、俄罗斯、加拿大等国家进行比较研究。

新型冠状病毒在2020年3月初袭击了挪威。起初只是零星几个在奥地利和意大利北部滑雪度假的人感染了新冠病毒,但局势渐渐变得严峻,病毒相当迅速地在街头、家庭蔓延。为了阻制病毒的传播,政府采取了一系列被首相称为"二战"以来"和平时期挪威使用的最强干预措施":国内和国际的航班都受到了严格的交通管制;境外的挪威人被告知尽快回国;国内有些城市的市政当局禁止其他城市的人进入;禁止在自己居住城市以外的私人小屋和度假别墅中居住。社会的许多重要场所一夜之间被关闭,剧院、电影院、体育馆、理发店、餐馆、酒吧和咖啡馆等文化机构不再继续营业。虽然公共服务和其他工作场所保持运转,但居家办公已成为大部分上班族的新常态。另外,还有成千上万的人因这场新冠肺炎疫情而被永久或暂时解雇。

挪威政府制定了《COVID-19条例》。挪威《COVID-19条例》中的一个重要部分与教育有关,第12条甚至规定关闭所有教育机构。2020年3月12日,幼儿园、中小学、高校全部关闭。这一举措影响了成千上万的人,他们突然被迫彻底重新安排自己的生活:既要待在家里照顾孩子并担任老师的角色,同时还要在紧张、复杂和不可预测的新的日常生活中做好自己的工作。在疫情爆发期间,《COVID-19条例》向两类儿童和青少年提供了特别优惠。第一类面向有特殊需要的儿童和青少年,因为他们的处境特别不稳定,各市、郡有义务确保在幼儿园、学校或其他形式的日托机构关闭或减少开放时间的情况下,向有特殊需要的儿童和青少年提供学校教育或儿童保育。第二类是父母具有重要社会职责的儿童,如父母是医生、护士、警察、军人、儿童保育服务人员、公共汽车司机等。政府(学校管理者)有义务确保具有重要社会职责的父母至少有一方能够送12岁以下的儿童继续上学或上幼儿园。

教育机构关闭后,短短几天,地方教育当局就针对如何跟进学生以及以何种方式进行学校教育作出了决定。学校和教师设法建立了新的系统,并向每位学生提供在线教育,这无疑是一项壮举。在线教育是否成功取决于多种因素,如学

第二篇
基础教育的现实生态与基本形势

校选择建立的新的交流平台，疫情前教师对在线教学的熟悉程度，以及教师对在线教学和所使用软件的信心。线上教学的效果还与学生和老师的互动频率、家长的支持程度、学生使用电脑的情况、网络状况、学习环境（平和安静的环境能够促使学生集中精力）等因素有关。我们有充分的理由相信，所有这些因素都与教育是否成功息息相关，在疫情期间则显得尤为重要。例如家长这一因素，研究表明，家长对子女教育的参与程度会对子女的学业成就产生影响。疫情期间，主要是父母推动着孩子安排学习生活、坚持学业，在子女遇到困难时提供帮助。每个家庭的父母为孩子提供的支持力度是不同的。在学校停课的6周里，获得父母关注与支持较少的孩子必然会落后于获得父母关注与支持较多的孩子。

2020年4月底，学校和幼儿园开始陆续开放。首先是幼儿园，从4月20日起开学，4月27日一至四年级返校，5月11日其他年级返校，到5月15日，所有学校都重新开放了。对一至四年级，开始的目标是使所有学生都能受到全日制教育，包括课余托管；对五年级及以上的学生，出于防止感染的目的，如认为确有必要，学校教育可与家庭教育相结合。不过《COVID-19条例》规定，如果学校管理者认为有必要，可以缩短学校开放时间，或限制同时在场的学生人数。

毫无疑问，新冠肺炎疫情给教育系统带来了巨大的压力，同时，它也为我们提供了一个重新思考如何学习以及如何在数字化社会中开展教育的机会。通过在线教育平台进行学习的局限性是什么？如果要使教育更多地朝在线学习的方向发展，应该提供什么样的资源？在这种情况下，如何赋予家长权利？家长需要怎样的支持？我们该如何确保社会公正和教育公平？在疫情期间的挪威，你能够发现一个很有意思的现象，即在一个充满不确定性的时代，教育比以往任何时候都表现得更加稳固。上课的时间、与同学和老师的互动、课程的结构——都有助于在"地基"开始动摇时维持其稳定。挪威今年秋季的高校申请就证明了这一点，与2019年春季相比，申请人数增加了8.7%。毫无疑问，我们所经历的并仍在经历的是一场对第二次世界大战后出生的几代人而言前所未有的危机。我们看到那些原先被视为稳定的企业其实不堪一击，我们看到人们在一夜之间失去了工作，我们看到目前的医疗系统无法应对这一挑战。在新冠肺炎疫情发生之后，当涉及经济、投资、职业选择等方面的问题时，我们更难以承担风险。为了使人们更好地应对此类危机，年轻人开始转向教育——教育成为风险管理的一种形式。当以这种方式管理风险时，那些拥有较少资源的人将对自己的生活缺乏控制，并会发现自己是在危机时期处于最危险境地的人。在不久的将来，教育系统的重要任务之一，就是确保这种情况不会发生。

【编译】吴嘉烨

"他们猝不及防"

——新冠肺炎疫情期间基础教育阶段教师的知识与自闭症谱系障碍学习者的适应

【作者简介】

亚布力乐·姆济梅拉（Jabulile Mzimela），南非夸祖鲁-纳塔尔大学教育学院讲师。主要从事基础教育阶段的识字及语言教学、儿童早期教育等方面的研究。

自闭症谱系障碍是一种普遍存在的发育障碍，其特征是沟通不足、社交互动障碍以及受限或重复的行为和兴趣。[1]患有自闭症的儿童在整个童年及以后的时期都面临许多挑战，包括沟通、互动、想象力、行为和情感的成熟度、解读和驾驭周围的社会等方面的困难。教师和家长如果对这部分儿童所需的特殊照护不了解，并且没有给予必要的关怀，那么这些挑战将使儿童的学习变得困难。

南非由于突然的全国"封锁"（其特征是教育机构长期关闭），在全球范围内蔓延的新冠肺炎对自闭症谱系障碍学习者产生了不可估量的负面作用。长时间的封闭使这些学习者偏离了常规和他们的重复行为，包括每天去学校、和老师及朋友见面。

尽管多项研究表明，大多数教师缺乏对自闭症患者进行教学的知识，但人们普遍认识到，全纳教育的实践是必然的。尽管有大量自闭症谱系障碍学习者进入主流学校学习，但在全球范围内，促进他们学习和参与的过程仍然是一个复杂的、人们知之甚少的教育领域，尤其是在这至暗时刻。2020年3月南非开始实行国家"封锁"后，有数不清的辩论在进行。这些辩论发生在教育部和不同的教师工会以及对南非儿童教育感兴趣的其他利益相关者之间。经过多次会谈，南非基础教育部长夫人提议实施一项应急计划，该计划必须确保所有学习者有人看管。[2]但在她的建议中，没有任何声明说明在此不确定的"封锁"期内如何为有学习障碍的学习者（这里指有自闭症谱系障碍的学习者）提供帮助。

患有自闭症的学习者往往无法满足自己独特的需求，因此他们会在很大程度上被教师排斥，很少被教师接受。在南非和其他发展中国家，情况都是这样。基础教育阶段的教师在培养自闭症谱系障碍学生的适应技能，减轻自闭症儿童在正式教育的初级阶段所经历的社会挑战方面具有重要作用。基础教育阶段教师的基

---

[1] AMERICAN PSYCHIATRIC ASSOCIATION. American Psychiatric Association：Diagnostic and Statistical Manual of Mental Disorders [M]. Arlington, VA: American Psychiatric Publishing, 2013.

[2] CITY PRESS. Education and learning in the time of Covid-19 [EB/OL]. (2020-03-10) [2020-04-16]. https://city-press.news24.com on 08 April 2020.

第二篇
基础教育的现实生态与基本形势

本作用是基于这样一个现实,即他们必须培养学习者的社会心理发展能力,因为他们有义务弥合家庭和学校之间的差距,并为学校教育奠定坚实的基础。

因此,我呼吁对基础教育阶段教师知识体系的建设和发展进行严肃的考虑,这将使他们在这个艰难的时期及以后能够适应学习者。毫无疑问,新型冠状病毒的迅速传播是全球没有预料到的,应对这种前所未有的情况需要复杂的规划,并要求教师拥有采用信息技术开展教学的知识。民政事务局必须带头与卫生署和社会发展部等相关机构合作。前者将协助解决这些儿童在"封锁"期间面临的临床挑战,因为他们在面对不熟悉的情况时往往会过度敏感或缺乏警觉性。此外,前者物质上的协助能够减轻可能遇到的心理社会挑战,具体措施包括向患有自闭症的贫困儿童分发食品包和其他必需品等。

教师,尤其是南非等发展中国家的教师,在教授自闭症谱系障碍学习者方面准备不足。因此,这个时代需要训练有素的基础教育阶段教师。当他们开始拥有教自闭症谱系障碍学习者的能力时,可能会更有动力去应对挑战,并承担起教这些学习者的责任。与此同时,巴斯比(Busby)等人提出一条建议,即如果能为自闭症学习者提供足够的培训和多样化的临床经验,就可能有助于提高教师的自我效能感。[1]

教育部门需要创建一个平台,让基础教育阶段的教师与自闭症患儿的家长或监护人进行交流。这些平台应该与最近开发的虚拟教学平台类似。正常情况下,专家(教育心理学家、职业治疗师、语言治疗师和自闭症患者的教师)会根据评估结果来决定每个学习者的个人教育计划。个人教育计划是一个模型,它描述了如何适应每个学习者的学习风格,以达到最佳的学习效果。

针对自闭症谱系障碍学习者的个人教育计划是由教师根据每个学习者的情况设计的,因此,如果教育部门能够开发一种可以在线下载的应用程序(移动应

---

[1] BUSBY R, INGRAM R, BOWRON R, OLIVER J, LYONS B. Teaching Elementary Children with Autism: Addressing Teacher Challenges and Preparation Needs [J]. Rural Educator, 2012, 33 (2): 27—35.

用程序或计算机程序),便可以帮助基础教育阶段的教师了解与家长互动的知识。这么做的目的是帮助学生学习,其中,课程活动将包括可视化的活动。患有自闭症谱系障碍的学习者应该更多地参与有助于交流的活动以及可视化活动。

总之,可以预见,由基础教育阶段教师、家长、专家和国家有关部门组成的支持小组,将有效解决排斥自闭症谱系障碍学习者的问题,并有效面对由新冠肺炎疫情和国家"封锁"带来的挑战。

【编译】胡　瑶
【校对】李　林

3

第三篇

基础教育的问题审思与内容诉求

教育与社会的三重距离

【作者简介】

程天君,教育学博士,南京师范大学教育科学学院教授、博士生导师,南京师范大学副校长。兼任中国教育学会教育社会学专业委员会副理事长、江苏省学位委员会委员、江苏省社科联理事会常务理事。入选教育部"长江学者"特聘教授、教育部"新世纪优秀人才支持计划"、江苏省"333工程"一层次中青年首席科学家等人才计划,曾获全国百篇优秀博士学位论文、江苏省第十一届和第十五届哲学社会科学优秀成果一等奖等学术奖励。主要从事教育社会学、教育基本理论等领域的研究。出版《"接班人"的诞生——学校中的政治仪式考察》《中国高校哲学社会科学发展报告1978—2008·教育学》《新教育公平引论》《中国教育社会学百年》等著作,主编《新教育公平研究丛书》和《教育与社会研究丛书》。在《教育研究》和 *The Asia-Pacific Education Researcher* 等中英文期刊发表学术论文70余篇,其中多篇论文被《新华文摘》等转载。

在新冠病毒肆虐的日子里，国人尤为重视的亲密关系被活生生打破，"距离"已成为卫生专家、新闻媒体以及普通民众最为关心的话题之一。无论是疫情初期的居家隔离、定点隔离、医院隔离，还是复工复产后提倡的社交距离，都不禁让我们反思：人与人、人与自然之间是否需要保持距离才能安全而和谐地相处？作为教育研究者，面对深刻变革的社会图景，似可借此追问：在当下和未来，学校与社会究竟会是什么关系？教育与社会之间有着怎样的距离？下面试从空间、时间和心理三方面谈点浅识。

第一，教育与社会的空间距离。空间距离主要体现在教育与社会的结合度上。当全社会共同参与和支持教育时，二者的空间距离随之转变。疫情期间，"停课不停学"将教育教学从教室搬到网络，教师开始线上办公，学生实现居家学习，教学由线下变成了线上。而且，随着从地理空间转向网络空间，教育不再受制于有形的建筑，学校的"围墙"被打破，教育与社会的空间距离被改变。应该说，尽管这次突如其来的"教育转型"较为被动，且带有实验性质，但疫情无疑加速了教育的信息化与智能化发展，改变着工业社会以来学校教育的传统路径。作为社会基本细胞的家庭开始真正广泛参与教育，教育与社会的深度融合也势在必行。为此，把握教育与社会的空间距离，关键要做到资源共享与合作教育，充分利用信息社会的资源优势，让每一个学习者都能够畅游在学校内外，共享全社会对教育的支持。

第二，教育与社会的时间距离。时间距离主要体现在教育与社会的差异度上。当教育在同一片蓝天下却出现云泥之别时，相关者的时间距离随之彰显。在此次疫情中，我们既要乐观地看到城市优质学校的从容面对，又不能无视偏远农村学生的步履维艰，城乡、区域、学校之间教育资源与质量的差距让教育发展不平衡、不充分的矛盾更加凸显。中国发展研究基金会2020年4月初的调查显示，在欠发达地区尤其是边远农村地区，能按时上网课的学生仅有五成，而其中拥有电脑的学生更是不足一成。这个粗略数据所反映的教育公平问题，其实早已深深

第三篇
基础教育的问题审思与内容诉求

印刻在社会发展历程之中,发达地区的教育领先欠发达地区几十年。教育的发展虽然常常紧随社会的发展,但并不意味着教育不能通过突破区域社会条件的制约和缩小办学水平的差距而走到时代的前列。为此,缩小教育与社会的时间距离的要点在于推行"均衡发展"与"公平教育",不断开拓适合人与社会发展的有效路径,让每一个学习者都能够徜徉在知识的殿堂,自由地选择适合自己的道路。

第三,教育与社会的心理距离。心理距离主要体现在教育与社会的理解度上。当社会遭遇"共识危机"而亟待教育来扭转形势时,二者的心理距离随之显现。在新冠肺炎疫情传播期间,国际上围绕新冠病毒的来源及其传播渠道引发指责、攻击以及"封关"措施,全球互联网为之沸腾,以致人们怀疑全球化的旗帜到底还能举多久。可以说,随着疫情日趋复杂化,"谣言"与"实锤"开始轮流上演,人们的心情也随之跌宕起伏,社会处于愈发激烈的撕裂状态。或许,疫情会使这个赵汀阳所说的"坏世界"更坏,似乎史铁生所说的"有时候人与人的差别比人与猪还大"(人与猪的自然差别是一个定数,人与人的心理差别却无穷大)的"那个时候"真的到了?世界卫生组织总干事谭德塞(Tedros Adhanom Ghebreyesus)说,新冠病毒之所以非常危险,是因为它正在利用人与人之间、政党与政党之间、国家与国家之间的分歧。不管这种观点是否夸张,但它表明共生共存、达成共识在处理突发公共事件中的不可或缺。罗素(Russell)在谈其毕生感悟时也强调:如果人类想要共存,而非共亡,就必须学会彼此理解与宽容,这至关重要。无论如何,人类是命运共同体,需要通过教育形成多元文化和价值观,拒斥"唯我独尊""单边主义"抑或"零和博弈"思维。为此,把握教育与社会的心理距离,必须做到多元共生并开展共识教育,努力弥合撕裂的社会,让每一个学习者都能够始终保持初心,为全人类的美好明天而奋斗。

新冠肺炎疫情似为我们审视教育与社会的距离打开了新窗口。病毒在将人与人相互隔离的同时,也要求人类更加团结,更加积极地寻找方案来应对社会难题。也许经历了这场考验,教育与社会在空间、时间和心理上的距离并未发生什么改变，整个世界又回到原有轨道继续运转，也许不是这样，也许没有也许。我真正向往的，是贾岛的"二句三年得，一吟双泪流"。2020年4月8日的《法兰克福评论报》刊登哈贝马斯谈新冠肺炎危机，标题就是"我们知道最多的一件事，就是我们什么也不知道"。哈贝马斯尚且如此，这不禁让我倒吸一口凉气，还是赶紧听从维特根斯坦（Wittgenstein）的劝诫就此搁笔：对于不可言说之物，就不要再说了。

新冠肺炎疫情，推动了信息技术与课程教学的深度融合

【作者简介】

王鉴，教育学博士，云南师范大学教育学部教授、博士生导师。中国少数民族教育研究会常务理事，中国教育学会教育学分会常务理事，全国教育人类学专业委员会副理事长，全国教学论专业委员会常务理事，《当代教育与文化》杂志主编。入选教育部"长江学者"特聘教授、国家"百千万人才工程"、全国先进工作者、国家有突出贡献中青年专家、教育部"新世纪优秀人才支持计划"，享受国务院政府特殊津贴，曾获中共中央宣传部"五个一工程"奖、教育部全国师范院校基础教育改革实验项目优秀成果奖等。主要从事课程与教学论、教育人类学等领域的研究。在《教育研究》等期刊发表学术论文210余篇，多篇论文被《新华文摘》《教育学》《高等学校文科学术文摘》等转载，著有《课堂观察与分析技术》《课堂研究概论》《课程与教学基本原理》等。

"未来已来",这已不是一句空话。在 2020 年新冠肺炎疫情蔓延全球的特殊时期,全世界都面临着一场前所未有的挑战。在教育领域,世界各国的学校不得不关门停课,从而启动了规模空前的线上教学。于是乎,尚处在不断探索过程中的"互联网+教育"在疫情面前一下子大规模实施。尽管在线教育的硬件、软件、师资、学生学习方式等均面临巨大的挑战,但在线教育还是解决了当下"停课不停学"的教育问题。教育从学校现场转到网络空间,全然是从传统形态向现代形态转变,呈现出未来教育发展中信息技术与课程教学深度融合的时空影像。透过对这一特殊时期教育影像的分析,我们可以为未来基础教育的发展做好充分的应对和准备。

一、信息技术与课程教学深度融合的工作亟待加速推进

自 21 世纪以来,全球范围内形成信息技术与课程教学深度融合的趋势,并成为未来基础教育发展的方向。我国在基础教育课程改革中率先落实这一理念。此次疫情期间,我国在信息技术与课程教学深度融合方面的改革成效充分彰显。如果没有近 20 年的充分准备与推进,就不可能有条件开展规模空前的基础教育线上教学,因为资源、师资、学生学习方式等各个方面均不能满足"停课不停学"的现实需求。当然,此次匆忙上马的线上教学,同样暴露出许多问题:在硬件方面,广大农村地区尤其是边远贫困地区、边疆民族地区硬件设施落后,不能适应远程网络教学的需要;在软件方面,全国网络课程资源不足,资源共享机制尚未形成,教师网络教学理念与方法掌握不够,学生网络学习方法单一……率先冲出疫情重围的基础教育,需要加速推进信息技术与课程教学的深度融合。具体来讲,需要加速推进"四大工程":加速推进农村地区尤其是边远贫困地区、边疆民族地区校园网建设工程,加速推进现有网络教育资源的共享机制建设工程,加速推进基础教育课程资源的全面开发与建设工程,加速推进线上线下结合的教

学方式变革工程。不仅要满足学校日常课程与教学对信息技术背景下新资源与新方法的需求,还要满足越来越不确定的未来特殊时期的需求。

二、信息技术与课程教学深度融合的范围亟待整体拓展

疫情期间,在线教学的最大问题在于直接把现场的学校课程与教学搬到网络上,暴露了学校教育的"唯知识"教学倾向。信息技术与课程教学的深度融合不应该仅仅是各学科教学内容的信息化,不应该仅仅是在线知识的讲授与获得。当前的网络课程资源与教学活动缺乏对教育对象的整体关注,缺乏对五育并举的课程与教学的有效实施。在线教学应该与学生的生活有机结合起来,让学生的每一天更丰富、更充实,而不是排满各个学科的网课,让学生疲于应付各门学科及其作业。除了学科教学活动外,更要将与德育、体育、美育、劳动教育等有关的活动在学生居家学习中有效地开展,整体开发德智体美劳全面发展的课程。学生可以将日常生活劳动、手工制作、综合实践活动、兴趣特长等与网课学习结合起来。即使在疫情结束返校后,学校仍然可以通过整体开放网络资源来开展五育并举的教育活动。当前,信息技术与课程教学深度融合的范围亟待整体拓展。从学生个体来说,要将学习生活与日常生活有机整合起来;从学校教育来说,要将学科教学与全面发展有机整合起来;从教育系统来说,要将学校教育与家庭教育、社会教育有机整合起来。

三、信息技术与课程教学深度融合的研究亟待综合深化

在教育学领域,学科的不断分化是最近几十年来的主要趋势。首先是教育学与教育技术学呈现出越来越明显的分离。教育技术的发展越来越技术化,远离课程与教学,而课程与教学研究却仍在传统的范畴中,缺乏现代信息技术的意识与

方法。其次是课程论、教学论、学习论也是各自发展，缺乏有机的整合。学科的分化确实有利于学科的深入发展，但不利于学科的共享与整合。在信息技术背景下，研究课程教学的学者缺乏对信息技术理论的掌握，研究信息技术的学者缺乏对课程与教学理论的关注，信息技术与课程教学的深度融合只是理论上的发展方向。要真正实现信息技术与课程教学的深度融合，首先要加强信息技术研究队伍与课程教学研究队伍的整合，让信息技术为课程教学服务，让课程教学以信息技术为利器。其次，可在信息技术背景下，将课程论、教学论、学习论的研究整合形成中国特色的现代课程与教学论。学科的综合发展便于不同学科有效整合，以解决现代信息技术背景下新型课程与教学面临的主要问题。信息技术背景下的课程、教学、学习活动是一个整体，现代课程与教学论的研究要为其提供理论基础。一方面，信息技术与课程教学的深化研究需要加强不同学科之间的综合研究，如教育学、心理学、信息技术学等学科的综合研究；另一方面，需要加强教育学内部二级学科的综合研究，如教学论、课程论、学习论的综合研究，从理论上为未来基础教育的发展提供有力的支持与指导。

第三篇
基础教育的问题审思与内容诉求

抗击疫情更需加强青少年的责任教育

【作者简介】

范国睿，教育学博士，华东师范大学教育学系教授、博士生导师。教育部人文社会科学重点研究基地华东师范大学基础教育改革与发展研究所研究员，兼任中国少年先锋队第七届全国工作委员会委员、上海市教育学会副会长、第四届全国教育专业学位研究生教育指导委员会副主任委员、教育部高等学校教学指导委员会教育学类专业教学指导委员会委员、中国教育学会教育政策与法律研究专业委员会副理事长等。入选教育部"长江学者"特聘教授、教育部"新世纪优秀人才支持计划"、上海市领军人才等。主要从事教育基本理论、教育政策、学校变革与发展研究等领域的研究。在《教育研究》等期刊发表学术论文170余篇，著有《教育政策观察（第3辑）》《共生与和谐：生态学视野下的学校发展》等。

后疫情时代，基础教育向何处去？ / 全球97位教育专家的思索与探究

2020年1月以来，一场由新型冠状病毒导致的肺炎疫情不断蔓延，成为世界性的公共卫生事件。越来越多的国家和地区卷入其中，疫情对全球几十亿人的日常生活和生命安全造成了严重影响。每天不断更新的确诊病例、疑似病例和死亡人数惊心动魄，逆行而上、汗水浸湿衣背的救援人员令人感动，像战士那样奋战一线却不幸染病、不幸牺牲的医护人员让人极度哀伤。疫情初期，来自海内外源源不断的物资支援蕴含的不只是"武汉加油"的鼓劲，还有"风月同天""与子同裳"的人文情意……然而，我们也看到了某些官员的不作为，无良媒体的选择性报道甚至满纸谎言，社区隔离的走形式、走过场，个别来自疫区的人不遵守隔离规定四处游逛等等，让人出离愤怒。疫情是一场灾难，对每个组织、每个人来说都是一场严峻的考验。在这场世所罕见的严重公共卫生危机事件中，每个人的行为已不只是个人行为，而都会影响他人。作为普通人，且不说"我为抗疫做些什么"，"宅家"已成为保护自己，不给社会和医疗救护添乱的公共责任；而看似平常的"宅家"，也面临每天体会恐惧、惊愕、感动、悲痛、欣慰、愤怒等各种情绪大起大落的挑战。成人如此，那些尚未成年，在父母面前卖萌撒娇，平时习惯于上课、看书、做题目的孩子，他们的内心又经历了怎样的磨炼呢？我们看到，历经这场艰难生活的砥砺，孩子们在快速成长，他们在思考生命之重，思考责任之重。一个缺席已久的话题——责任教育，被提上了日程。

在不到20年的时间里，我们经历了SARS和新型冠状病毒两场巨大疫情。疫劫促使我们反思。现代社会是一个复杂开放的系统，是一个各种社会元素都息息相关的"命运共同体"。人与人之间、人与组织之间、组织与组织之间、国家与国家之间以及人类（社会）与自然之间都是相互依存的，而维系这种相互依存关系的恰恰是基于相互尊重的社会契约与自然法则。任何人、任何组织，都承担着履行这种社会契约与自然法则的责任，承担着共同生存、共同生活的责任。马克斯·韦伯（Max Weber）曾区分了信念伦理（Gesinnungsethik）与责任伦理（Verantwortungsethik）这两种不同的伦理观。前者赋予人以理想、激情、创造

性、奉献精神和崇高的信仰，只关心行动者的意图、动机、信念是否崇高，对行动后果却没有责任要求；后者则不仅要求行动的出发点是高尚的，更要求将行动与后果相联系。张文宏医生对那段引发多元解读的"一线岗位全部换上党员"视频的解释是，这是"大家讲好的"——每个人，无论是作为党员还是医务工作者，或是普通人，在作出满足自己需要和愿望的个人决定时，都应该对自己、对他人、对社会，甚至对影响人类生存的生态环境等有全盘考量，并承担起相应的责任，都应该对自己曾经的选择与承诺（契约）负责。当代社会正步入"风险社会"，人类的生存和发展正面临着由"经济至上主义"的生存方式所导致的社会道德危机、生态环境危机，面临着人与他人、人与社会、人与自身、人与自然的和谐关系被破坏。走出这种生存误区，基于行为后的责任伦理，重构人与世界、人与社会、人与自然的和谐关系的根本出发点，在于建立一种全新的生存与发展观念——责任生存。即个人必须将自己置于人与人互动的社会大系统中，人类必须将自己置于自然万物的大系统中，以"责任"作为人类生存的价值导向，养成对他者尊重，对自己负责，对他者（他人、家庭、工作机构、社会组织、自然生物与环境）负责，对所有生物的生存和整个地球的存在负责，对整个社会与自然系统的平衡和谐以及系统内部各种关系的和谐、各种力量的平衡负责，学会与他者共生与互动。

什么是责任？责任就是做好应做的事。这包含两层含义：一是明白要做什么，二是要努力做好。人在一生中会有各种不同的角色，而每一种角色都有不同的行为，意味着不一样的责任。基于伦理价值的行为选择会带来不同的后果，责任意味着一个人有意识、有能力对这些行为的后果负责。一个人的责任包括对自己负责，对家庭负责，对社会负责。个人层面的责任意识，意味着个人为人处事坚守伦理底线，为人诚实守信、敬业爱岗、认真负责。作为青少年，对自己负责不仅意味着努力学习，完成作为学生的"本职"工作，为未来的职业发展打下坚实的知识与能力基础，更意味着在学习和接受社会规范的基础上，形成基于良知的自我约束、自主发展的生活准则，严格自律，塑造自我，有能力。对他人负责意味着关心、爱护、帮助他人。对集体负责意味着在认同本职工作和组织角色的基础上形成专业精神与专业责任感，意味着认真对待工作与规程，一丝不苟，意味着集体认同感和荣誉感。社会责任感是每个人在内心对他人的伦理关怀和义务，是个人对自己所应履行的义务及应承担的社会责任的自我意识，是一个人健康社会化和科学融入社会的重要内容及必备条件。对社会负责，也就意味着坚持道德上正确的主张或真理，坚持实践正义原则，遵守社会规范与社会契约，并努力为他人与社会做有益的事，进而愿为他人作出奉献和牺牲，以善的行为创造幸福美好的社会。对组织与社会来讲，每个人诚实守信，坚守社会伦理契约，有助于形塑一个有序的社会、健康的社会、文明的社会。

"责任公民"的"责任生存"方式，由教育和自我教育来形塑；责任教育，由学校、家庭和社会合作完成。对家庭来说，父母的教养方式、家庭氛围的好坏，直接影响着青少年责任意识的形成。首先，父母需要以身作则，率先垂范，在道德品质、为人与处事方面为孩子树立良好的榜样。毫无疑问，父母的以身作则是最重要的责任教育途径，比如守信、守时。对于孩子的要求，不可轻易允诺，最重要的是，一经允诺，就必须兑现，因为一次失信，就会给孩子树立一个不良的"榜样"。其次，体验重于说教。父母要和孩子一起完成一些活动和任务。大人和孩子在活动中平等地承担不同的角色和任务，每个人都明确自己的任务清单，努力去完成。

显然，学校教育是开展青少年责任教育的主要途径。学校中的责任教育就是根据一定的社会道德要求，有计划、有组织、有目的地对青少年实施教育引导活动，使其在自主选择的基础上养成基本的责任品格，成为一个负责任的人。责任教育是学校立德树人的主要任务之一，不仅需要从学生日常的养成教育做起，更重要的是要将责任教育贯穿于教育教学活动和学生生活，既与每天的课堂教学、学科教学相结合，又与学生的班队生活、社队生活、宿舍生活及各种实践活动相结合，使学生在各种活动中承担相应的责任，获得直接而深刻的责任体验。学校实施责任教育的途径很多，包括日常养成教育、在学科教学中融入责任教育的内容、班级生活、社团生活、宿舍生活、体育活动以及各种社会实践活动等。重要的是，责任教育要与生活相联系，要与生活中的角色职责、任务相联系，让学生明确自己的职责所在，注重日常生活体验。活动结束后，师生要及时讨论与总结，使每一次活动都有不同的收获。这种累积效应，不仅有助于提升学生的责任意识，更有助于形成学生负责任的习惯，使其受益一生。

学生最终都要走向社会。青少年是祖国的未来，他们将来是中华民族伟大复兴的建设者和见证者。伟大复兴的中华民族，其科学技术的创新、经济的发达、文化的繁荣、政治的民主、社会文明程度的大幅提升，都有赖于当下青少年高度的社会责任感、专业素养与文明修养。因此，有必要使学生在步入社会之前提前接受社会教育。为此，不仅需要在社会制度、规范与文化上营造良好的社会环境，更需要利用各种社会公共环境，为学生提供各种社会实践与体验的机会，以砥砺学生，提升学生的社会责任感。

后疫情时代要加强中小学生自我管理能力的培养

【作者简介】

刘宝存,教育学博士,北京师范大学国际与比较教育研究院教授、博士生导师。北京师范大学国际与比较教育研究院院长,兼任全国教育科学规划比较教育学科组成员、中国教育学会比较教育分会副会长、《比较教育研究》副主编、世界比较教育学会联合会执委会委员、亚洲比较教育学会执委会会员、欧盟伊拉斯莫"高等教育研究与创新"项目联盟理事会成员等。入选教育部"长江学者"特聘教授,曾获第六届教育科学研究优秀成果奖一等奖、北京市第十二届哲学社会科学优秀成果二等奖、第六届吴玉章人文社会科学奖优秀奖等。主要从事比较教育、高等教育、教育政策与管理等领域的研究。在《教育研究》等期刊发表学术论文170余篇,著有《为未来培养领袖:美国研究型大学本科生教育重建》《守望大学的精神家园》等。

第三篇
基础教育的问题审思与内容诉求

2020年1月以来,一场突如其来的新冠肺炎疫情打破了大中小学正常的教育教学秩序,全国范围内"延期开学"和"停课不停学"的教育应对,使得居家学习成为大中小学生学习的新常态。居家学习是教育领域在全国公共卫生危机面前的主动应对,也是对我国学校教育、家庭教育成效和学生个人发展特别是居家学习期间自我管理能力的一次检验。

居家学习期间,几乎全国的中小学都在利用各类网络资源,通过网络远程进行各种教育教学活动。从早已习以为常的传统学校教育模式,转换到特殊情况下的居家学习、网络学习模式,中小学生的自我管理能力面临前所未有的多重挑战。居家学习和网络学习,没有了学校的规律作息,没有了班主任和任课教师的督促引导,没有了有序交互的课堂教学,没有了同学间的及时互动,没有了学校张弛有度、静动结合的学习节奏,也没有了学校精心设计的健康的发展环境,在有限的空间和人际关系间,学生需要学会时间的自我管理,需要学会自主学习、主动学习,需要学会学业自我诊断,需要学会情绪的自我调节,需要学会身心健康的自我管理,需要学会面对充满诱惑的居家学习环境的自控能力。居家学习和网络学习的效果,在很大程度上取决于学生应对这些挑战的自我管理能力。

我国中小学生在疫情期间居家学习的效果如何呢?北京师范大学中国教育政策研究院曾对全国7万余名中小学生进行问卷调查,结果显示:近七成(69.4%)学生对居家学习效果感到"非常满意"和"满意"。虽然仅有2.85%的学生持"非常不满意"态度,但是30.6%的学生对居家学习效果"不满意"或者"非常不满意"。而且,成绩越好的学生对网络学习的满意度越低,这是令人担忧的。自觉性和自律性是影响居家学习和网络学习效果的重要因素,37%的学生对自己居家学习期间的自觉性和自律性"不满意"或"非常不满意"。这在一定程度上反映了我国中小学生自我管理能力的不足。与国外相比,我国中小学是以严格管理和纪律性强著称的,这是我国在国际学生学业成就评价中屡获佳绩的重要原因之一。但是,学生长期习惯于在学校、班主任和任课教师的监督之下学习,严格按照学校和教师制订的计划和方案开展各项活动,也会影响学生自我管理能力的培养,并进而影响到学生的全面发展和个性的充分发展。

教育部从防疫特别是从中小学生的健康安全出发,强调原则上疫情得到基本控制前不开学,学校基本防控条件不具备不开学,师生的校园公共卫生安全得不到切实保障不开学。疫情使我国的中小学生度过了一段居家学习时光,即使是在疫情得到控制之后,在信息化的时代,远程教学和网络学习的应用也将更加普遍,包括自我教育能力在内的自我管理能力的重要性会日益增强。

英国教育家斯宾塞(Herbert Spencer)有句名言:记住你的管教的目的应该是养成一个能够自治的人,而不是要让人来治理的人。苏联教育家苏霍姆林斯基也说过:实现自我教育,才是一种真正的教育。我国中小学教育应该以这次疫情中暴露出来的中小学生自我管理能力不足的问题为契机,转变教育观念,让学生成为发展的主人,给学生提供自我管理的机会,全面培养学生的自我管理能力。

优化基础教育目标与实施，增强学生的生存生活能力

【作者简介】

顾建军，教育学博士，南京师范大学教育科学学院教授、博士生导师。第七届、第八届国务院学位委员会教育学科评议组成员，教育部基础教育教学指导委员会委员，教育部基础教育教学指导委员会主任，教育部普通高中通用技术课程标准组组长，义务教育劳动课程标准组组长，教育部K12技术与工程教育研究基地主任，中国教育装备研究院副院长，国际技术与工程教育组织中国中心负责人，中国职业技术教育学会学术委员会委员，中国教育学会劳动技术教育专业委员会副理事长，中国教育装备协会副会长。中宣部文化名家暨"四个一批"人才，教育部"长江学者"特聘教授，先后获得国家级教学成果奖一等奖1项，省部级哲学社会科学优秀成果一等奖2项，以及国际技术与工程教育组织卓越成就奖。在《教育研究》《教育研究与实验》《课程·教材·教法》《教育发展研究》以及《人民日报》《光明日报》等报刊发表论文100余篇，著有《教育与反贫困》《综合实践活动指导法》《普通高中技术课程理论与实践》《劳动教育的历史发展与现代建构》《劳动教育导论》等。

新冠肺炎疫情对中国乃至整个世界来说，是一次"历史性的邂逅"，直接导致了人们在特定时期生活方式的"居家性休止"和人生的"出行留白"等。但更为重要的是，疫情给人们正在经历的"百年大变局"带来了更多的"影响因子"，对国家制度形态、社会治理方式、大众文化心理等形成了一次大考。同样，教育尤其是基础教育，也经历了一场疫情之下的洗礼，教育目标、教育内容与教育方式在疫情下得到检视，形成了本能性的社会建构需求。这次疫情也成为教育现代化进程中，对基础教育的价值取向和现代性建构进行追问的时间驿站。

首先是审视基础教育的目标定位。基础教育的目标与使命是促进学生的全面发展，为进一步深造、走向社会以及实现终身发展奠定基础。这里的核心问题是，人的全面发展是建立在什么基础之上的？疫情中，出现了诸如"年轻夫妻大量囤积方便面、罐头食品，以此度日""高知高干人群不知口罩的正反、上下、类型，不知如何辨别假冒伪劣产品""居家环境消毒工具不会使用""不知家里的地漏为何物"等现象。这不禁让人联想到，在地震发生时，有人不能辨别哪个家具具有稳定结构，居住环境中哪里才是具有最大安全系数的区域等。这些都反映出我们的基本生存技能很薄弱，生活能力存在很多盲区。恩格斯在《在马克思墓前的讲话》中用凝练的语言提出了马克思关于唯物史观的伟大发现，指出："正像达尔文发现有机界的发展规律一样，马克思发现了人类历史的发展规律，即历来为繁茂芜杂的意识形态所掩盖着的一个简单事实：人们首先必须吃、喝、住、穿，然后才能从事政治、科学、艺术、宗教等等。"[1] 基础教育无法回避这样一个基本的历史事实，那就是学生首先必须具有保持基本生命活动的基本生存能力，然后才能真正实现人的全面发展。因此，基础教育应当把"培养学生基本的生存生活能力，促进学生全面而富有个性地发展"鲜明地写在自己的旗帜上。

其次是审视基础教育的内容结构。疫情给我们带来了一本活生生的"百科全

---

[1] 马克思, 恩格斯. 马克思恩格斯全集（第十九卷）[M]. 北京：人民出版社, 1963: 374.

书",有的人看到了灾难和疫情下的信念教育、生命教育、科学教育、道德教育,有的人看到了抗疫中的法治教育、劳动教育、职业教育、生存教育,还有人看到了生态教育、人性教育、国际理解教育、信息素养教育,更有人从"停课不停学"的教育实践中体味出了自主教育、技术教育、线上教育、家庭教育等,这些都是疫情中不同人的社会行为的教育映射。凡此种种,对我们当下基础教育的课程结构、课程内容、课程实施提出了挑战,引发了我们对基础教育课程现代性和社会适应性的思考。对此,我们如何真正以人为本,优化基础教育的内容结构?毫无疑问,借鉴韩国、日本、俄罗斯、德国、加拿大以及我国台湾地区在基础教育阶段开设的生活技术课程、技术与家政课程等生活技能课程,同时增强基于生活的综合实践活动主题的开放性,及其与学科课程的渗透性,这对基础教育课程的优化具有建设性的意义。总之,基础教育的内容不能是孤立的科学世界、学科情境,而必须面向具有现代性和整体性的真实世界与现实生活。

最后是审视基础教育的方式方法。线上与线下相结合的教育方式在基础教育阶段得到了全面的展示,建构了人们对信息技术、远程学习、泛在教育的基本观念。学生的居家学习方式、网络社区学习模式不断完善,一批批基础教育的线上资源应运而生,成为特别的"抗疫物资"。这种学习方式对基础教育的影响是深远的,对经典教育学的改写也是注定的。技术解放教育,是我们的信条,但对其教育场域、教育心理、教育效能等方面的研究还要继续推进,毕竟人类对学生的认知和对现代新技术影响的认识还存在局限。技术逻辑、学生逻辑、学科逻辑和教育逻辑如何得到完美的结合?摆在我们面前的探索之路还很长。

新冠病毒也许不会永久性存在,但因之而形成的人类的文化心理也许将永久性存在。疫情不仅使我们深化了对人类共处一个"地球村"的认知,也使我们更加领悟到教育与社会、与时代的休戚与共。我们的基础教育应回归人的生存生活及在此基础上的全面发展,以应对不断变化的未来世界。

高度重视家庭教育能力建设

【作者简介】

雷万鹏，哲学博士，华中师范大学教育学院教授、博士生导师。华中师范大学教育学院院长，兼任中国教育发展战略学会现代教育管理专业委员会副理事长、中国教育经济学会常务理事、湖北省教育学会中青年理论工作者专业委员会理事长等。曾入选教育部"新世纪优秀人才支持计划"等。主要从事教育经济与财政、教育政策、农村教育等领域的研究。在《教育研究》《教育学报》（香港）、《教育发展研究》《中国教育学刊》等期刊发表论文70余篇，20余篇论文被《新华文摘》《中国社会科学文摘》和《中国人民大学复印报刊资料》全文转载，著有《中国农村教育焦点问题实证研究》《中国教育黄皮书：进一步优化教育财政投入（2013）》等。

一场新型冠状病毒肺炎疫情，全方位挑战了我国的公共卫生防疫体系和社会治理体系。居家隔离期间，家庭成为孩子主要的生活空间，家长成为陪伴孩子的重要他人。孩子的生活起居、安全健康、在线学习，无不依赖家长的指导和参与。此时，儿童不应只是按部就班地学习书本知识，而应当融入生活，参与基于成长的无边界学习。在疫情期间，家长素养之高低与家庭教育能力之强弱极大地影响了孩子的发展。家庭教育的重要性进一步凸显。为落实立德树人根本任务，推动我国教育现代化发展，我们需要在家长教育素养、家庭亲子关系、家教行业规范与家庭教育立法四个方面探索提升家庭教育能力的有效路径。

家长教育素养。家长教育素养是指家长在子女教育中体现出的知识、能力、心态、情感与价值观。从总体状况、城乡差异与乡村分化的角度看，我国的家长教育素养还需要大力提升。现实生活中，儿童成绩与升学是大多数家庭的头等大事，孩子心理健康、情感发展与价值观教育被置于相对次要的地位，应试教育主导下的家庭教育普遍存在"重智轻德"的倾向。平等对待儿童，尊重儿童天性发展的教育理念还未能根本建立起来。受二元经济体制影响，我国城乡家长教育素养差距较大。在教育观念、教育知识和教育能力方面，城市家长显著优于农村家长。此外，伴随城镇化发展与人口流动，我国乡村家庭结构和形态发生巨大改变，规模庞大的留守儿童与流动儿童的家庭教育问题面临新的挑战。监管缺失与隔代监管成为留守儿童家庭教育的主要问题，家庭疏于管教与亲子沟通欠缺则影响了流动儿童的社会融入。

家庭亲子关系。基于血缘亲缘关系，家庭成员组成相对独立的共同体单元，家庭是物理空间也是文化场域。越来越多的证据表明，相对于经济资本等"硬资本"，家庭人际互动、亲情交往与家庭氛围等"软资本"对儿童发展影响更大。调查显示，在疫情期间，许多家庭的亲子关系变得更好，其原因在于共同的处境和遭遇增进了家庭成员之间的理解与包容，全家人饮食起居的同步增加了家庭成员的交往深度。疫情过后，当生活恢复正常时，家长们是否又奔波忙碌如常而无暇陪伴孩子？社会分工有利于学校和教师发挥专业化优势，分担了家庭教育的部分责任，但这不是替代家长的责任。家长不仅是孩子人生的第一位老师，也是终身陪伴孩子成长的老师。家庭成员情感交流与亲密的亲子关系对家庭氛围的营造和儿童的健康成长具有重要影响。

家教行业规范。作为社会治理体系的一环，构建覆盖城乡的家庭教育指导服务体系是促进教育事业发展的重要支撑力量。重大疫情期间，网络上丰富多样的家庭教育讲座令家长受益良多，尤其是由政府、高校、公益组织提供的有关疫情期间卫生防护、健康保健、心理辅导、学习咨询等方面的讲座受到家长好评。不过，也有一些家庭教育讲座水平并不高，不仅教育理念落后，而且商业化倾向比较严重。规范家庭教育行业需要加强家庭教育质量与标准建设，涉及家庭教育课程建设、师资准入政策、家庭教育专业机构认证、家庭教育行业评估等方面。

家庭教育立法。家庭教育不仅是家庭的私事，也是社会的公事。家长素质的提升不仅是个人自发的行为，更是社会自觉的行动。注重家庭、家教、家风，不仅仅是道德呼吁，更是重大的战略定位。家庭教育应当纳入公共政策视野，以法治化助推家庭教育的专业化、规范化与社会化。家庭教育立法的根本目的是保障儿童生存与发展权利，提升家庭教育地位，规范家庭教育行为，促进家庭教育行业的规范化、专业化发展。调查显示，目前只有 6 个省市开展了家庭教育立法工作，在已立法的部分省份则存在执法主体模糊、多头管理、重复建设、执法力度不够等问题。

教育不仅发生在学校和家庭，丰富多样的社会生活也是促进儿童成长的重要力量。重大疫情打破了学校教育、家庭教育和社会教育之间人为设定的边界，使学校、家庭、社会相互融合的"无边界教育"得以构建，促进以生命成长为依归的"无边界学习"乃大势所趋。在回归生活、融入生活的教育新生态中，家庭与家庭教育必将承担起比以往更重要的责任。

高度关注线上教学对乡村学生的不利影响

【作者简介】

邬志辉，教育学博士，东北师范大学教育学部教授、博士生导师。东北师范大学研究生院院长、教育部人文社会科学重点研究基地东北师范大学中国农村教育发展研究院院长，兼任中国教育学会农村教育分会理事长、中国教育学会教育行政专业委员会副理事长、中国高等教育学会全国学习科学研究会副理事长、吉林省第八届社会科学联合会常务委员等。教育部"长江学者"特聘教授，入选"万人计划"哲学社会科学领军人才、中宣部"四个一批"人才、国家"百千万人才工程"、国家有突出贡献的中青年专家、教育部"新世纪优秀人才支持计划"，享受国务院政府特殊津贴。主要从事农村教育、教育管理、教育改革与政策研究。在《教育研究》等期刊发表学术论文近百篇，著有《中国教育现代化新视野》《教育全球化：中国的视点与问题》等。

自新冠肺炎疫情发生以来，党和国家始终坚守在抗疫第一线，为我们营造了安全、稳定、有序的生活环境。疫情突如其来，打乱了正常的开学秩序，全国教育系统积极响应教育部发出的"停课不停学"号召，城乡中小学陆续开展了线上教学工作。尽管教育部提出的"停课不停学"概念既不是单纯意义上的网上上课，也不只是简单的学习学校课程，而是泛指一切有助于学生成长进步的学习内容和形式，[1]但据东北师范大学中国农村教育发展研究院对全国25.2万名中小学生的调查显示，无论采取教师直播、录播、语音，还是转发视频、布置作业、上名师课，抑或购买在线教育产品或服务，有94.02%的学生在按学校的课程计划进行线上学习。这是一场史无前例的"在家上学"实验。"在家上学"使传统学校主场的线下教学变成了现在家庭主场的线上教学，学校只能屈居客场地位。原来以学校为单位建设的教育信息化成果失去了作用，而城乡家庭数字条件和学习环境成了决定城乡学生能否参与线上学习，能否取得良好学习效果的关键性因素。

首先，家庭数字鸿沟使乡村学生的线上学习处于不利地位。国际学术界普遍认为，数字鸿沟（digital divide）可以分为三个层次：第一层鸿沟是物质性的，表现为家庭中是否有智能手机、家庭电脑、有线电视和网络接入等；第二层鸿沟是素养性的，表现为个人使用信息和通信技术的习惯、能力、态度等；第三层鸿沟是结果性的，表现为技术使用为个人带来的政治参与、经济收益、生活便利和学业成绩等积极结果。我们的调查显示（见表1），除了智能手机外，乡村家庭的其他物质性数字资源全面处于落后地位，导致全国有8.07%的乡村学生处于"线上失学"状态。它影响了教学的公平性、在线的包容性和学习的连续性。缺少信息素养和有效支持不仅导致了短期的教育中断，更有可能使处在辍学边缘的初中生面临长期辍学的风险。

---

[1] 中华人民共和国中央人民政府.教育部有关负责人就中小学延期开学"停课不停学"有关问题答记者问[EB/OL]. （2020-02-11）[2021-01-28]. http://www.gov.cn/zhengce/2020-02/11/content_5477523.htm.

表 1　城乡学生的数字鸿沟

	无智能手机	无家庭电脑	无有线电视	无网络接入	无法线上学习
城市学生	6.83%	47.16%	26.11%	7.61%	5.22%
县镇学生	5.70%	58.99%	31.46%	10.92%	5.61%
乡村学生	6.45%	70.18%	38.81%	14.42%	8.07%

其次，家长支持的差距使乡村学生的线上学习处于不利地位。线上教学对家长的参与和支持提出了很高的要求，并在一定程度上决定着孩子的学习效果。研究表明，家庭安全性、支持性和参与性的学习环境对学生居家学习至关重要。所谓安全，既包括不受病毒侵害、不受父母伤害的身体安全，也包括获得家庭成员情感鼓励和积极肯定、自身无紧张感和焦虑感的心理安全；所谓支持，是指在家庭有限条件下优先满足学生学习对时间、空间和设备等的需求；所谓参与，是指父母或监护人以伙伴、助理、导师的角色帮助和监督学生线上学习的行为。受新冠肺炎疫情的影响，家长与子女获得了难得的相处机会，但也增加了不少矛盾冲突。乡村儿童更容易受到父辈的体罚责备，较难获得父母的情感支持，更难以得到父母的学业帮助。特别是随着全国陆续复工复产，一些家长返城务工时也带走了手机和电脑，使得乡村学生不仅面临失去上课设备的困境，更面临隔代监管的难题。

再次，阶层文化距离使乡村学生的线上学习处于不利地位。早在 1966 年，美国约翰斯·霍普金斯大学科尔曼（James S. Coleman）教授发表的《教育机会均等》报告中就指出："综合所有研究结果，有一条发现格外突出：在控制了学生背景和一般社会关系后，学校对学生成绩的影响微乎其微。这意味着，由家庭、邻里、同伴、环境不同导致的学生不平等将伴随着他们，成为他们走出学校、开启成人生活时遭受不平等的根源。"[1] 为什么社会经济地位较低的家庭，子女的学业成就更低呢？我认为，这是由以学校为代表的科学文化和以家庭为代表

---

[1] 詹姆斯·S.科尔曼，等.科尔曼报告：教育机会公平[M].上海：华东师范大学出版社，2019：400.（依据原文对翻译进行了修正）

的日常文化差距导致的。换言之，中产阶级的家庭文化与学校文化更具有一致性，这使得他们的子女在学校更容易习得"专家的知识"。相反，"百姓的知识"在学校当中没有地位，从而使得低社会经济地位家庭子女的日常经验与学校文化出现了不一致。在线下教学时，教师在两种文化（科学文化和日常文化）之间起到了重要的调节作用，但是，线上教学资源的开放性和向城性，使农村儿童面临更多的挑战，而教师的调节和支持作用远不如线下教学时更为有效。可以看出，城乡线上教学的差距从根本上说就是非制度化学习的差距。

最后，社会价值落差使乡村学生的线上发展处于不利地位。学校教育是以全人格教育和人的全面发展为宗旨的，所以学校除了知识类的学科教育之外，还要开展系列的文体活动、班团活动、社会活动等，通过综合性的教育活动设计来培养学生的实践能力、创新精神和社会责任感，达成学生核心素养培育和人格全面发展之目的。然而，疫情背景下的线上教学被窄化为有限的知识学习。尽管学校的教育设计也要求家长配合完成身体、心理、精神、价值等方面的教育内容，但受文化价值观念的影响，年轻一代乡村家长较难配合学校全面落实教育计划，特别是德育计划。这使得线上教学不得不沦为片面的智育。应该说，传统农村家庭是有良好家风的，家庭文化对农村儿童的人格养成有积极作用，但是随着功利主义文化的入侵，乡土社会正在经历美国人类学家玛格丽特·米德（Margaret Mead）所说的由老年人主导的后象征型文化（postfigurative culture）向年轻人主导的前象征型文化（prefigurative culture）的转变。一些乡村家庭及父母已经难以承担起作为"第一所学校""第一位教师"的濡化作用。

总的来看，线上教学有自身的优势，但目前依然没有证据表明它可以代替线下教学。我们可以预见，学校不会消失，教师不会消亡。但与此同时，我们也不得不承认，现代信息技术和智能技术将重构我们的学校，将线上教学与线下教学的优势都发挥出来是未来的重要方向。为了实现这一目标，我们还有很多工作要做。疫情为我们提供了认真思考这一问题的契机。

疫情之后，德育应该加强什么

【作者简介】

冯建军，教育学博士，南京师范大学教育科学学院教授、博士生导师。南京师范大学教育科学学院副院长，南京师范大学道德教育研究所所长，兼任中国教育学会理事、中国教育学会中青年教育理论工作者分会副理事长、全国教育基本理论学术委员会副主任、中国陶行知研究会生命教育专业委员会常务理事、教育部"马克思主义理论研究与建设工程"《教育学原理》教材编写组首席专家、国家教材委员会专家委员会委员、《南京师范大学学报（社会科学版）》编委、《中小学教育》编委等。教育部"长江学者"特聘教授，曾获第六届"高等学校科学研究优秀成果奖（人文社会科学）"优秀成果奖、首届"明远教育奖（研究成果类）"等荣誉。主要从事教育基本理论、教育哲学等领域的研究。在《教育研究》等期刊发表学术论文100余篇，被《新华文摘》《中国社会科学文摘》《中国人民大学复印报刊资料》等全文转载50余篇，著有《差异与共生——多元文化下的学生生活方式与价值观教育》《当代教育原理》等。

疫情是一场大考,不仅是对国家治理能力的大考,也是对公民道德素质的检验。抗疫的过程既彰显了灿烂的人性光辉,也暴露了人性中的阴霾。反思人性中的阴霾,应该成为疫情之后德育必须加强的重点。

第一,重视生态道德教育,建构人与自然的生命共同体。许多疾病在人类群体中的传染是由野生动物携带的病毒引发的。人类贪食野生动物的陋习必须摒弃。严格执行野生动物法固然可以强硬地制止这一陋习,但其根治还在于加强生态道德教育,认识人与其他生物在自然界的平等地位,改变人类对自然的傲慢和征服的心态,确立人与自然是生命共同体的理念,践行绿色文明的生活方式。

第二,重视生命教育,珍爱生命,积极生活。在抗疫的关键时期,看到每天攀升的确诊病例和死亡数字,人们都会深深感受到生命的脆弱和无力。时代的一粒灰,落到个人头上就是一座山。相信经过这场疫情,每个人都能感到活着多么不易,也是多么幸运,从而倍加珍惜生命,积极生活。生命教育不是因疫情而产生,而是因疫情得以更加受到重视。生命教育教人认识生命、珍爱生命、积极生活,过好每一天,让有限的生命实现最大的价值。

第三,重视危机教育,增强应对危机的意识和能力。人类的发展不可能一帆风顺,危机随时可能出现。短短的十几年,我们经历了非典、汶川地震和新冠肺炎疫情,它们都是我们经历的一场场灾难和危机。危机可以预防,但危机发生后,我们不能躲避。面对危机,我们不应怨天尤人,而应积极应对,把危机转化为教育契机,使之成为磨炼生命、砥砺成长的资源。风会吹灭蜡烛,却能使火越烧越旺。渡过"危"就是"机"。人只有在克服和战胜危机中,才能实现重生。危机教育,就是要从积极方面认识危机的教育价值,掌握应对危机的知识,提高应对危机的能力,提升生存意志,增强生存本领。

第四,加强公民理性教育,做理性判断的公民。抗疫过程中,自媒体在信息传播方面发挥着重要作用。但我们看到,面对纷繁复杂的信息,有的人不辨真假,墙头草似的无所适从。转发和传播各种谣言,反映出公民的理性不足。因此，一方面要加强公民的理性教育，就是要使公民追求真理，坚持真理，会判断真假，说真话、实话和负责任的话，做负责任的事；另一方面要增强公民的科学素养，提高公民的逻辑思维能力、批判性思维能力和独立判断能力。

第五，加强公德教育，做文明有爱的公共人。现代社会有私人生活和公共生活之分，两种生活领域遵循不同的规则。疫情发生后，为了有效遏制疫情，私人生活受到限制，公共生活更加凸显，甚至使私人生活都带有公共的属性。疫情中，无论是出门不戴口罩、不听劝阻，还是隐瞒病情、谎报行程等，都暴露出公民社会公德的缺失。因此，必须加强公德教育，强化公民的公共意识、文明意识、规则意识、法治意识、责任意识和关爱意识，做到遵守公共规则，关心公共事务，参与公共生活，敢于担当，乐于奉献。

在线教育要让"教育"真正发生

【作者简介】

辛涛，心理学博士，北京师范大学教授、博士生导师。北京师范大学中国基础教育质量监测协同创新中心常务副主任，北京师范大学教育统计与测量研究所所长，兼任第十届国家督学、国家教材委员会专家委员会委员、国家教育考试指导委员会专家组成员、中国教育学会学术委员会委员、教育部考试中心学术委员等。先后入选国家"百千万人才工程"、中宣部"四个一批"人才、国家"万人计划"哲学社会科学领军人才等。主要从事心理测量、认知诊断理论、自适应学习理论、教育评价、学校教育与学生适应等领域的研究。在国内外重要学术杂志上发表论文160余篇，著有《回归分析与实验设计》等。

第三篇
基础教育的问题审思与内容诉求

近年来,科学技术的飞速发展,大数据与人工智能技术的广泛应用,给教育信息化带来了新的发展契机,在线教育成为未来教育的重要样态。而庚子新年伊始席卷全球的新冠肺炎疫情让在线教育再次成为全球热议的话题。根据联合国教科文组织的统计,为了遏制新冠肺炎疫情蔓延,截至2020年4月19日,全球已有逾15.8亿儿童和青少年因新冠肺炎疫情而停课,占全球注册学生总数的91.3%。在这样一个特殊时期,在线教育成为诸多国家和地区继续开展学校教育的重要选择,甚至是唯一选择。

从2020年2月起,教育部以及各省、区、市教育厅(委)纷纷出台"停课不停学"政策,将在线教育作为中小学教育的主要形式。在此政策背景之下,全国在线教育规模呈指数级扩大,在线教育的载体和技术在短期内迅速迭代更新,基于信息化的新教育教学模式初露端倪。但是,如果就此便判断我国在线教育取得成功,位居全球前列,可能还为时过早。

利用信息技术改善教与学受到教育领域的广泛推崇,但是信息技术只是手段,不是目的。在信息技术辅助下的未来教育如果过于关注"技术"而忽视了"教育"的真正发生,必然会导致教育为技术所异化,背离教育的本质。所以,在线教育的核心是"教育",而不是"技术"。在线教育应该关注教育是否真正发生了,而不仅仅是技术的新旧更迭、应用规模、稳定与否,等等。

首先,真正发生的教育在于教育目的的实现。教育不仅是传授知识,养成技能,还要塑造学生的情感、态度、价值观,促进学生的全面发展。义务教育阶段的儿童与青少年年龄较小,多数学生对网络和智能设备感兴趣,但是对于网络学习可能存在主动性不强、约束力差、不知道如何开展等困惑,导致学习效果较差。如果只是将课程内容传递至学生客户端,未能促进学生的有效学习,这并不是成功的在线教育。其次,真正发生的教育在于师生的互动。著名批判教育学家保罗·弗莱雷(Paulo Freire)说过,没有对话就没有了交流,没有了交流就没有真正的教育。当前的在线教育仍然缺乏有效的师生互动、生生互动,技术可以实现更为便捷的资料共享、分组讨论，却仍然缺乏面对面交流的教育意义，未能有效促进学习的共同发生。再次，真正发生的教育在于面向人人。在当前的在线教育中，学生容易被简单化为视频、声音、头像等符号，少了对个体的关注与审视。由于家庭信息资源的差异，如果不给予保障，在线教育极易引发数字鸿沟，一些学生可能因为条件不足而存在被边缘化的风险。

疫情给改进在线教育提供了契机，让我们可以去思考如何激活学生学习的主体性，如何让教育的形式、内容与技术的更新有机结合，如何提升信息化背景下的教育公平，如何将学校、家庭和社区更紧密地联系在一起。这些问题的解决有赖于技术的应用，但更需要秉持对教育本质的坚守，进行更多的探索和创新。

"上手"还是"在手":疫情下的教育及其反思

【作者简介】

杨九诠,博士,教授,华东师范大学课程与教学研究所研究员,《华东师范大学学报(教育科学版)》主编、编审。曾任教育部中央教育科学研究所基础教育课程研究中心主任。曾获第三届国家图书奖、第四届中国出版政府奖等。在《文学遗产》《文史哲》《中国编辑》《教育研究》《课程·教材·教法》等期刊发表文章近百篇,著有"义务教育课程标准案例式解读丛书"等。

新冠肺炎疫情下对教育的反思正渐成景观。然虽"望之蔚然",尚未能以"深秀"许之。看到一则视频,大意是,复课了,老师敲黑板,"神兽"归位,一切如常,最后视频以"开始考试"煞尾。对教育的反思,由于一定程度的"符号"特征,也许还会滑行一阵子。但是,反思形成的一些初步议题,能否因为新冠肺炎疫情而"议程化",持续推进后疫情时代的教育实践和教育学理论建设,至少从目前来看,还尚待观察。

一、对疫情下教育的反思

"停课不停学""线上教学",对我们熟知的、现行的教育教学来说,就像在塌陷的房屋外面搭建帐篷一样,是临时的和简易的。总体来看,并不会因为先进技术的广泛运用就能够改变这一基本事实:这一切只是教育遭遇灾害时应激性的"急救"行动。对"急救"行动所"急就"而成的实践及其效果评估,评估者依照的还是既有的管理方式、课程标准、教学方法和学习方式。也就是说,原版在那里,这只是拷贝。"走过路过不要错过",经年之后,回过头来看这一特殊的历史时段,我们是不是"错过"了什么?"遭遇"不等于"际遇"。遭遇,是被动的,是"被抛",可以援之在手的是过往经验的组织与运用。际遇,是对话的,构成"机遇",具有人生意义,可以在不确定中形成自己的推论性,形成自己的选择与判断。用海德格尔(Martin Heidegger)的话说,际遇,使我们处在与惯常性的"在手状态"不一样的"上手状态",而达至"自身绽放"的境界。在新冠肺炎疫情下,教育的"急救"与"急就",无疑是迫切和必要的。但种种的"急救"与"急就",有没有推动、促进和引发教育、学校、教师、学生进入"际遇"情境,这是另一个问题,也是必须回应的问题。在这样一个百年不遇的激变中,每一个学生都会"自传性"生存,但他们日后可以抚摸、反思的"自传"中的事件与意绪,与"停课不停学""线上教学"是什么关系呢?凡所经历,必留痕迹。

说完全没有关系，显然是不可能的。但是，其间更多的是相互排斥的关系，而不是相互编织的关系。"不受疫情影响"的"停课不停学""线上教学"，也意味着另一种"不受疫情影响"，即对疫情进行去情境化处理，尽最大可能高保清地拷贝原有的课程与教学。学生"自传"的书写，不仅与制度性的课程教学无关，而且事实上还受到既有课程教学的制度性管控。这一管控，既表现在对学生自主时空的挤压，还表现在劝导学生"收心"的规训效应。在疫情这一极为特殊的情境中，学生的"自传"就是一部部"传奇"。如果"停课不停学""线上教学"以先进的互联网手段将学生从如此离奇汹涌的生活世界中"捕捞"起来，以自身的庸常化减损学生"自传"书写中的"传奇"基质，那么，我们是否有必要对它们进行某种意义上的伦理审视呢？

二、对疫情下教育反思的反思

教育研究者对疫情下教育的反思，在乐观持成、展望想象的总基调下，一开始也就持有审慎的态度。线上对线下简单的复制带来普遍的忧虑。但是，有没有这样的具有总体性的印象呢——我们操练得圆熟的一套话语遇到了特别需要言说的"用武之地"？对研究者和思考者来说，从来没有身处今天这样的境遇过。"实然"与"应然"之间再也不是可以长袖善舞的广袤平畴，而是"初极狭，才通人"，紧紧相夹，苦苦相逼，需要我们作出学术反应与理论回应。当然，作为研究和思考，完全可以也应该目光稍远一些，观照到后疫情时代的教育与教育学，在那里，也许能够"复行数十步，豁然开朗"。但是，如果未在当下的窘迫境遇中施展实验性的、亲历性的考察，我们很可能难有实质性的获益。现在看来，实证研究，非常罕见；循证实践，不仅稀少，而且浅陋，仅仅在学校管理方面有些动议层面的迹象；批判理论，并没有表现出它的实践品格，尚止于"忧校忧教"的情感表达和意见主张；对疫情下教育教学的现象学迫近，似乎还没有发生……面对着全然陌生的情境，我们似乎并未失语，但在某种程度上我们是否趋于失明？我们是否也面临着现成性的"在手状态"与生成性的"上手状态"的抉择？新冠肺炎疫情下的教育，是风险社会的突发事件。风险社会的变量呈现为不断涌现、沉浮与纠缠的特性，仅仅靠化小核算单位，将学校教育转移、分解到家庭，到镜头前，到图片视频上传，显然是不够的。一方面，影响教育的变量早就逸出了传统教育的外延，无论是量表模型还是理论命题，企图随手拈来熟知的变量及其关系来解释和解决疫情下的教育以及后疫情时代的教育问题，都是不可能的；另一方面，与外延变易扩展共振的，是变量的内涵、功能、价值都正在发生深刻的变化。形式化地运用变量，含混地处理变量的"实质性"，十有八九会犯"用前朝的剑斩当朝的官"的错误。这个问题，墨顿（Robert King Merton）早在他的《社会理论和社会结构》中就郑重指出。比如，仅仅将新冠肺炎疫情视为新的教育资源供给的变量就不免乎轻慢了，新冠肺炎疫情更是将学生抛入其中的新的世界，在两相际遇中，它能够转化为学生生长的时空。作为教育资源，它使学生有了获得感；作为生长时空，它使学生有了存在感。也因为存在感，学生超越了获得感的功用性，进入到生命体验与生命自觉的境界，从而为风险社会的生存发展灌注安身立命的精神与性灵。这里也许并不存在"轻车熟路"，能指与所指正面临概念世界与现实世界是否对应的冲突。对疫情下以及后疫情时代的教育，用原有的话语与方法来定义和订正已经不够了，必须在新的际遇中，重启对话，重构概念。对教育学与教育研究来说，这是挑战，更是机遇，让我们共同期待。

莫将偶然作必然

【作者简介】

李芒，教育学博士，北京师范大学教育学部教授、博士生导师。北京师范大学教育学部副部长，兼任教育部学习科学教学指导委员会委员、教育部基础教育课程教材专家工作委员会委员、全国高校文理科教育技术专业委员会副理事长、中国教育技术协会影视传媒专业委员会常务理事、北京高等教育学会电化教育研究会常务理事、教育部全国高校教师网络培训中心特聘教授、教育部"国培计划"专家库首批特聘专家等。曾获教育部高等学校科学研究优秀成果奖（人文社会科学）、北京市哲学社会科学优秀成果奖、北京市高等学校教学名师奖、宝钢优秀教师奖等。主要从事教育技术原理、教育方法学、教师学等领域的研究。在《教育研究》等期刊发表学术论文 100 余篇，著有《学与教的理论》《技术与学习——论信息化学习方式》《交互式电子白板有效教学应用》《信息化学习方式案例教学》及 *Exploring Learning & Teaching in Higher Education* 等。

疯狂肆虐的新冠病毒迫使全国几乎所有的教师不得不依靠互联网进行分离式教学。在人类教育史上，如此大规模地使用网络技术进行教学活动确实是头一遭。一般而言，凡人类遭遇大事之时，学者们的大脑总会被刺激出不同寻常的奇思妙想。因此，新冠肺炎疫情必将严重冲击教育者的意识和神经。面对"后疫情时代，基础教育向何处去"这个预言性课题，有技术倡导者宣称，疫情过后，可以使用信息技术大面积地替代常规的教学方式，一定会在教学中出现大用、特用信息技术的新高潮。在此，我们必须清醒地意识到，非常态的极端教学状态会导致日后一系列情绪化做法的出现，冲动和不理性有可能代替应有的反思。因此，我们必须冷静下来，在思想和行动上回归最原初的简单和诚实，才能完成作为学者明见一切事物及道理之高深智慧的终极使命。

可以说，教育遭遇疫情的袭扰属于突发性的、非常性的偶然事件，而不具有必然性。必然性是事物发展合乎规律的、确定不移的趋势，决定着事物发展的前途和方向。而偶然性是事物发展的不确定趋势，它不能改变事物发展的方向，却能使事物的发展产生偏离。由此可见，在疫情期间，师生将网络工具作为最核心的教学手段是应对事物偶然性而为之的，引发这种非常事件的原因并非教学规律，而是病毒，是不得已而为之的被迫之举。其实，世上一切事物都有相应的原因，原因与结果具有恒定的伴随关系。任何事件都是条件的产物，条件具备了，它就产生了，条件不复存在了，它就消亡了。疫情中教师的教学方式是由疫情期间的教学条件决定的，是现实的教学需求使然。现实性与必然性相联系，失去了条件就一定会变得不现实和不可能。可能性是在现实中存在其出现的条件，反之则是不可能。教学方式必定随着教学条件的改变而变化。因此，当作为条件的疫情结束之后，就绝不会再出现疫情期间的"教学奇观"。

再者说，偶然性具有非常态特征。如果将疫情前原有的教学称为常态，那么，疫情期间的教学则属于非常态，而疫情之后就是教学的新常态。人类教学是在从常态到非常态再到新常态的否定之否定中发展的。教学的新常态就是顺应事物发展规律的状态，是经过一段不正常状态后重新恢复"正常"的状态，而此正常状态非彼正常状态，一定是新的正常状态。那么"新"在何处？对教师而言，"新"主要表现为以下三点：一是几乎所有教师的信息技术应用能力，通过自主研修的方式，都在各自水平上获得提升；二是教师打开了思考之门，加深了对信息技术的认识，获得了密集性使用网络教学的亲身体验，于是彻底揭开了网络技术的神秘面纱，并使得网络教学的弊端暴露无遗；三是教师对常规课堂教学的不可替代性有了更加深切的认识，原本对课堂教学习以为常，彼时不懂珍惜，此刻却如此向往。关于新常态，从时间维度上看，人们必然回不到疫情之前的"过去"常态，因为时间永恒向前，永不停歇。而空间的变化则是缓慢的。尽管疫情之后的空间也并非过去的那个空间，但人在不同的时间却能够回到很像过去的那个空间，而且必须回到那个变化不大的空间。

在新常态中，信息技术一定能够在教学过程中发挥更大的作用，其前提是教师的信息技术应用能力得到很大的提升。但是，在教学中"用不用信息技术"不是以"教师会不会用"为必然条件，并不是教师会用了就必须用，教师"会用信息技术"不是"用不用信息技术"的逻辑起点。这好比熟练掌握各种交通工具的驾驶技术并不是人们选择使用汽车、火车还是飞机的理由，而人们所去之目的地才是选择使用何种交通工具的核心根据。在教学中，使用信息技术需要遵循的最根本的依据，就在于其必须符合教学规律。新常态体现在教师能够获得更大的教学自由，具有更多的选择性。

后疫情时代，教学活动将向何处去？一句话，昂首阔步朝向"教学规律"而行。人类只有遵循规律才能生存。因此，老老实实地遵循教学规律办事，走入实体课堂并辅以信息技术，是目前人类教学的最佳形态。学习是人的天性，交流是人学习的天性，而面对面交流则是人交流的天性。

疫情过后，基础教育最应关注什么

【作者简介】

吕立杰，教育学博士，东北师范大学教育学部教授、博士生导师。东北师范大学教育学部部长，兼任中国教育学会课程专业委员会理事、中国教育学会中青年教育理论工作者分会理事。曾获吉林省第六届教育科学优秀成果著作类一等奖、吉林省第六届教育科学优秀成果论文类二等奖、吉林省第七次社会科学优秀成果论文类二等奖、吉林省第五届教育科学优秀成果论文类二等奖、东北师范大学第七届社会科学研究优秀著作一等奖等。主要从事课程论、教师教育等领域的研究。在《教育研究》等期刊发表学术论文40余篇，著有《国家课程设计过程研究》《教师课程发展理论与实践》等。

第三篇
基础教育的问题审思与内容诉求

21世纪,人类科技的发展延续着摩尔定律的神奇,技术进步的时间间隔更加惊人,基因重组、高级材料学、储能、物联网、云计算、自动化或半自动化交通等技术将使全球生产方式、生活方式发生颠覆性的变化,离岸生产、外包等方式改变了跨国公司的概念,世界似乎变"平"了。同时,在全球化的高歌中,警觉的声音一直没有停歇,一直存在着全球化与多元文化、价值观的冲突。社会学家乌尔里希·贝克(Ulrich Beck)称这个社会是一个风险社会,风险的来源不是基于无知、落后与鲁莽,而恰恰是基于理性的规定、判断、分析、推论等,是渴望对自然的控制能够日趋完美。席卷全球的气候灾害、突发疾病、金融危机都会使全球化出现停滞,甚至倒退。当前,席卷全球的这场新冠肺炎疫情,让这个互联互通的国际社会再一次承受了贝克所指的时间滞后性、发作突发性和超越常规性的风险。

疫情过后,经济、文化、科技都会反思、调整自身的发展形态,教育也不例外。进入21世纪后,世界上很多国家都曾将青少年的数字素养、ICT(information and communication technology)素养、工程教育、计算思维的培养作为国家战略,以提升未来人才的竞争力。疫情过后,教育为知识社会的竞争做准备的现象仍然会持续,同时,对青少年社会适应性的教育会更加严肃地被对待。提升对信息的审辨力,加强处理复杂矛盾的能力,加强文化间的沟通理解力,学会健康地生存,促进相处的和谐都应是教育的议题。

疫情过后的教育思考,不是产生新思想,而是为了更好的生活而选择或更加重视某种作为行为依据的思想。为此,应更加强调社会情感能力的教育。2015年,联合国教科文组织在巴黎总部通过的《教育2030行动框架》中明确提出:教育既不能忽视认知能力的培养,又要更加关注培养儿童识别和管理情绪、关心他人、做出负责任决定、建立积极人际关系及巧妙应对挑战性情境等社会情感能力。疫情过后,本来就被包含在素养结构中的社会情感能力,如自我控制、同理心、坚韧、责任等,应被观照,以提升个体在风险社会的适应能力。另外,还需要在教育中修复社会信任与尊重。贝克曾提到，在处于巨大变迁的社会中，要面对信任风险。疫情是一种凭借人与人之间的连接传播的灾难，虽不涉及伦理，却伤及社会信任。社会信任也需要在教育中修复、生长。再有，可持续发展理念将更受重视，凸显有伦理的知识理解与应用。例如，在学科教育中强调可持续发展理念、科学的伦理和道德，以及如何通过安全和健康的选择来维持幸福等。学科教育应更加强调学会对知识的综合应用，不仅追求效率与效益，而且关注如何与自然达成和谐，在可持续的价值取向下为人类带来福祉。

夯实面向千千万万普通人的教育基础

【作者简介】

朱益明，教育学博士，华东师范大学教育学系教授、博士生导师。华东师范大学国家教育宏观政策研究院原副院长，教育部人文社会科学重点研究基地华东师范大学基础教育改革与发展研究所研究员，华东师范大学基础教育改革与发展研究所普通高中育人方式改革研究中心首席专家、主任。曾获上海市第十四届哲学社会科学优秀成果奖二等奖、全国教育科学研究成果三等奖、上海市教育科学研究奖二等奖等。主要从事教育政策、教育评价、教师教育（教师培训）、高中教育、国际教育等领域的研究。发表学术论文130余篇，著有《中国教育改革40年·高中教育》《校本教师发展论》《中国教育现代化2035：从规划到实践》等。

> 后疫情时代，
> 基础教育向何处去？　　全球97位教育专家的思索与探究

教育改革发展的视角很多，以往习惯于从历史、文化、政治、经济、民族等各个方面研究、规划和设计教育改革与发展，当下尤其注重信息技术下的"未来教育"或者"未来学校"。这次的全球性重大疫情，又给我们研究教育与思考教育改革发展提供了新视角。之前，我在阅读国际组织关于国际教育发展的文献资料时，对他们经常从健康卫生视角谈教育改革与发展话题（如艾滋病与教育）不甚理解，这次疫情加深了我对国际组织关于教育改革发展呼吁的认识。

一、教育的对象是千千万万普通人

目前，我国应对新冠肺炎疫情工作取得了初步成效，产生了国际性示范效应。这是"科学防治，精准施策"的政策效应，是全国人民团结一心、众志成城的行动回报。其中，最令人感动的是广大医务工作者、部队战士、公安警察同志、社区工作者、环卫保洁工人、广大志愿者、在线超市服务员和外卖快递小哥等在平凡岗位上默默付出的普通劳动者。他们的勇敢、担当、责任和奉献，值得全社会尊敬、赞扬和学习，这些千千万万普通人最伟大、最美丽！没有这些人的参与和努力，我们大家很难安心"宅家"，疫情也很难被很快控制。当然，全国人民守纪律与不添乱的"宅家"表现，也充分显示了当代中国国民素养的高水准，充分展现了这些年来"爱国、敬业、诚信、友善"的核心价值观教育的成效。这些都可以认为是改革开放以来国家教育改革与发展的结果，是全面实施素质教育的成就，值得广大教育工作者骄傲。

遗憾的是，这些千千万万普通人在教育与社会中往往被忽视，被边缘化。这些人往往不是学校教育中的"榜样"或者"英雄"，不是现代商业社会中的"成功者"或者"明星"。近年来，医学类专业招生普遍不景气，护理专业更不理想，还有部分高校的社会工作专业被取消，职业教育更是生源不足。精英教育思维还在影响甚至主导着教育改革与发展，培养杰出人才始终被看成中国教育改革发展的优先目标，整个社会纠结于所谓的"钱学森之问"，纠结于没有更多的诺贝尔奖获得者，教育改革发展普遍重视和突出"一流""示范""精品""排名"等重点项目。在当今全球化竞争的世界，国家发展和社会发展确实需要各种杰出人才，教育要培养杰出人才、领军人才、优秀人才。但是，一流教育还是要面向更广泛的目标人群，面向每一所学校，面向每一个学生，要真正使"更加注重面向人人"与"更加注重因材施教"等教育现代化理念落实到实践中；促进每个人的终身学习和全面发展，"努力让每个人都有人生出彩的机会"，使千千万万普通人在生活与工作中做到"生命自觉"，这才是教育公平与教育质量的意义所在，才是教育现代化的终极目标。

"培养什么人、怎样培养人、为谁培养人"是教育的根本问题。贯彻落实立德树人根本任务，必须聚焦在每个学生的发展上。培养平平凡凡的普通人是教育不可忽视的基本任务。教育改革与发展还是要立足于千千万万普通人的素质养成、成长发展与责任担当。在社会经济日益发达的环境中，需要重新审视新时代终身学习背景下的人才观，审视各级各类教育改革与发展的人才培养的取向和状况。

二、健康教育是重要的教育内容

坚持以人民为中心的发展思想是这次我国抗击疫情的根本思想。疫情下以人为本的教育含义首先在于，必须保护师生不受疾病感染。所以在这次疫情中，教育领域在假期之后继续全面停课，确保每个师生的身体健康。这与以往推崇或者鼓励（甚至表扬）带病工作与学习的观念是不一样的。

其实，教育领域的师生健康问题一贯得到国家的高度重视，只是实践中一直未被重点关注。2016年10月，中共中央、国务院印发《"健康中国2030"规划纲要》，文件第一句就是"健康是促进人的全面发展的必然要求，是经济社会发展的基础条件"；第四章专门阐述"加强健康教育"，其中第二节是"加大学校健康教育力度"，要求"将健康教育纳入国民教育体系，把健康教育作为所有教育阶段素质教育的重要内容。以中小学为重点，建立学校健康教育推进机制。构建相关学科教学与教育活动相结合、课堂教育与课外实践相结合、经常性宣传教育与集中式宣传教育相结合的健康教育模式。培养健康教育师资，将健康教育纳入体育教师职前教育和职后培训内容"。可惜的是，这一文件对教育领域产生的影响不突出，效果不清楚。在过去几年时间内，这些要求在学校教育领域未得到有效落实与重视。至少，我们尚未清楚地看到教育改革发展将人的健康与人的全面发展有机联系起来。当然，也不能说教育领域不重视师生健康问题，至少已经将体育与健康组合在了一起，越来越注重身心健康。

无论怎样，这次疫情警示我们，教育领域必须高度重视加强卫生与健康教育，要以扎实推进《"健康中国2030"规划纲要》和2019年中共中央、国务院印发的《中国教育现代化2035》为抓手，在学校规划、学校管理、学校课程和学校环境等方面全方位贯彻。健康教育不能再等疫情来了才想起来，要实施以预防疾病为先的卫生与健康教育。每所学校都要有健全的卫生与健康教育体系，有预防疾病（尤其是传染病）的常规机制（而不只是事后的危机应对），要将学生生命与健康作为教育的任务之一，体现生命与健康至上的现代化发展思想。这次新冠肺炎疫情终将过去，但是类似新冠肺炎疫情等重大突发公共卫生事件的发生具有不确定性。教育部门和学校不能在这次疫情过后又重回老路，而是要始终牢记以人为本的思想，将应对疾病和预防疾病、保障师生健康作为学校教育常规事项之一。现代化教育并非只关注考试成绩、升学率、就业率等指标，健康教育也并非只为了应对此类疫情，而是要培养每个人健康生活的意识、习惯和行为，使每个人拥有健康的幸福人生。

在国内疫情逐步得到缓解的情况下，一些家长呼吁开学，一些地方和学校急于复课，这在一定程度上体现了人们对教育的重视和渴求。但本质上可能还是

"唯分数""唯升学"等教育焦虑症与政绩观的反映。确保每个学生的健康成长和全面发展,才是教育现代化的根本所在。

三、创新要成为教育教学的新常态

疫情对现代教育产生了直接影响,全球范围内的"停课"显示出了教育的无奈。在传统教育"停课"背景下,在线教育教学形态则得到即时爆发和史无前例的发展机会。我国教育部提出了"停课不停学"政策,并进行了比较系统的部署。各地各校利用信息技术开展了在线教育教学,尽管引发诸多质疑和评论,但毕竟是教育领域主动应对疫情的积极表现。

"停课不停学"是一个不错的教育建议,甚至已经有学者总结出这次疫情中实施在线教学的"中国经验"。疫情确实为探索与实现教育教学变革提供了契机,为改革传统教育教学提供了机会。只是,疫情中的在线教学很少能体现这些教育教学的创新或者改革特点,仍然是沿袭传统的教学管理、教师中心与教材中心等做法,难以看出在线教学与传统课堂教学有多大区别。信息技术没有转化为有效的教育创新载体,而只是重复传统课堂教学的工具。2015年,联合国教科文组织发布的《反思教育:向"全球共同利益"的理念转变?》报告中提及,"慕课"(MOOCs)的教学方法仍是过时的,大多仍停留在信息传输、计算机批改作业和同伴评估,缺少人际互动和现场讨论,很难对个别化的学生需求作出完全反应。这种情况同样存在于疫情下的在线教学,必须引起注意。事实上,疫情下的在线教学有很多创新和发展空间,有诸多独特的教育优势可以利用。但它要求教育工作者必须发挥教育教学的专业技能、创新精神和创造能力,以新思想、新理念创造新方法,围绕促进学生主动学习、合作学习与探究学习等学习方式变革展开教学活动。

或许,批评和质疑疫情中的在线教学并不厚道,因为它们是速成的,是无奈之举。重要的是，这些在线教学中反映的问题和不足，在当下线下课堂教学中同样普遍存在。疫情之后，仍然需要发展在线教学，无论是线上教学还是线下教学，教学改革与教学创新都需要立足于教育教学的本质要求，服务于每个学生的学习与发展，将教育教学活动作为学生生命成长的历程，促进学生的主动参与、积极思考和全面发展。"让课堂焕发生命活力"不是一句空洞的口号，而是教育教学变革的行动与目标，需要教育工作者和一线教师的创造、创新才能实现。当前，教育研究者应该对教师在线教学的各种实践及其成效进行进一步的系统研究，总结教师的创新经验和举措，而不宜直接提出各种"规范""标准""纲要"之类的规定与要求。

创新是推动教学变革的驱动力，对在线教学而言更是如此。在线教学对教师和学生而言是新生事物，需要师生共同探索、适应和改建。在线教学也要求家长意识到自身的责任，意识到家长的支持和帮助甚至参与，是中小学在线教学发展的关键要素。家校合作本身就是现代教育的一个特征，家长需要适应孩子在家学习和在线学习的情况，不能再认为教育孩子都是学校的责任。

教学既是科学，也是艺术，这是教育学的基本原则。教与学是共生关系，教育启发、启动、启示与引领学习。创新是教学工作的专业要求，教师创造教学。不论在线教学还是线下教学，创新都应该成为教学的新常态。

未来基础教育：人文教育、科学教育和法治教育并举

【作者简介】

胡劲松，哲学博士，华南师范大学教育科学学院教授、博士生导师。中国教育学会教育政策与法律研究分会副理事长，广东省人民代表大会常务委员会立法咨询专家，北京大学教育法研究中心兼职研究员，北京师范大学中国教育政策研究院兼职教授，华东师范大学国家教育决策研究院兼职研究员。曾获北京市哲学社会科学优秀成果奖二等奖、广东省优秀社会科学成果奖三等奖、全国教育科学研究优秀成果奖三等奖和全国教育图书奖二等奖。主要从事教育法学和教育管理学的教学和研究。出版各类著作8部，发表论文60余篇，完成国家和省级研究课题10余项。

新冠肺炎疫情的社会影响深远，学校教育被动卷入危机。学校在抗疫中开学，师生线上教学方兴未艾，每个亲身经历的人，都会对学校究竟该培养什么样的人有更直接、更全面和更深刻的认知及期待。只有人文教育、科学教育和法治教育并举，基础教育方能达成育人目标。

一是人文教育。人文教育的核心是人文精神，实质是人性教育。人文精神首先表现为肯定人和关心人，而发展自己和关怀别人，则恰好展现了人性的两个方面。疫情中亲人的生死离别、医者的仁心仁术、志愿者的无私奉献以及被隔离者的隐忍克制，无不体现了对生命的渴望、对人性的尊重、对弱者的帮扶和对他人的关心。而与之相反的各类行为，则往往为人不齿，招致唾弃。人文教育应重视由外而内的文化养成，更应强调自我体悟与心灵觉解，让学生懂得尊重生命，学会换位思考，践行向上从善。

二是科学教育。基础教育科学课程的总目标是培养学生的科学素养，而科学素养又包含了好奇心和各种活动能力。著名科学社会学家伯纳德·巴伯（Bernard Barber）曾经指出，科学不单是零散的确证的知识，也不单是一系列相关的逻辑方法，而且是一种特殊的思想和行动。科学的本质在于确认理性在人类社会中的位置，而最一般意义上的理性思维则指任何与亚里士多德逻辑原则，或者在某种情况下与现代的非亚里士多德原则相容的思维。疫情中，人们对病毒本身的认识，对病毒流行规律的把握，对治疗病症的实践探索，甚至对整个疫情的社会防控，无不体现了科学认知指导下的科学实践。而任何非科学的思想和实践，不但不能化解公共卫生危机，而且会招致更大的人间灾难。科学教育需要培养学生的科学精神，更要引导学生求真，鼓励学生质疑，教会学生明辨。

三是法治教育。国无法不治，民无法不立。《中华人民共和国教育法》明确规定，国家在受教育者中进行法治教育。这是培养社会主义事业建设者和接班人的重要途径。当新冠肺炎疫情处于扩散期时，针对可能出现的违法苗头，中央全面依法治国委员会第三次会议明确提出了依法防控的具体要求。它不仅涉及政府的防控行为，也关涉公民个人的隔离、出行限制乃至一般日常行为等。加强法治教育，必须依照《青少年法治教育大纲》，全面提高青少年的法治观念和法律意识，使遵法、学法、守法、用法成为青少年的共同追求和自觉行动。其中，法治观念是前提，行为守法是重点。如此，教学才有秩序，校园才得和谐，权益才有保障。

当然，基础教育绝非学校单独能够完成，也绝非只以课程作为载体。只有学校、家长和学生多主体联动，只有多种教育形式和载体共同发挥作用，我们才能有效实现教育目标。

坚定教育自信，重建人格教育

【作者简介】

温恒福，教育学博士，哈尔滨师范大学教育科学学院教授、博士生导师。哈尔滨师范大学教育科学学院院长，兼任全国教育效能与学校改进专业委员会副理事长、中国教育学会教育管理分会常务理事、黑龙江省教育学会教育学专业委员会理事长、黑龙江省陶行知研究会副理事长兼秘书长。龙江学者，教育学博士一级学科带头人，国家级特色专业"教育学专业"带头人，省级领军人才梯队"教育经济与管理"带头人，黑龙江省高等学校教学名师。主要从事教育领导、教育效能、教育科研方法、现代健康人格的培养、教育现代化、创新教育、农村教育改革和中国基础教育等领域的研究。著有《研究体验式创新教学法——实施新课程的新理念与新技术》《教育创新组织的领导与管理》等。

第三篇
基础教育的问题审思与内容诉求

新冠病毒大流行以超出任何人想象的广度和深度检验着世界各国的民众素质、应对态度、治理能力、医疗体系、医务人员的敬业精神，以及方方面面的合作、团结与支撑能力。世界各国的抗疫表现则全面展示了各国的国格、民众的人品与应对的能力，有效地检验了多年以来各国教育的成效。我国作为世界抗疫先锋队，以卓有成效的科学应对措施赢得了世界的称赞，成为世界抗疫经验的提供者与各国学习的榜样。从教育的角度出发，认真总结抗疫的经验，明确今后改革发展的理念与道路，对进一步科学高效地推进教育现代化，建设教育强国，办人民满意的教育具有重要意义。

首先，防范病毒应成为基础教育的重要课程。

近些年来，SARS病毒、H7N9病毒、新冠病毒等的出现不仅损害了人们的健康，而且给社会发展与稳定带来了严重的不利影响。今后，新病毒引发新疾病的情况可能还会出现，国家不仅需要制定相应的法律法规，积极防控病毒，还应加强宣传与普及防范病毒性疾病和构建生态文明的科学知识，并将这些知识纳入基础教育阶段的教材，提高人们的防范意识和应对能力。

其次，树立民族自信，发扬"积极面对、勇敢担当、顽强奋斗、科学施策、团结互助、志愿奉献"的精神。

这次世界性的抗疫之战，全面展现了中国人民的高尚素质与美好形象。今后，需要进一步加强民族自信与民族自豪感的教育，弘扬优秀的中华精神与中华美德。

再次，强化"四个自信"教育，坚定不移地走中国特色社会主义教育的发展道路。

公平客观的比较，是最能让人信服的方式。哪国政府真正爱人民？哪国的人民最团结？哪国的组织能力最强？答案是社会主义中国。这是社会主义制度的优越性，也是中国特色社会主义教育的伟大成就。

最后，坚持教育自信，在素质教育的基础上，加强满足时代需求与弘扬中国精神的现代积极人格教育。

改革开放的伟大成就和这次抗疫的卓越表现,证明了中国人的学习能力是一流的,中国人的现代素质已经有了较好的基础,我们的基础教育取得了卓越的成就。但是,肩负中华民族伟大复兴使命的国人需要再提高、再完善自身素质。基础教育应在素质教育的基础上,勇于面向未来的发展需求与时代挑战,在积极推进教育现代化的过程中,弘扬中国精神,加强现代积极人格的教育与研究,为每个人的终身健康与蓬勃发展打好人格基础,为民族复兴与人民幸福提供人格保障。

后疫情时代呼唤加强国际理解教育

【作者简介】

何齐宗,教育学博士,江西师范大学教育学院教授、博士生导师。江西师范大学教育学院院长,兼任中国教育学会教育学分会理事、中国教育学会教育学分会教育基本理论专业委员会委员、江西省教育学会副会长、中国人民政治协商会议江西省委员会常务委员、九三学社江西省委员会常务委员。曾获第四届全国教育科学研究优秀成果奖二等奖、第五届"中国教育学会奖"全国优秀教育科研成果奖二等奖等。主要从事教育基本理论、教育美学和教师教育研究。在《教育研究》等期刊发表学术论文130余篇,著有《全球视野的教育理念》《世纪之交的教育沉思》等。

疫情没有国界，病毒不分种族，新冠肺炎疫情还在不断扩散。不可否认，面对这次前所未有的全球性疫情，国际社会涌现出无数互相关切与鼓励的声音，以及相互支持与援助的善举。但是，我们也非常遗憾地看到一些不理性、不友好甚至逾越道德底线的言行。自疫情爆发以来，某些国家对中国的疫情及其防控工作大肆抹黑、诋毁和污名化，出现了粗暴的歧视和排斥行为，甚至人身攻击也时有发生。当疫情在某些曾经嘲讽、侮辱和攻击过我们的国家蔓延时，国内也有人持幸灾乐祸的态度。

毫无疑问，这个病毒是可怕的，它给人类的生命安全和身体健康带来了巨大的威胁，给世界各国造成了无法估量的损失。但是，比病毒更可怕的是人性良善的丧失与国际和谐社会的撕裂。出现这种情况的重要原因，在于有些人缺乏必要的国际理解素养。新冠病毒很顽固，据专家预测，它有可能"常态化"地冲击人类社会。退一步来说，即使我们抱有积极乐观的态度，相信新冠肺炎疫情不久将会得到完全控制，人类的抗疫斗争将取得胜利，但其他世界性的问题却并没有消失，还会以不同的形式不断出现，如宗教纷争、种族歧视、排外潮流和各种暴力行为等。

青少年是世界的未来和人类的希望，为了共同应对正在发生和将来可能出现的各种跨越国界的问题、困境和磨难，我们有必要通过加强国际理解教育来提高青少年学生的国际理解素养。就这次疫情而言，应当通过国际理解教育使青少年学生认识到新冠病毒是人类共同的敌人，各个国家的命运紧密相连，世界各国人民应当消除偏见，摒弃歧视。只有同舟共济，携手应对，共同抗疫，才能共克时艰。当然，我们对国际理解教育的认识不能仅限于抗击病毒疫情。只有从更广泛、更普遍的意义上来看待国际理解教育，才能更好地发挥它的作用。国际理解教育是旨在使学生了解和尊重其他国家的文化，培养他们的全球共存发展意识和能力的教育。尊重彼此的价值观，增强共同命运的意识，是一切国际合作和共谋发展的基础。团结、和谐环境的创造是以对人的尊重及主权国家间的理解、团结和宽容为前提的。历史的经验告诉我们,要想消除偏见,遏制冲突,增进互信,最根本的办法是通过教育来培养人们相互理解的理念和合作共处的能力。有鉴于此,我们应当通过国际理解教育,使青少年学生认识到人类社会是一个休戚与共的命运共同体,当今世界正在不可逆转地成为一个联系日益密切和关联不断加强的整体,团结和合作对于全人类的生存与发展至关重要。

人类的共同灾难，让我们看到公共精神的可贵

【作者简介】

李松林，博士，四川师范大学教育科学学院教授、博士生导师。四川师范大学教育科学学院院长，兼任全国教学论专业委员会理事、浙江师范大学基础教育发展中心兼职教授、四川师范大学学术委员会委员。获第四届全国教育科学研究优秀成果奖三等奖、第五届全国教育科学研究优秀成果奖一等奖等。主要从事教育基本理论、课程与教学论研究。在《教育研究》《教育学报》等期刊发表多篇学术论文，著有《新课程下的课堂观》《控制与自主：课堂场域中的权力逻辑》等。

第三篇
基础教育的问题审思与内容诉求

人只有在面对生死存亡时,才能深刻地体会自己的处境,才能真实地思考生活和面对世界。一场前所未有的新冠肺炎疫情,如果还不能引起我们的教育反思,我们必将遭受更多天灾人祸的沉重打击。人类的生存与发展面临诸多问题。一方面,人口激增,能源匮乏,生态失衡,灾难频发,大规模杀伤性武器屡禁不止,不同文化之间冲突不断;另一方面,个人中心主义、人类中心主义和工具理性主义膨胀,民族中心主义和国家保护主义不断抬头。外部生存环境的恶化和人类自身智慧的缺失,正在加速缩小人类在这个星球上生存与发展的空间。打破外部生存极限与人类智慧不足之间的恶性循环,需要我们严肃地审视教育的使命与价值问题。这个问题的关键是解决人的公共精神问题,把培育人的公共精神纳入学校教育的培养目标。这正是新冠肺炎疫情引发的国家危机与人类危机赋予学校教育的使命和价值。

灾难能让我们看清人性。席卷全球的新冠肺炎疫情中,暴露出人的公共精神问题。小到个人,辱骂歧视病人,刻意躲避检查,非法拒绝隔离,恶意传染他人,隐瞒者、闯关者、偷渡者不断出现;大到国家,从幸灾乐祸到"甩锅"他国,从污名化到无理索赔,从拦截救济物资到威逼制裁他国。所有这些自私的极端行为,都凸显出面对灾难时人类公共精神的严重萎缩。阿诺德·汤因比(Arnold Toynbee)说,在教育与灾难之间,存在着激烈的竞争。如果教育对这种状况视而不见,那么,人类必将在共同的灾难面前失去战斗力。然而,长期存在着的工具理性、技术理性、智育至上的非人文化倾向,在很大程度上造成了学校公共精神教育不足的短板。这意味着,在中华民族伟大复兴的道路上,无论是对中华民族精神的培育,还是对类主体价值的培育,公共精神教育都具有特别重要的意义。

中国的历史文化传统蕴含着以"天下兴亡,匹夫有责""济世天下""大同社会"等为主题的公共精神。作为一种以相互依存与整体发展为核心价值的公共道德,公共精神包含公共理性、公共责任与公共参与三个基本要素。从机理上看,融合权利与责任、自由与秩序的公共生活，乃是公共精神生成的基本场域。回到实践中，公共精神的培育需要让学生拥有更为完整的公共生活，引导学生真实地参与公共事务，去解决公共性的问题，进而在学习解决问题的过程中产生共鸣，澄清事理，增进理解，自觉践行。

后疫情时代教师的三重审视
——从"教师变'网红'"说起

【作者简介】

苏德，法学博士，中央民族大学教育学院教授、博士生导师。中央民族大学教育学院党委书记、民族教育研究所所长，兼任全国教育科学规划领导小组办公室评审专家、国家社科基金通讯评审专家、教育部人文社会科学研究项目评审专家、教育部民族教育问题研究特聘专家、教育部高等学校教学指导委员会委员、中国高等教育学会第四届学术委员会委员、中国少数民族汉语水平等级考试专家委员会主任委员、中国博士后科学基金评审专家、中国少数民族教育学会副秘书长、中国少数民族教育学会双语教育专业委员会副秘书长等。享受国务院政府特殊津贴，获第二届、第四届全国教育科学优秀成果奖一等奖等多项国家级和省部级奖项。主要从事民族教育学、教育人类学、教育政策、少数民族双语教育、少数民族教育史、跨文化心理与教育等领域的研究。著有《蒙汉双语教育研究：从理论到实践》《中国民族教育发展报告（2015—2018）——现实与前瞻：民族地区双语教育研究》等。

线上教育并非新生之物,但如此大规模的"云端教学",确系新冠肺炎疫情的"倒逼"使然。为了保障人民群众的生命安全和身体健康,教育系统积极响应中央号召,将学校教育教学从线下转移到了线上。一时间,广大教师变身为极具时代特点的"网红"。尽管这一说法具有调侃的味道,但特殊时期的这种身份转变,却是落实"停课不停学"政策,保证教育质量的最佳选择。可以预见,经此一"疫"之后的未来教育,必然是融合多种技术手段,集线下、线上为一体的泛在化、智能化教育。在此背景下,广大教师有必要在如下几个方面进行相应的调适。

首先,要重新审视师生主体观。教师和学生的"中心"之争由来已久,直至"主体间性"理念的引入,似乎完美平衡了二者的关系,但其间的争鸣未曾销声。与传统的线下教育不同,线上教育最为匮乏的就是真实的教育环境。缺少了师生之间的神情交流、肢体互动、氛围熏染,教师很难实时捕捉到来自学生的学习反馈。特别是对缺乏一定自制力的低学段儿童和存在一定学习问题的"学困生"而言,其学习更有赖于教师系统化的多维激发。可知,未来的智能化、泛在化教育,实际上给广大教师提出了更高的要求——教师在整个教与学的互动中,必然要表现出更多的主体性、主动性,要让教师本身的激发力和感染力充满不同的教育场域,使学生时刻感受到来自教师的引导,以此来提升与未来教育相匹称的人文关怀。

其次,要重新审视知识逻辑性。以速度和效率为取向的发展理念,助推了教育领域对间接经验传递的推崇。人们为了知识而知识,往往注重教育内容的学科性而忽视了教育对象的生活世界和现实感受。新冠肺炎疫情给全社会按下的"暂停键",不仅引发人们关于慢节奏的积极反思,也引发教育界对教学内容(即知识本身)及其呈现形式的深度思考。在大范围的线上教学中,激发学生主动性的重要条件之一,就是知识本身的可感知性,即所传递的教育内容应聚焦在教育对象生活世界的"最近发展区"之内。教师决不能以成人甚至专家学者的视角考虑教育内容的学科性和系统性，而是要以学生的视角去重新审视知识的逻辑性。通过项目化的任务驱动，来重新分解原有的学科知识体系，让学生通过对每一个可感知的 SPOC（Small Private Online Course，指小规模限制性在线课程）的不断再认，激发出自主探索的不竭动力，并在缓慢的知识积累中，总结出知识本身的抽象逻辑，进而实现个体成长的升华。

最后，要重新审视课堂驾驭力。在教育内容一定的情况下，教师驾驭课堂的水平往往在很大程度上决定了教学的实效。而教师的课堂驾驭力是基于一定的时空的，当教学的场域由现实转为虚拟，教师必然要重新进行教学设计，以此来驾驭基于网络的"云课堂"。作为学的一方，新生代的学生浸在互联网络中，长在智能时代下，他们与"云端教育"具有天然的贴合性，能更快更好地接受新的课堂教学。而作为教的一方，广大教师不仅要了解学生的学习规律，通过线上互动以及视听刺激等形式，让整个线上教学进程与学生身心特点相契合，还要充分了解"互联网+"引发的全新生活形式，充分发掘网络平台的潜在资源，建构一种更加开放的课堂教学方式，更要全面关注新生代学生的"小众文化"，积极化用那些看似"非主流"的表征要素，消除与学生之间的时代隔膜，使线上课堂更明快生动。

疫情之下的网络教育问题

【作者简介】

杨扬，文学博士，上海戏剧学院教授、博士生导师。上海戏剧学院副院长，中国茅盾研究会会长，上海市作家协会副主席，曾担任《华东师范大学学报（哲学社会科学版）》主编，第八届、第九届茅盾文学奖评委。入选教育部"新世纪优秀人才支持计划"，获中国小说学会优秀成果奖、上海市哲学社会科学优秀成果论文二等奖等奖项。著有《商务印书馆：民间出版业的兴衰》《转折时期的文学思想——茅盾早期文艺思想研究》等。

第三篇
基础教育的问题审思与内容诉求

在疫情之前,对网络教育是不是能够替代学校教育,网络教育在学校教育中的作用和影响等问题,还是颇有争议的。在很多学校的教育教学中,网络教育只是一种辅助手段而不是常规手段。一些地方教育部门尽管在扶持和培育网络教育,但成效如何实在难说。疫情之下,能够避免人员直接接触的网络空间被视为唯一安全有效的教育教学平台,它由原来的辅助教育手段转变为基本手段。原有的网络教育能不能替代学校教育的问题,无形中也失去了争论的基础,现在的问题是如何建立安全有效的网络教育体系。

在网络教育问题上,疫情带给人们一个清晰的思想意识,就是网络教育已不是一个可有可无的教育选项,而是必须加快建设和加紧适应、改进、提高的教育事业。谁在这一领域跑在前面,谁就有可能在未来的教育教学活动中获得新的机遇和领跑机会。从目前疫情发展的情况看,短时间内要想彻底消除疫情,几乎不可能。那么,如何给人员高密度集中的学校教育提供一个安全有效的环境和平台,成为教育部门不能不考虑的问题。而最简便有效的方法,就是将原先还在建设之中的网络教育平台,迅速推到教育教学的前台,使之成为学校教育教学活动的常规手段。这种教育教学手段,对于以知识传授为主要内容的基础教育而言,挑战性可能不在于知识本身,而在于教育教学效果以及学生情感教育等方面的问题。以往的学校教育都有教师在现场指导、监督,学生在一个群体环境中学习,哪怕是自制力再弱的孩子,都会因为教师的在场和周围同学的关系,有所忌惮。但在网络教育平台上,学生和教师之间是空间隔绝的,有些家庭,家长上班,留下孩子一人独自面对视频,相当程度上,孩子的学习活动是没有原来那样的强制性的。如何确保学生在这样一个隔绝的环境中完全自控,是需要学校教育教学评价系统予以质量评估的。这种质量保证不仅仅强调教师要认真教学,学生要认真听课,还要认真探讨在没有人员直接交往的虚拟空间环境中教与学的关系。与此同时,教学内容是不是都适合网络平台教学,的确也是一个问题。以基础教育中的艺术教育为例,音乐课的教学不仅仅是让学生学会一首歌,重要的是使学生体会在一起歌唱所特有的音乐氛围。校园戏剧教育同样遇到问题。很多学生在教师指导下排演节目，在教室舞台演出，下面有很多同学、老师观看，那种艺术审美教育所需要的熏陶、交流，在网络平台上是很难充分体现和传递的。这是基础教育在网络平台教育教学中遇到的问题，而这一问题恰恰与教育理念中的人文价值和审美情感的培养息息相关。

网络教育不能只满足于一般的知识传授，而应该对教育要求全面覆盖。这是目前网络平台教育的薄弱环节，希望能够有一个行之有效的解决办法。

应把灾害教育融入基础教育

【作者简介】

文军，社会学博士，华东师范大学社会发展学院教授、博士生导师。华东师范大学社会发展学院院长，华东师范大学社会发展学院社会学研究所所长，兼任教育部人文社会科学重点研究基地华东师范大学中国现代城市研究中心研究员、华东师范大学中国现代思想文化研究所研究员、中国社会学学会理事、中国社会工作教育协会理事、全国青联社会科学工作者联谊会理事、上海市社会学学会副会长、上海市社会工作协会副会长等。教育部"长江学者"特聘教授，主持国家社会科学基金重大项目、教育部重点基地重大项目等省部级以上纵向课题10余项，学术成果曾多次获得教育部、上海市等省部级以上奖励。主要从事社会问题与社会发展、城市社会学、全球化与当代西方社会学理论等领域的研究。在《社会学研究》等海内外刊物上发表学术论文160余篇，近60篇被《新华文摘》《中国社会科学文摘》《中国人民大学复印报刊资料》等全文转载或重点转摘，著有《承传与创新：现代性、全球化与社会学理论的变革》《非营利组织与中国社会发展》《网络阴影：问题与对策》等。

2020年的这场蔓延全球的新冠肺炎疫情，是人类社会的一次集体大考。无论国家和民族之间的意识形态如何不同，人们之间的社会利益分化和阶层差距多么巨大，灾害风险的生产与分配似乎都成了主导这个时代的新标识，也在一定时期内成为全球社会舆论关注的新焦点，并对全球社会经济发展产生长久而深刻的影响。

德国著名的风险社会理论家贝克（Ulrich Beck）曾说过，在风险社会里，风险意识首先决定风险的存在。的确，在日常教育中，无论是学校的基础教育还是青少年的家庭教育或大众的社会教育，风险防范和灾害教育一直存在严重的不足。很多人在灾害来临的时候，不仅没有基本的灾害风险的感知和预判能力，而且也不懂基本的个体防范技巧和灾害应对方法，其导致的结果不是在心理上无端恐惧、惊慌，就是在行为上盲目从众，甚至选择用近乎迷信、荒谬的行为来应对灾害的发生。新冠肺炎疫情的全球爆发再次警示我们，人们最缺乏的可能不是防灾的科学知识和技术，而是对风险发生的警觉意识及应当具有的基本防灾技能。因此，把灾害教育融入基础教育之中，强化灾害教育在基础教育中的地位，从小培养国民的灾害防范意识、处置方法与技巧应该成为迫在眉睫、势在必行的大事，也是人类步入风险社会后在教育领域不得不作出的反应和调整。

基础教育的重要目标是提高国民的科学素养和综合素质，为推动个体的全面发展打下基础。但遗憾的是，长期以来，我们在基础教育领域常常只重视学科知识本身的传授，导致教育目标和内容常常围绕升学的指挥棒去转，对日常的生活、生命、生存教育严重不足。这不仅导致很多人从小就缺乏基本的灾害风险意识，也缺少在面对重大突发灾害时必要的防范知识和从容的处置方法。健全的基础教育，除了必需的学科知识传授以外，还应该让个体在成长过程中感受到日常生活的美好，让生活更加丰富，让生命得到觉醒，让生存更为坚韧。因此，应当把灾害教育融入基础教育之中，使之成为学生生活教育、生命教育和生存教育的重要组成部分。

在基础教育中,我们可以通过主题班会、班级活动、小组辩论、图片展览、安全知识竞赛等途径对学生开展灾害教育,同时在课堂内外的教育实践中,常态化地开展安全讲座、消防演习、防灾演练等活动,以提升灾害教育的实践效果,使灾害教育从应急性的教育逐步走向常态化的教育,从特殊时间的教育走向普及化、日常化的教育,从对学科知识的补充性教育走向每一个学生都必须学习并学会的生存教育。而要做到这一点,除了在基础教育领域加强相应的师资队伍配置以外,更重要的是制定相应的灾害教育标准,规范灾害教学内容和课程体系设计,加强减灾防灾教育的实践演习和实务操练。只有这样,才能让基础教育逐步摆脱功利性,真正回归育人本质,体现人本特色,让学生在接受学科知识的同时保障身心健康,德智体美劳五育并举,全面发展综合素质。

如何讲述全球史

——对疫情之后中学历史教育的一点思考

【作者简介】

孟钟捷,历史学博士,华东师范大学历史系教授、博士生导师。华东师范大学教务处处长,兼任国际历史教育协会成员、中国德国史研究会理事等。入选中国人文社科最具影响力青年学者,曾获宝钢优秀教师奖。主要从事20世纪世界史、德国现当代社会史和全球化历史教育的教学和研究。著有《德国1920年〈企业代表会法〉发生史》《寻求黄金分割点:联邦德国社会伙伴关系研究》等。

第三篇
基础教育的问题审思与内容诉求

突如其来的全球疫情,看上去让一种原本已受到批判的"高歌凯旋式"的全球史叙事进一步遭到阻击。这种进步主义的、以西方为中心的论调在最近几十年间反复遭到质疑。而随着新冠肺炎疫情在全球扩散,各国被迫"封国""封城",乃至相互拦截医疗物资,彼此"甩锅",从物理空间到虚拟空间,充斥着各种隔绝意识与行为。诸如此类的现象,无论频率还是强度,甚至让90年前世界经济大萧条时期各国高筑关税壁垒之举相形见绌。

在此情形下,中学历史教育还需要全球史吗?

笔者的回答是肯定的。这一方面来自我们对这场疫情表层反全球化趋势之下国际合作元素的观察:国际性组织和跨国公司的挺身而出,不断彰显的超越民族国家的行动意愿及其成效都是不可低估的;生产系统的全球布局在急救物资供应链条上表现出的优势和劣势,都证明了全球经济一体化的深度与广度;人性的相通性让医护人员成为各国民众共同敬仰的对象;生存权在所谓人权的话题中重新赢得了共识和重视。另一方面,这一判断是基于我国中学历史教育在全球史领域内的多年实践:与前文提及的那种"高歌凯旋式的"全球史叙事不同,我们在中学生历史意识的培育中已关注到世界历史发展的整体性与多样性并存的客观现实,引导年轻一代去思考现代世界体系的形成机制与霸权特征,在民族与世界的多元联系中探索人类命运共同体的历史根基及其未来走向。

由此,全球疫情的爆发与扩散,并不能成为中学历史教育停止讲述全球史的阀门。相反,它让我们有机会进一步完善这幅历史画面,让中国的学子拥有更为全面而辩证的全球意识。具体而言,未来的全球史教育或许体现为:(1)不仅讨论"人"的全球史,还要关注"自然"的全球史,从而回应"天人合一"的中国古老观念在所谓"后工业社会"中的应用可能;(2)不仅呈现经济和政治领域内的全球一体化进程,还应反思更多层面的全球趋同现象,如生活习俗、审美取向、健康意识等及其造成的多层效应;(3)不仅重视全球化的结果,还要关注全球化的多维而反复的过程,特别是现代观念在各国之间流播和再创的复杂面向,如本次疫情带来的公共卫生观念及其机制转型的各种讨论；（4）不仅谈论全球整合的正面贡献，也不回避大规模流动、跨国生产及虚拟空间信息交换等有可能带来的失控危险；（5）不仅呈现民族国家视角下的全球史，更应提供全球视角下的全球史，从而回击任何"零和游戏"式的全球交往想象。

  作为时间科学的历史学，不断在过去、当下与未来的三维时间中寻求人类的生存意义。疫情终将过去，这场灾难或许能在不久的未来成为有效提升中学生历史意识的源泉之一。

疫情之后,基础教育更要培育忧患意识

【作者简介】

方笑一,文学博士,华东师范大学中文系教授、博士生导师。华东师范大学中文系副系主任,华东师范大学思勉人文高等研究院副院长,兼任中国宋代文学学会理事、中国历史文献研究会理事。主要从事宋代文学、宋代学术等领域的研究。著有《经学、科举与宋代古文》《古典诗词品读录·人间》《古典诗词品读录·烟火》《北宋新学与文学——以王安石为中心》等。

突如其来的新冠肺炎疫情，使我们重新去认识、规划和思考许多事情。就基础教育而言，我认为，疫情给我们提出了一个深层次的问题：是否需要加强中小学生忧患意识的培育？

我们这一代人在中小学时代，大多接受过这样的观念：我们国家人口多，底子薄，经济还不够发达，社会的主要矛盾是人民日益增长的物质文化需要同落后的社会生产之间的矛盾。这就使我们心底始终存有一种忧患意识，居安思危，深感已经获得的许多东西来之不易。现在的中小学生都出生于2000年之后，对于其中大多数人而言，科技的发达、物质的丰富、信息的开放、生活的便利，构成了他们生活中毋庸置疑的前提。而新冠肺炎疫情的来袭，疾患对家庭的冲击，国家应对疫情所采取的种种措施等，对大多数中小学生而言，几乎是前所未见的。要使得他们面对危难有足够的承受能力，就需要大力加强忧患意识的培育。

在中国古代，忧患意识是先哲们反复强调的一个观念。《周易·系辞下》说："作《易》者，其有忧患乎？"孟子说："生于忧患而死于安乐也。"（《孟子·告子下》）所谓"忧患"，就是在危机尚未发生之前长怀警觉，对可能发生的不利状况有所预判，做好防备。假如能够让学生通过古人的这些告诫，把忧患意识牢牢扎根于内心，对他们的未来成长显然是极为有利的。从绝对的意义上来说，像新冠肺炎疫情这样的危机，其发生不可预料，而培育忧患意识的价值在于，能让学生在骤然降临的危机面前沉着冷静，理性思考，灵活应对，调动智力，发挥潜能。《中庸》说："凡事豫则立，不豫则废。"这个"豫"，就是"预"。在我看来，不仅要让学生参与某些应对灾难的演习，更重要的是培育和不断巩固他们头脑中的忧患意识。范仲淹说："先天下之忧而忧，后天下之乐而乐。"（《岳阳楼记》）这种先忧后乐的精神恰恰包含了当时士大夫最可贵的忧患意识，而"先"字尤为关键。回到基础教育来说，忧患意识，也是需要预先、优先加以培养的。

从长远来看，忧患意识的培育，其意义并不止于中小学生的精神成长，这对一个民族的未来也是至关重要的。欧阳修曾经说："忧劳可以兴国，逸豫可以亡身，自然之理也。"（《新五代史·伶官传序》）无论国家发展到怎样的程度，无论生活怎样富足，科技怎样发达，青少年多一点忧患意识，会使他们的人生之路走得更加顺畅，步履更加坚实。只有这样，中华民族的未来才会更有希望。

"云"飘飘

——基础教育的社区云学校建设思考

【作者简介】

张彤,教育学博士,中学高级教师,长春市实验中学校长。曾获第三届全国教育改革创新优秀校长奖、吉林省教育系统先进个人、吉林省教育科研型名校长、长春市劳动模范、首批"长春名校长"、长春市十佳校长、长春市职工职业道德建设十佳标兵、长春市文教系统先进个人、长春市创先争优先进个人、长春市均衡教育先进个人、长春市中小学德育工作先进工作者等荣誉。主持多项课题,发表多篇论文,出版专著《普通高中课程实施个案研究——唤醒心灵教育理念下的课程构建》。

第三篇
基础教育的问题审思与内容诉求

在互联网的价值观、技术、资源等构成的生态系统中,教育的生态系统打破了哪些边界而实现创新和突破,是本文的主题,也是新冠肺炎疫情中思考教育新拐点的追问。

社区云学校以社区为单元实体,来自不同正规学校、不同年龄阶段的学生放学后,聚集在社区云学校,参与有组织的课后学习。学习的支持来自互联网的技术和资源,同时有专职的组织与指导教师。我们期待它是正规学校教育的有益补充。

社区云学校的课程决定了它是否有存在的意义。第一类课程是满足学生刚需的课程,以提高学生的学业成绩。如果不能解决这类问题,社区云学校就没有生存的土壤。可以建立一套与课内学业匹配的基于数据诊断的课后作业辅导系统,支持学生消化当日所学知识。学生放学后,完成本校教师所留的作业,课后作业辅导系统对其进行学习方法指导、学习内容再讲解、学习诊断与补救,帮助学生在完成作业的过程中实现知识学习的"日日清"。

第二类课程体现了社区云学校建设的使命,这是提高学生生命质量的素质教育课程。建立一套满足不同年龄段学生各类兴趣的可选择的课程资源包,放学后,有相同兴趣的学生组织兴趣学习小组,形成学习共同体,在课程资源包的支持下提升兴趣,开阔视野。周末,由学习共同体的家长有计划、有组织地带领学生走向社会和自然,去实践所学。其中,社区的有识之士可以作为志愿者参与学生的兴趣培养。

社区云学校的师资力量有四类。第一类,来自"云",上文提到的提高成绩的课后作业辅导系统和满足兴趣的课程资源包都基于互联网技术与资源,这种"云"的实现是有良知和情怀的企业参与的结果;第二类,实体的社区云学校需要配备专职的社区工作人员,这些组织者为学生有序完成两类课程设计计划、组织落实和实施反馈等,这是维持运转必不可少的师资,这些组织者可以有志愿者;第三类,是培养学生兴趣的本社区各类专业人才,他们的参与会扩大学生兴趣培养的范围，这种社会资源的整合对教育发展非常有价值；第四类，学生自身就是很好的师资力量，这是一个学习共同体，来自不同学校和年级的学生互相交流，可能会有意外的收获，实现学习金字塔原则中的最佳状态——讲给别人听，对他自身来讲，理解知识更为透彻。

从师资力量看，社区云学校的管理特点是"形散而神不散"，这也是云飘在天空中的状态。从场地的规划看，如果能实现政府要求、开发商配套的话，离梦想就更近了一步。

梦想离现实还很遥远，社区云学校的建成需要四个认同。首先是政府的认同，如果没有政府主导的各部门联动，计划便难以推行。例如俄罗斯的校外教育（也称为补充教育）便是政府推动的教育事业，对学生培养大有益处，被称为"百年瑰宝"。其次是企业的认同，虽然教育不能市场化，但没有市场走不远，民间资本推动教育转型也是一种必然，教育亟需有情怀、有良知的企业参与其中。再次是正规学校的认同，这是学校开放与社区合作的机会，也是学校各类共同体建设的途径，这为学生的培养开辟了新的场域。最后是家长的认同。满足学生的个性化需求，不能仅靠免费的义务教育支持，若家长的投入能物有所值，家长会认可。社区云学校的诞生及其功能的实现需要一套系统的政策支持。

诸如学生三点半放学无人看管，课后作业无人辅导，人力财力时间投入不成正比的补课顽疾，独生子女的合作学习意识欠缺，教育资源的社会整合不到位等问题，一直困扰着我们。期待社区云学校为解决这些教育难题提供方案。

社区云学校可能是社会力量办学的新模式，也可能是教育发展的新拐点，是资本与市场介入的教育新突破，是政府推动教育创新的新作为。

对于上好疫情这一课的反思

【作者简介】

王国英，澳门菜农子弟学校校长。

突如其来的新冠肺炎疫情，使得澳门的教学活动被迫中止，全体师生"宅"在家里。对此，教育部提出"停课不停学"，掀起了一场前所未有的网上课堂革命，也产生了一系列网上教学问题。如何教？怎样学？对于一线教育工作者来说，这是一种挑战，需要重新审视信息科技教学在改革路上的定位和作用。

一、网络教学是大势所趋

网络教学并不是新鲜事物，其发展已较为成熟。一场新冠肺炎疫情，使师生在毫无准备的情况下迎来了长时间的停课。"停课不停学"政策让我们恍然发现，一直应用的网络教学原来尚处于初级阶段——软硬件的使用千差万别，特别是停课初期，出现了信息平台各异、教师操作熟练程度有别、学生软硬件配套不足等问题。因此，教育教学在"停课不停学"政策的实施初期较为混乱。随着时间的推移，问题逐步理顺。但有一点是肯定的，即这些问题仍然未得到根本解决。这其中，教师的观念是关键，疫情期间的网课实际上也为教师上了宝贵的一课。教师面临着突破时空限制、打破教学进度框架、实施多元评价等挑战。这正是学校课堂教学需要反思的地方。教育不能安于现状，教师要不断强化利用信息技术手段进行教学的能力。新冠肺炎疫情期间的"停课不停学"既需要经验的总结，也需要我们做好准备，保证若再遇停课，教学活动能正常进行，让学生随时随地都能获得学习的机会。

二、重视"停课不停学"期间学生学习过程的回馈

关于停课期间的网上学习，澳门教育局已经做了指导，即学习过程"宜松不宜紧"，学习成绩不影响学年总评分数，以此减少师生的压力，这是可以理解的。但是在疫情下，我们必须关注学生的学习过程，重视学习过程的回馈。在停课初

期的网络教学中，学生的抱怨较多，特别是初中生，他们应用科技学习的能力不及高中生，学习效果也不如高中生。在疫情背景下，中学生在网上学习中遇到的各种问题和反馈，值得教师进一步分析和探讨，这是很重要的教学经验。但是，我们也必须承认，网上学习更能显示出学生的个性化特征。因此，如何培养学生的自主学习与时间管理能力，是未来课程设计应该加以考虑的内容。

经此一"疫"，信息科技教育的潮流更加迅猛，通过网络模式进行教学活动也是大势所趋，这促使教师顺应时代要求，不断求变，创新教学模式。值得深入思考的是：网络教学模式是否会代替课堂教学？科技发展（包括人工智能的崛起）能否取代教师？我相信，这不是一个简单的取代过程，而是通过网络使教学模式千变万化的过程。教师需要随着学生的喜好、性情、文化和学习方式的不断改变，不断提高自身的教学效能。

教育教学是配合社会不断变化与发展的科学。但是，无论疫情如何发展，教师对教学的初心及其肩负的育人责任，是永远不会改变的。

后疫情时代的教育：向"神兽"和"巨婴"说不！

【作者简介】

杨培明，江苏省南菁高级中学校长、党委书记，正高级教师。教育部中考改革专家组成员，国家教材委员会专家库成员，江南大学、西北师范大学硕士生导师。入选"江苏人民教育家培养工程"培养对象，先后获得"无锡市劳动模范""江苏省优秀教育工作者""全国教育改革创新杰出校长奖"等荣誉，获第五届全国教育科学研究优秀成果奖二等奖、江苏省基础教育成果奖特等奖、2018年基础教育国家级教学成果奖一等奖。在《课程·教材·教法》《中国教育学刊》《人民教育》等期刊发表论文30余篇，多篇论文被《中国人民大学复印报刊资料》全文转载，著有《涵养八讲》《创思八讲》《审美八讲》等。

在抗击新冠肺炎疫情期间,"神兽"成为一个高频词,这让我联想到一个时髦的用语——"巨婴"。"神兽"反映了广大家长对目前在读中小学生衣来伸手、饭来张口、沉溺网络、晨昏颠倒、不愿交流的无奈;而"巨婴"的意思是,一个个体,在身体上已经发育为成年人,而在精神上还保留着婴儿般的思想、情绪和行为。这不能不令人深思:今后,基础教育将向何处去?

一、教育当以培养合格的劳动者、建设者为己任

在全国上下抗击疫情时期,中共中央、国务院作出重大决定,出台《中共中央 国务院关于全面加强新时代大中小学劳动教育的意见》,旨在构建德智体美劳全面培养的教育体系,加强新时代大中小学劳动教育。

习近平总书记多次强调:"让劳动光荣、创造伟大成为铿锵的时代强音,让劳动最光荣、劳动最崇高、劳动最伟大、劳动最美丽蔚然成风。"[1]

可是,"近年来一些青少年中出现了不珍惜劳动成果、不想劳动、不会劳动的现象,劳动的独特育人价值在一定程度上被忽视,劳动教育正被淡化、弱化"[2]。借鉴芬兰、日本、德国等国在劳动教育方面的成功经验和做法,中小学需要尽快建立起课程层面的劳动教育体系。只有经历过劳动历练的人,才会珍惜粮食,珍惜劳动果实。我们设想:食堂改为自备餐具;教学区域卫生实行班级包干制;校园绿化养护等实行班级承包制;起始年级学生可以考虑每班每学期校园劳动一周,负责种树、浇花、除草、图书整理、实验仪器清洁以及食堂帮工等。

---

[1] 习近平.在庆祝"五一"国际劳动节暨表彰全国劳动模范和先进工作者大会上的讲话[M].北京:人民出版社,2015:4—5.
[2] 中华人民共和国教育部.中共中央 国务院关于全面加强新时代大中小学劳动教育的意见[EB/OL].(2020-03-20)[2021-02-15].http://www.moe.gov.cn/jyb_xxgk/moe_1777/moe_1778/202003/t20200326_435127.html.

二、教育应该彰显精神培育和人格塑造的功能

著名教育家顾明远认为，教育的意义对个体来说，在于提高生命的质量，提升生命的价值……人都要实现人生价值。人生价值就是要对社会、对人类、对自然作出一点贡献。生命质量、人生价值具体体现在精神境界和人格品位上。没有高远的精神境界的人，缺乏完善的人格塑造的人，缺少责任与担当的人，无论年龄多大，都只能是一个"巨婴"。

近年来，江苏省南菁高级中学以中华美学精神为引领，以美育重构校园生活，学校发展不断走向美学境界。我们认为：面向未来的教育，应该立意高远，致力于人类更美好的未来，更加需要我们从教育的本质看教育，要全面贯彻党的教育方针，落实立德树人根本任务，要重视教育的精神培育和人格塑造功能，让人全面自由地发展。

我们要结合这场抗疫战斗，让学生树立马克思主义信仰，坚定中国特色社会主义信念，坚定中华民族伟大复兴中国梦的信心。我们要结合抗疫，引导青年一代坚定"四个自信"，追求真理、崇尚科学，练就过硬的本领，造福国家和人民，增强实现中华民族伟大复兴的使命感。当青年一代对祖国爱得深沉了，心中的信仰坚定了，精神世界强大了，他们离国家和人民的期待就更近了。

"神兽"不懂人情世故，缺乏必要的生活自理能力；"巨婴"漠视自我主体责任，缺乏公民意识。基础教育阶段的"神兽"，走向社会则成为"巨婴"。拯救"巨婴"从拯救"神兽"开始。今天的孩子经历的苦难少，太脆弱，家长和老师的呵护太多，太娇惯了。"立德树人"与"德智体美劳全面发展"不应该是空洞的口号，我们在关注学生身体和生理成长发育的同时，也要高度重视他们的心理和人格的长足发展。

令人欣喜的是，抗击疫情期间，我们不仅看到了耄耋之年的国士的担当，更

看到了"90后"与"00后"们的亮点,看到了国家和民族的希望。对教育者来说,疫情就是课题,危机就是契机,生活就是课程。

后疫情时代的教育,必须向"神兽"和"巨婴"说不!

乌云中的一线光明

——新冠肺炎疫情下的教育反思

【作者简介】

尼古拉斯·佩斯（Nicholas J. Pace），博士，美国内布拉斯加大学林肯分校教授、教育行政学系系主任。主要从事校长领导力、学校文化与管理、学生指导等领域的研究。以自身经历创作了《现实的召唤：一位校长入职第一学期的故事》《寻求平衡：一位校长入职第二学期的故事》。

第三篇
基础教育的问题审思与内容诉求

尽管有来自政府官员、医学专家的郑重警告和历史的教训，新冠肺炎疫情依旧席卷了全世界。疫情扰乱了人们生活的方方面面，造成了严重的死亡、经济和社会的混乱，带来了极度的恐惧。教育在无数方面受到了影响，但同时，教育也带来了前行的希望。在这篇文章中，我将分享我作为一名公立学校教师、校长、大学教授和在美国中西部工作了20年的管理者的所见所感。

人们常说"乌云背后总有一线光明"。尽管新冠肺炎疫情是一场邪恶的风暴，但透过它的"云层"，我们可以找到积极的一面，为教育家和领导者们抗击疫情指明前行的道路。

一、贫困与食品不足

在美国，超过一半的基础教育阶段的学生通过所在学校获得了联邦政府指导下的膳食补助，这意味着这些学生的早餐和午餐对他们的家庭来说是零成本。然而，大多数学者怀疑，实际有需求的家庭比例可能更高，因为许多家庭不愿意寻求这样的援助。新冠肺炎疫情造成了美国失业率激增，但许多公民没有意识到贫困和食品不足的普遍性。因为这种危机仍然隐藏在富裕的表象之下，隐藏在人们以为这些问题离自己尚远的错误认知之中。病毒的广泛影响以及其间有色人种的过高死亡率，都表明需要更加关注经济、社会及教育的不平等。

展　望

随着数百万人失业，数百万学生逐渐缺失食物保障。学校立即作出反应，与政府、地方机构、宗教团体和个人合作，为学生和学生家庭提供食物。一些地区与其合作伙伴为数百万学生及其家庭提供了食物。在这个紧急时刻，政府也全力支持这些地区和团体，没有要求他们提供任何有关资质证明或出具相关许可。所有这些努力都指向一个经常被忽视的教育问题——贫困和食品不足，这些问题在以前都是被隐藏的。疫情以如此快的速度加剧了现有的贫困和粮食危机，这需要各级政府、企业、教育和宗教团体的全力响应,共同抗疫。

二、数字鸿沟

随着学校的关闭和学校教学向远程教学转变,学生获取互联网资源的不平等程度日益明显。学校给学生配备的电脑如果没有可靠的无线网络信号,学生就无法在家里使用。此外,网络资源的获取与学生家庭的收入及地理位置密切相关。因此,许多城市贫困学生和农村学生无法获得远程学习资源。

展 望

对于上述数字鸿沟的问题,学校已经创造性地作出回应。比如,在停车场停放装有无线网络的校车,这样家长们就可以在使用网络的同时进行社交活动。一些科技公司已经开启了疫情期间免费提供无线网络信号的服务。如果说这场疫情证明了什么,那就是信息的获取,尤其是数字信息的获取对于教育和经济机会至关重要,尤其是对贫困和偏远地区的学生及公民而言,更是如此。所以,政府、企业必须加倍努力,积极面对,以缩小数字鸿沟,释放经济发展的机会,促进教育创新。

三、虐待儿童和心理健康问题

美国教育工作者被指定为"义务记者",即:教育工作者有义务观察和报告学生中虐待儿童的迹象。近年来,研究人员发现,学生、家庭和教育工作者的心理健康问题逐渐令人担忧。随着失业率上升、账单堆积、学生被迫居家、压力增加等问题的出现和加剧,儿童受虐的风险将会上升,同时却又没有专业的教育工作者在场来及时发现虐待的迹象。

展 望

就像粮食危机和数字鸿沟一样,上述问题引起了人们的更多关注,并促使一些人呼吁更多的精神卫生保健获得权，以及增加关于亲子互动、儿童保健和预防儿童虐待的资源投入。尽管处于社会隔离状态，但已经有中小学、大学、宗教团体和社区通过远程心理健康和虚拟治疗课程的形式，为有需要的家庭提供了帮助。无论是现在还是疫情之后，都必须增加投入，以提升家庭及学生心理健康的保障。教育工作者不能替代心理健康治疗专家，但他们需要额外的训练，以应对这种前所未有的形势。

四、教学缺失

学校关闭已造成数千小时的教学缺失。一些家长可以在家工作，同时也给在家的孩子提供一些教学和监督，但有许多家庭并不能在家里为孩子提供学习指导。

展望

有些中小学校、大学和教育机构开发了各种各样的居家学习工具。一些教师通过网络在特定的时间阅读故事并在网上授课，也有教师通过电话与学生及其家人保持联系。在许多情况下，疫情期间学校教学的缺失也催生了创新的、在线的和在家的、因地制宜的学习机会。有学区和大学通过电视、网络和其他方式迅速而有创造性地提供学习课程。

这些使我们意识到，教师们付出了巨大努力去关爱学生。当一些政客试图批评教师时，数以百万计的教育工作者把自己变成了和医生、护士、护理人员、警察一样的英雄。这提醒公众，教师应该得到尊重，正如其他受人尊敬的专业人士那样。

五、社会方面

扩大社交距离导致一些重要的传统仪式和活动被取消，比如开学典礼、毕业派对、田野考察、学校运动、音乐会等。这些变化引起了那些错过了重要仪式的学生和家庭的不良情绪反应。

展望

教育工作者对此的反应很有创意。比如,他们举办了"游行",学生的朋友们和教育工作者开车经过学生的家,庆祝他们的毕业、生日等;学校在晚上照亮运动场,以此象征团结和对未来的乐观;学校利用社交媒体展示学生和教师的成就;中小学和大学邀请毕业生参加"虚拟庆典",让学生、教师和学校管理人员分享他们美好的回忆、积极的想法和未来的目标。教育工作者的这些反应提醒我们共同体的重要性,即使在社交隔离的情况下。

六、偏见和种族主义

随着恐惧加剧,一些人开始寻找"替罪羊"。随着病毒在美国的传播,许多亚裔美国人和其他有色人种成为被骚扰和遭受暴力的受害者。许多人不愿在公共场合露面,因为他们担心自己会成为攻击目标,尤其是在戴着口罩保护自己的情况下。这暴露了社会中丑陋的种族主义和偏见。这一问题必须通过教育来解决。

展望

病毒的大肆传播表明,与所爱的人隔离带来的恐惧、孤立和痛苦超越了阶级、种族、语言、信仰等。我们必须唤起人性中更美好的一面,关注人类的处境、我们对社会的普遍需求,以及如何通过教育更好地发展人性。

七、最后的思考:一种新常态及未来展望

有一位朋友曾表示,在我们渴望迅速回归正常生活的过程中,我们必须反思正常生活中哪些方面值得回归。漆黑的乌云遮住了我们视线中的阳光,风暴摧毁

了经济，动摇了人们的信心，重创了教育系统。

然而，在一片混乱中，我们意识到，教育确实是应对各种挑战的路径。像华东师范大学和内布拉斯加大学林肯分校这样的培养教师和学校领导者的机构，必须密切关注课程设置和授课方式。我们必须确保未来的教师和学校领导者做好充分的准备，以便在动荡的、前所未有的、令人不安的时代（如新冠肺炎疫情时代）发挥服务和领导作用。我们必须培养这样的领导者，他们能理解，联合而非孤立、科学而非诡计、教育而非无知，才是我们这个全球化、互联互通的世界的前行之途。

【编译】张　蕊
【校对】李　林

> 后疫情时代，基础教育向何处去？　　全球97位教育专家的思索与探究

如果所有学校突然停课怎么办

——关于新冠肺炎疫情时期学校教育的评论

【作者简介】

巴勃罗·皮内奥（Pablo Pineau），教育学博士，阿根廷布宜诺斯艾利斯大学教育史讲座教授。

第三篇
基础教育的问题审思与内容诉求

在教育学课堂上,我曾多次提出这样一种设想:如果当今世界所有的学校同时关闭,会发生什么?为此,我们评论了一些针对或由战争、自然灾害造成的小规模类似情况的建议和实践,如在家上学、去学校化教育。

今天,全世界同时发生了这种情况,它不是所谓的社会进化或教育进步的产物,而是受到一场全球公共卫生危机的影响。一段时期以来,数以万计的人(学生、教师、政府和家庭)深受疫情影响,这极有可能重塑学校的未来,重塑我们对教育的疑问和观念。

目前的情况下,我们可以尝试更实际地回应我曾在课堂上提出的设想。在存在许多困难的情况下,教育制度或多或少地显示出一种惊人的适应新形势的能力,以便能够保证在许多地方实现教学的连续性。事实证明,关于学校及其行动者在面对新情况时会阻抗、僵化和迟缓的判断并不那么准确。此外,数字技术已经在很大程度上被纳入学校运营中。事实也证明,在许多情况下(例如在阿根廷),有效的应对措施还包括不太先进但大多数人更易获得的技术,如广播和公共电视,通过社区分发由政府机构印刷或教师自己制作的小册子。

在积极评价的同时,我们也要看到这种情况使先前存在的一些问题更加突出。如技术获取存在差距,学校解决其他基本需求(如食品和社交设施)的重要责任,广大学生及其家庭的文化资本和生活条件不同,导致了阿根廷在开展此类教育实践上存在极大的困难。此外,它还暴露出教师的工作条件比较艰苦,既缺少社会资源,也缺乏经济资源。

而且,为了不让学生放弃学习,大多数教师都在创造性地寻找替代方案。为此,他们进一步学习数字技术和虚拟教育,探索新的教育途径,将Zoom、Kolibri和ClassDojo等作为新的工作平台,寻求建议,并与同行分享信息、方法、内容和任何可能有用的东西。他们还被要求回应学生和家长的各种要求和问题。所有这一切,都是根据每个国家的情况,在政府的支持下完成的,这证明了无论以何种方式,教师的存在和陪伴,教师的声音、形象和情感,都是保证教育行为有效的必要条件。

我们突然发现，当今社会还不具备在没有学校的情况下有效管理大规模教学过程的能力。这一判断强化了我们这些人的立场，我们认为，学校仍然是此后几代人接受教育的必要空间。对照某些既定的常识，我们正在验证我们长期以来所持的观点：学校教育是一个复杂的结构，需要很长时间才能完成，它综合了存在性、渐进性、普遍性、同时性和大量性等特征，因此，教学任务不易被那些没有资格从事这项工作的人所掌握，更不用说机器或计算机程序了。虽然教育制度几乎从产生之时起就客观存在一些缺陷，但目前的情况表明，学校可以通过生产、共享公共空间和场所，成为实现社会平等和民主化的有力工具，而对学校的压制将不利于它缓解外部的社会不平等。

最初的分析还使我们对疫情结束后的情况形成一些思考。我们认为，学生可能像以前一样回到教室上课。这将是一个巨大的错误，好像如今线上学习的经历是一个应该很快被遗忘的噩梦。也许现在还为时过早，但我们可以设想，有必要实施课程改革，在适应我们已经习惯的学校空间和教学行为的基础上，针对这种前所未有的情况产生新的社会、情感支持和陪伴。在短期内所采取的应对这一特殊时期的教学策略，因方式和条件的差异而产生了新的不平等问题，这些问题将会给基础课程的学习带来进一步的不公平。如果说从这种危急的情况中能获取什么好处的话，那就是它提供了一个独特的机会，让我们可以在新冠肺炎流行之前和流行期间，对学校和教育全景进行良好的评估。我们有可能调查学校教授了什么、如何教授，学生学习了什么，分析是为了什么目的而教授和学习的，并研究学校从使用数字技术中获得了哪些好处，这些好处超出了对虚拟技术的补偿。我们必须利用这种强加的社会和教育实验情景，提出新的建议，帮助学校作出最佳的教学选择，促进评估和更新学校教学方式的进程，以保障子孙后代的受教育权。

【编译】吴春琼

【校对】卜玉华

4 第四篇

基础教育的未来走向与发展路径

第四篇
基础教育的未来走向与发展路径

后疫情时代，基础教育向何处去

【作者简介】

李政涛，教育学博士，华东师范大学教育学部教授、博士生导师。教育部人文社会科学重点研究基地华东师范大学基础教育改革与发展研究所所长，华东师范大学"生命·实践"教育学研究院院长，兼任中国教育学会教育基本理论专业委员会主任委员、中国教育学会中青年教育理论工作者分会副理事长。先后入选教育部"长江学者"特聘教授、教育部"新世纪优秀人才支持计划"、国家"百千万人才工程"，国务院政府特殊津贴获得者。主要从事教育学原理、教育人类学、"生命·实践"教育学的教学和研究。在《教育研究》等期刊发表学术论文140余篇，多篇论文被《新华文摘》《中国社会科学文摘》《中国人民大学复印报刊资料》《读者》等杂志转载，著有《教育常识》《表演：解读教育活动的新视角》《教育科学的世界》《教育人类学引论》《教育学科与相关学科的"对话"》《做有生命感的教育者》《教育学的智慧》《重建教师的精神宇宙》《交互生成：教育理论与实践的转化之力》《"新基础教育"研究传统》《倾听着的教育》《教育与永恒》等。

当下的基础教育有两大热点，一是人工智能，二是新冠肺炎疫情。两者在特殊时期产生了合流，共同推动未来基础教育的格局与样态走向巨变。

如果说人工智能的出现不仅全面推动了教学方式、管理方式的变革，而且带动了生命本身的进化，带给基础教育全新的教育对象，[1]带来的是智能时代的基础教育，那么，新冠肺炎疫情的发生则是一个分界线，从此以后，世界基础教育将分为"前疫情时代的基础教育"和"后疫情时代的基础教育"。

后疫情时代基础教育的基本走向，是在打破旧有的传统秩序和格局中，通过体系化的重建，走向多方面的深度融合。

一、新冠肺炎疫情打破了什么

新冠肺炎疫情引发的危机及其应对，加速了基础教育传统壁垒和边界的瓦解，主要表现为线上线下、家内家外、校内校外三大分界线的进一步突破和相互渗透。它们之间的壁垒在疫情的冲击之下摇摇欲坠，共同呈现出如下基本特征和发展趋势：线上教学、在家学习和校外教育，将在后疫情时代扩展自己的领地，与传统的线下教学、在校学习和校内教育呈现出分庭抗礼进而混合融通之势。

其一，线上线下的边界。疫情出现以后，迫不得已登场的线上教学充当了"救火队员"的角色，很快成为抗疫过程中的教育主角，一时风头无两。虽然随后引发的各种质疑、批评和争论不绝于耳，但线上教学在教学过程中的地位和作用的充分放大却是不争的事实。新冠肺炎疫情对两者原有边界的冲击和打破，首先在于冲破了原有线下教学大于线上教学的传统格局，扩大了线上教学的地盘，提升了线上教学在教学体系中的地位，并有可能形成未来线上教学与线下教学并

---

[1] 李政涛，罗艺.智能时代的生命进化及其教育[J].教育研究，2019（11）：39—58.

驾齐驱的教学新格局。其次,新冠肺炎疫情让线上教学与线下教学的关系问题成为教学研究的焦点。它不再满足于探究线上教学有何弊端、如何更加有效等传统问题,转而聚焦于如何大面积推广和实施混合教学,如何让线上教学和线下教学实现互补和双赢等更加具有前瞻性的问题。这些问题的提出表明,线上教学的边界已经发生了前移。在不断蚕食线下教学的地盘的过程中,线上教学逐渐进入教学的深处。后疫情时代,线上教学的角色绝不只是"救火队员""暂住居民",不是非常时期的非常办法,而是"主力部队"和"常驻代表"。在此背景下,新的教学样态和教学版图就此生成,混合教学或双线教学的交融共生,是未来教学世界的基本态势。

其二,家内家外的边界。随疫情而来的线上教学的兴盛,同时促发了居家学习或在家学习的兴起。一方面,在家学习与在校学习的本质区别体现出来:"由群体性的学习组织变成个体为主或有家长陪伴的家庭学习,由教师督促、同伴互助的激励学习方式变成独立坚持、独自面对的学习,由程式化、规范化和仪式化的学习环境变成相对惬意、轻松的自我营造的学习环境,由有规律的学习时长变成随意的自我调节的学习时间安排,由相对统一固化的学习内容变成自主选择、自由安排的学习内容。"[1]另一方面,在家学习的特性与优势也很快显现出来:"一是学生可以选择课程,每个学生一张课表;二是学生可以选择教师;三是学生不得不逐步学会自学。教师的主要责任不再是讲课,而是兴起和引发学生自学的意向与激情。教师可以少教而学生可以多学"[2]。这些优势在日益彰显的同时,也放大了在校学习的弱点或软肋。在家学习,不仅赋予学生以学习自觉和自主学习的能力,帮助学生学会在在校学习和在家学习之间自如地转换,而且能够"推动整个教育的变革,为传统的学校教育改革带来新方向、新常态和新趋势。

---

[1] 苏忱.重视居家学习的价值[N].中国教师报,2020-04-01(03).
[2] 刘良华.在家学习与在校学习的互动与边界[J].重庆第二师范学院学报:师资建设,2020(1):18—20.

学校教育不仅可以将在家学习作为一个辅助的办法，而且可以从在家学习那里获得让学生选择课程、让学生选择教师、让学生自学等等改革的灵感"[1]。在家学习既拓展了学生学习场所的常规边界，也拓展了学校教育及其改革的边界，与在家学习相关的变革从此成为学校教育的改革对象和改革内容。这意味着，有了在家学习之后的学校教育改革，在方向、目标、内容等方面，都将发生诸多变化。换言之，此后的学校改革，必须将在家学习作为不可或缺的因素或变量，与课程改革、教学改革、学生管理改革和学校管理改革整合起来，进行整体设计、整体实施和整体评价。

其三，校内校外的边界。在新冠肺炎疫情的影响下，学校停课，在线教学，居家学习，一个接一个的举措背后，折射出学校教育或在校教育的局限和无奈……"在校感"的弱化，"非校感"的强化，使得曾经被神圣化的"学校"的价值感与存在感猛然下降，甚至可能产生"是否还需要学校"的疑问……当年伊里奇（Ivan Illich）倡导的"非学校化运动"，可能由此将在后疫情时代重新兴起。疫情总要结束，日常教学总要回归学校，但学校可以回去，原有的教育体系或教育格局很可能回不去了。

三大边界的改变和突破带来的共同影响在于，加大了不同教学方式和学习方式之间的流动性、混融性，教师和学生同时在线上教学与线下教学、在家学习与在校学习、校内教育与校外教育之间频繁流动，深度融合。这种流动、混合或融合的频率与质量，将成为衡量学校教育质量、育人质量的新维度和新标准。这可能在整体意义上引发基础教育的翻转：从线下教学、在校学习和校内教育等一统天下，翻转为线上教学、在家学习和校外教育地位凸显，产生混融教学、混融学习和混融教育交融共生的新样态，最终导致整个基础教育的翻转。这是继"翻转课堂"之后，基础教育领域出现的又一种翻转：从"翻转课堂"到"翻转教育"，

---

[1] 刘良华.在家学习与在校学习的互动与边界[J].重庆第二师范学院学报：师资建设，2020（1）：18—20.

其实质是从单一到混融的翻转。

二、后疫情时代，我们将要重建什么

疫情带来的既是打破与改变，也是重建或重生的机遇，而且是体系化重建的机遇，涉及基础教育的理念体系、课程体系、教学体系、学校管理体系，以及治理体系等多元性、结构化的重建。

在理念体系上，基于新冠肺炎疫情源起的特殊性，将催生或凸显一些新理念。例如，责任生存观。这是一种基于行为后果的责任伦理，目的在于重构人与世界、人与社会、人与自然的和谐关系，出发点是建立一种全新的生存与发展观念——责任生存，即"个人必须将自己置身于人与人互动的社会大系统中，人类必须将自己置身于自然万物的大系统中，以'责任'作为人类生存的价值导向，养成对他者（他人、家庭、工作机构、社会组织、自然生物与环境）的尊重，对自己负责，对他者负责，对所有生物的生存和整个地球的存在负责，对整个社会与自然系统的平衡和谐以及系统内部各种关系的和谐、各种力量的平衡负责，学会与他者共生与互动……'责任公民'的'责任生存'方式，由教育和自我教育来进行形塑；责任教育，由学校、家庭和社会合作完成"[1]。责任教育在本质上属于价值观教育，它的具体落实涉及体系化的构建，既需要学校和家庭创设实施责任教育的各种活动，也需要在制度、规范与文化上营造良好的社会环境，还需要利用社会公共环境提供各种社会实践与体验机会等。

与新理念的生成相比，对传统观念的再思考、再认识意义上的理念重建更为普遍。

例如，重新认识教学。由于新冠肺炎疫情而兴起的在线教学，给了我们重新

---

[1] 范国睿.责任生存：一种全新的生存与发展观念[J].教育家，2020（10）：1—2.

理解和认识在线教学甚至重审教学的机遇。就在线教学而言，通过对什么是完整意义的在线教学，或者在线教学如何成为真正的教学等问题的追问与思考，我们意识到，在线教学不是简单地将教师讲课的内容电子化、网络化，并推送到学生面前。这不是完整意义的教学，也不是真正的教学，"因为它不能确保有效促进学生学习的作用，仅仅借助网络等新媒体实现'在线'是不够的，还要将教学的方法，即如何引发、支持、促进学生学习活动（尤其是认知学习活动）纳入到推送给学生的内容中，让'在线'与'教学'实现平等而均衡的结合"[1]。这一认识预示着，"在线"的出现，赋予了"教学"新的意义。由于有了在线的教学，教学的内涵、外延及其方式都发生了变化，教学本身的传统疆域得以拓展。若将"完整教学"的概念推而广之，可以说，后疫情时代，没有在线教学的教学是不完整的教学。线上教学与线下教学的互补混融，共同诠释了"教学"的当代真谛和整全理解。

又如，重新认识教师。疫情导致教师的身份、职责发生诸多变化，"一是作为'教育者'，将疫情转化为课程与教学资源；二是作为'社会人'，在抗疫中起模范带头作用；三是作为'教化者'，树立新时代社会新风；四是作为'专业人'，稳定安抚公众情绪"[2]。通过这些身份职责的赋予，教师角色、职责和形象等被重新定位，进而引发教师素养、教师标准、教师培训等系列化的重新思考与重新架构。此外，在线教学背后信息技术的高密度使用，也带来对教师与技术关系的思考：是建立一种生态系统，还是用机器替代教师？教师是在线教学的使用者，还是在线教学的创造者？[3]

---

[1] 崔允漷.混合学习要从方案变革做起——由"停课不停学≠在线学习"想到的[N].中国教师报，2020-03-04（012）.

[2] 蒋纯焦.论突发性公共事件中教师的社会担当——以抗击新型冠状病毒肺炎疫情为例[J].中国教育学刊，2020（3）：7—11.

[3] 赵勇.未来，我们如何做教师？[J].中国德育，2017（11）：48—51.

第四篇
基础教育的未来走向与发展路径

在课程体系上,首先是课程资源的变化。至少产生了三类课程资源:(1)以史为鉴类,如17世纪成功阻止了黑死病北上的伦敦郊区亚姆村的故事,1910年东北鼠疫爆发期间武连德封城的故事等;(2)以邻为鉴类,如各国面对疫情采取了哪些措施,哪些是值得借鉴的经验;(3)以己为鉴类,如新冠肺炎亲历者的口述,抗疫英雄及抗疫过程中平凡人的不平凡事迹等[1]。其次是课程开发形式的变化。各种主题式课程、综合性课程和跨学科课程将会得到充分施展和获得大发展的机遇,例如,儿童哲学、STEM+课程(或STEAM+课程)、国际理解、教育戏剧等。仅仅是为应对疫情而顿成全球热点的小小的口罩,其诞生和变迁,从生产、供应、消费到使用,以及背后的文化差异与文化冲突,涉及多领域的学科知识,可以成为创建综合课程,进行跨学科学习的代表性方式。[2]再次是课程目标的变化。疫情提醒我们:学会处理人与自然、人与动物的关系对于人类生活是多么的重要。因此,帮助学生确立合理的自然观、野生动物保护观,将在未来的课程目标体系中具有更高的价值和地位。又如,疫情发生过程中,网上各种声音、信息、流言兴起,如何学会在质疑中明辨是非,学会有理有据地表达观点,保持理性和独立的判断,这既为审辨式思维提供了充分施展的空间,也将审辨式思维能力的重要性凸显出来。

在学校管理体系上,除了积极应对疫情带给课程管理、教学管理、学生管理、教师管理等方面的新变化,作出相应调整之外,学校管理亟须提升的是管理者的危机领导力,具体包括:基于教育立场的工作转化能力、系统建构能力、建设教育共生体的能力和长程设计能力等,[3]如此,才能带领学校从战胜危机走向赢得未来。

---

[1] 杨小微.长智于已然　防患于未然——疫情期间课程资源的发掘与利用[N].人民政协报,2020-03-25(05).
[2] 沈晓敏.口罩成为跨学科学习新主题[N].中国教师报,2020-04-08(006).
[3] 李家成,顾惠芬.提升危机领导力:疫情防控期的校长必修课——基于疫情防控时期教育领导实践的观察与思考[J].中小学管理,2020(3):34—36.

在治理体系上，除了校内治理体系的重建之外，围绕学校教育的整个基础教育治理体系都将发生变化，它涉及教育治理与技术、教育治理与社区、教育治理与企业等多元主体之间的互动对话、相互协调、统筹安排，它们共同推动应急教育治理机制的自我完善与系统重建。

三、后疫情时代，加快了什么融合

在打破基础教育的旧秩序与重建新秩序的过程中，各种融合的步伐也加快了，包括线上教学与线下教学的融合，在家学习和在校学习的融合，校内教育与校外教育的融合等，都在广度和深度上得到了前所未有的拓展。

最重要、最根本的融合是线上教学与线下教学的融合（online-merge-offline）。因为，所有的融合都与网络有关，都是由网络来连接的。线上与线下的融合构成了其他融合的发动机和黏合剂，它不仅推动了其他融合的发生与发展，而且成为各种重建的管道与载体。例如，价值观念的重建，在疫情面前"更需要思考和学会在疾病面前尊重生命和保持生命淡定与勇气，学会在困境中关心关爱他人，学会处理个人与集体关系，学会执行和遵守规则与要求，以及学会承担自身责任和担当等。对此，在线教学也必须有所作为"[1]。

线上教学与线下教学可称为"双线教学"，线上教学与线下教学的融合可称为"双线融合"，在疫情的带动下，它们将成为未来基础教育的基本模式或常态模式。

在已有"混合教学"概念的背景之下，之所以还要提出"双线教学"，原因之一是，"混合教学"中的"混合"一词具有多种理解的可能，既可以是线

---

[1] 朱益明."停课不停学"与在线教学发展的审思[J].教育与教学研究，2020（3）：41—49.

上教学与线下教学的混合，也可以是多种教学工具或方法的混合，甚至还可以视为各种教学理念的混合。但"双线教学"明确指向线上教学和线下教学这两条线，一目了然。原因之二是，"双线教学"中的"双线"，不仅重在"双"，更突出了"线"。它既点出了混合教学的混合对象和混合载体，也表明了在线教学的网络教育的本质，同时，网络之线本身也构成了线上教学与线下教学之间的分界线。之所以强调"双线融合"，则是因为，虽然信息技术的演进和催化早已产生了"双线教学"，但之前的状态更多是分离或割裂的，虽然也有两者结合的研究，但并非主流，更多的是"双线交替"或"双线并存"，而不是"双线融合"。"融合"的状态，是指线上教学与线下教学"你中有我""我中有你"，它试图改变传统的加法思维，即"线上教学+线下教学"，贯穿其中的则是一种融通思维，它将使双线之间的传统屏障松懈瓦解，进而带来诸多新改变，包括课程内容的改变、教学方案的改变、教师素养的改变、师生关系的转变等。它们都将基于融合、为了融合、体现融合，在融合之中得以重建。

在通往"双线融合"及其他融合的路上，需要敏锐捕捉、发现并应对可能带来的危险、弊端或冲突。例如，教师被课内外丰富多彩的教育资源和学习形式吸引，而遗忘了网络教学的目的所在；再如，在人际互动中，天然、及时、有效的评估与反馈缺失；又如，在网络教学中，内容的深度与形式的多样很难同步，缺乏内涵的形式会很肤浅，而肤浅的形式容易捕获大家参与的兴趣，但往往失去长久的支持；还有，师生之间变得冷漠、疏离，或者彼此不在乎。[1] 这些危险和弊端体现了线上与线下、教师与学生等多方面的竞争与冲突，其实质则是技术与人的竞争与冲突。

---

[1] 周彬.从课堂教学到网络教学的"变"与"不变"[J].人民教育，2020（6）：53—55.

如何应对和化解这些冲突，将冲突转化为新的教育教学资源和育人资源，构成了后疫情时代的重大命题和重大挑战。

总之，新冠肺炎疫情的发生，既是一场人类共同面对的灾难，也是一个重大机遇：一个改造基础教育的机遇，一个学校变革的机遇，也是一个未来教师和学生共同发展的机遇。

第四篇
基础教育的未来走向与发展路径

中国基础教育，要为未来世界的大国责任担当做好准备

【作者简介】

朱旭东，教育学博士，北京师范大学教育学部教授、博士生导师。教育部人文社会科学重点研究基地北京师范大学教师教育研究中心主任。教育部"长江学者"特聘教授，曾入选北京市培养跨世纪理论人才"百人工程"。主要从事比较教育、美国教育和教师教育以及外国教育史等领域的研究。在《北京大学教育评论》《教育学报》等期刊发表学术论文多篇，著有《欧美国民教育理论探源——教育制度意识形态论》等。

后疫情时代，
基础教育向何处去？　　全球97位教育专家的思索与探究

　　新冠肺炎疫情会以改变世界大局的威力对人类社会产生影响，这是出乎意料的。世界大变局的表现之一就是，中国在未来世界中的影响将会越来越大，这种影响意味着中国大国责任担当的使命会越来越强。使命担当是全中国人民的责任，是每个人的责任。显然，教育要为每个人能够承担这份责任做好准备，这就涉及基础教育要为未来世界中中国的大国责任担当做好准备这一议题。

　　为什么基础教育要为未来世界中中国的大国责任担当做准备呢？新冠肺炎疫情中，各国表现出的责任担当差异很大。我们本以为有的发达国家可以较准确地作出判断并采取有效的防控措施，不让新冠肺炎疫情在本国蔓延，结果却令人大跌眼镜；有的国家没有能力应对科学尚未搞清楚的新冠肺炎疫情肆虐，放弃了保护本国人民生命的责任；有的国家在防护用品成为稀缺物资的情况下表现出不道德行为；有的国家根本无力也无心去援助他国……更令人咋舌的是，在面对威胁人类的病毒时，一些国家不时表现出傲慢、偏见、愚昧、无知这些为人类所不齿的行为，这些行为背后反映了种族主义、优胜劣汰的社会达尔文主义、马尔萨斯过剩人口论、狭隘的民族主义、政治利益高于生命权的虚伪主义等根深蒂固的意识形态。这样的意识形态已经成为像新冠一样的病毒，充斥着这些"病毒"的国家根本无法为人类社会发展承担责任，而只关心一己私利。相反，中国在这次新冠肺炎疫情中表现出的防控治理能力、应急处理能力、资源调配能力、信息沟通能力、物资生产能力、国际援助能力等，举世瞩目。人类社会历史发展具有其客观规律，中国承担起世界大国责任的时代已悄然来临。问题是，随着步入后疫情时代，除了应对疫情本身要承担的大国责任以外，其他的责任该如何承担？中国为它做好准备了吗？基础教育又该如何为它做准备？

　　确实，发挥未来世界的大国责任担当作用，需要今天的基础教育未雨绸缪。基础教育是一国教育的重中之重，是国民素养培育的手段。中国在未来世界中承担大国责任是每个中国人的责任，每个中国人的社会主义核心价值观素养、中华优秀传统文化修养、国际人道主义精神、全球治理素养、全球胜任力等都是承担大国责任的基本素养，需要从基础教育阶段开始培育。因此，基础教育的课程内容、教学途径、学业评价和教育治理体系等要服务于这些基本素养的培育。

后疫情时代的基础教育,需要走向"伦理自觉"

【作者简介】

徐继存,教育学博士,山东师范大学教育学部教授、博士生导师。山东师范大学教育学部部长,山东师范大学教育学一级学科学术带头人、课程与教学论学科博士点负责人,兼任中国教育学会教学论专业委员会副理事长、中国教育实验研究会副理事长、山东课程与教学研究会副理事长等。曾获国家级教学成果奖1项、中国高校人文社会科学优秀成果奖1项、山东省社会科学优秀成果奖7项。主要从事课程与教学论研究。在《教育研究》《课程·教材·教法》等期刊发表学术论文160余篇,多篇论文被《中国人民大学复印报刊资料》《教育学》《高等学校文科学术文摘》《新华文摘》等转载,著有《课程与教学论问题的时代澄明》《中国乡村教化百年嬗变》《教育学的学科立场——教育学知识的社会学考察》等。

第四篇
基础教育的未来走向与发展路径

人在本质上是社会关系的总和，人的社会性决定了人的世界也应该是伦理的世界，人应该过一种伦理的生活。现代社会在为人的个体自由和个性解放提供广阔空间的同时，也带来了生活的急剧分裂和冲突。伴随着人的伦理生活之家园感的式微，人存在的本体性焦虑日益增强，不确定性成了萦绕在社会中的可怕幽灵，未来没有通往幸福的坦途。

尽管追求幸福是个体不可让渡的权利，但现代人必须将追求幸福提升到人类共处之终极目的的高度。巴西的蝴蝶扇动一下翅膀会引发得克萨斯州的龙卷风，经济的全球化早已是人类无可回避的处境。蝴蝶不知道自己扇动翅膀带来的后果，它也无法排除这种后果，而具有高度自我意识的人必须清醒地认识到这一点，并遵循集体行动的逻辑，才能从零和博弈走向合作共赢。

肆虐全球的新冠肺炎疫情使我们真正感受到人类命运的不可分割，深深地体验到作为个体的我们的无力和无奈，它所要求的伦理标准已经远远超越了法律意义上的责任。不管我们是否承认并愿意承担彼此之间的责任，我们似乎已别无选择。无论在什么境遇下，个体都要为他者承担责任，必须从冷漠的旁观者变成积极的行动者。这种伦理精神应该深深地嵌入个体意识，升华为一种神圣不可侵犯的品格，成为我们一切行动不可动摇的根据和出发点。

以血缘关系为基础的家庭固然是人天然的伦理实体，但学校对伦理精神的培育具有不可或缺的作用。更何况，现代社会的流变已使家庭这种天然的伦理实体处于功能不断退化的状态之中，造成了伦理精神培育的源头性枯萎，学校更应该直面这种严峻的现实，勇敢地肩负起应有的责任。事实上，使人成为一个人，并尊重他人，这本就是教育特别是基础教育永远的使命。

因此，学校首先应该增强伦理底蕴和伦理意识，注重学校制度的伦理设计和安排，为学生伦理精神的发育构筑良好的空间，让学生时刻沐浴学校的伦理关怀，享受人间温情，成为真正具有伦理精神的人。其次，如果将培养具有伦理精神的人作为学校的使命和目标，那么学校就需要加强对学生的伦理教育，使学生掌握基本的伦理知识，增强伦理判断，砥砺伦理敏感性，充分意识到自己日常行为的伦理意义，自觉地肩负伦理职责。再次，要着力转变学生孤立的学习方式，倡导一种关系性的、合作性的学习方式。孤立的学习是一种占有性的学习方式，这种占有性的学习方式纵容学生追求个体学业成绩，排斥学生之间的相遇与相处，助长学生之间的恶性竞争，容易导致学生利己主义的滋生和伦理责任的衰退。

后疫情时代，应该是人类伦理意识普遍觉醒的时代，也是基础教育走向伦理自觉的时代。

疫情之下，为弱势群体提供受教育权的"国家救济"

【作者简介】

陈鹏，教育学博士，陕西师范大学教育学院教授、博士生导师。陕西师范大学教育学院院长，西北教育政策与法律研究所所长，兼任中国教育学会教育政策与法律研究分会副理事长、中国教育学会院校研究会常务理事、中国教育发展战略学会教育改革与规划专业委员会常务理事、中国教育发展战略学会教育法制专业委员会常务理事等。曾获国家级基础教育教学成果二等奖和陕西省高等学校人文社会科学研究优秀成果一等奖。主要从事教育政策与法规、职业教育领域的研究。在《教育研究》《高等教育研究》《新华文摘》等学术期刊发表论文60余篇，著有《教育法学的理论与实践》《公立高等学校法律关系研究》《中小学教育法制基础》等。

新冠肺炎疫情正改变着世界政治、经济、公共卫生和教育格局，也考验着各主权国家教育治理体系的应对能力与治理的科学化水平。在这场人类历史上重大的公共卫生危机中，国家封关、经济停摆、学校停课成为各国应对疫情的公共政策选择。

在疫情的冲击下，在线教学无奈地成为我国各级各类学校的主要教学模式。但由于区域间经济发展的不平衡和信息技术基础能力建设的差异，处于欠发达地区、农村地区尤其是深度贫困地区的学生在在线教学中处于十分不利的地位。在缺乏基本均等的网络资源公共服务的情况下，在家庭经济拮据，缺乏在线教学所必需的电脑、手机移动终端的情况下，他们如何通过在线教学享有平等的受教育权利，是国家决策者必须关注的重要问题。受教育权是我国宪法规定的公民的基本权利，平等接受教育是《世界人权宣言》《经济、社会及文化权利国际公约》《公民权利与政治权利国际公约》等国际法倡导的基本原则。教育行政部门提出"停课不停学"的政策，其目的在于最大限度地维护学校正常的教学秩序，减缓疫情对学校教学的冲击，但没有更多地关切不利人群在在线教学中面临的窘境，一定程度上加剧了学生受教育权的不平等。所以，通过权衡利弊，适当调整中小学的暑假和寒假，即缩短暑假甚至寒假的期限，保障基本的在校面授课堂的教学时间，或许能在一定程度上抵御疫情冲击，降低城乡数字化鸿沟对在线教学造成的不平等影响。

这种不平等必然也会波及学生的中考尤其是高考，衍生为社会公平与教育公平等公众关注的社会热点问题。在初三与高三冲刺的关键期，处境不利地区的学生网络资源供给不足，与发达地区相比，教学效果差异将进一步拉大，教育机会公平问题随即凸显出来。所以，教育行政部门积极作为，适时推迟中考、高考的决策，无疑是明智的选择。同时，还应继续加大西部偏远地区、贫困农村地区中考高考指标的投放，按照差异公平的原则，保障弱势群体的受教育机会。

这次疫情也使我们重新思考，在面临重大公共卫生危机之时，国家的教育治理体系应该如何积极应对挑战,如何科学民主决策,以实现国家教育治理的现代化,避免在公共卫生危机发生时被动应对。当前最为紧迫的是建立城乡基本均衡的网络基础设施,在国家新的建设规划中,优先考虑欠发达地区、农村地区,尤其是要着力解决深度贫困的"三区三州"[1]中小学的教育信息化问题,提升弱势群体的信息素养,为人人平等地接受教育创造条件。

---

[1] 深度贫困的"三区三州"指西藏自治区,青海、四川、甘肃、云南四省的藏区,新疆南疆的和田地区、阿克苏地区、喀什地区、克孜勒苏柯尔克孜自治州,四川凉山州,云南怒江州,甘肃临夏州。——编者注

重构教师的教育能力

【作者简介】

周跃良,理学博士,浙江师范大学教师教育学院教授、博士生导师。浙江师范大学教师教育学院院长,浙江师范大学智慧教育研究院执行院长,兼任浙江省师范教育教学指导委员会委员兼秘书长、浙江省智慧教育联盟理事长、浙江省人民政府督学、教育部"人工智能+"教师队伍建设专家组成员等。主要从事教师教育、智慧教育方面的研究和实践。主持国家级精品资源共享课程"现代远程教育""中学实习与见习",参与并获得国家级教学成果奖两项。已发表论著近百篇,著有《现代教育技术》《中小学虚拟学习环境设计与应用》等。

第四篇
基础教育的未来走向与发展路径

新冠肺炎疫情使得在线教育成为解决疫情期间学生教育问题的唯一选择，也让教育界以空前的规模全面地审视和验证了信息技术的作用及价值。现有的信息技术环境和装备条件至少有可能替代课堂教学。然而，教师、学生在"停课不停学"中的各种不适应和社会对在线教学效果的质疑，实际上反映了当前教育界并没有做好准备，主动且自觉地接纳在线教育，人们只是将在线教育看作一种暂时性的无奈选择。

其实，不论是教学效果的不尽人意，还是人们对使用电子设备造成不良后果的担忧，都不是在线教育的本源问题。从学校实施情况来说，与其说是在线教育存在问题，不如说是教师无法很好地驾驭在线教育。长期以来，我国师范院校培养教师的逻辑就是面向以班级教学为核心的常规学校教育情景，基于师生面对面交互为基础的教学模式一直是学校教育的主流。这种情况下，教师很难深刻理解在线教育与学校教育、在线教学与课堂教学的本质差异，以致缺乏在线教学的组织和管理技能。学校也没有像网络教育机构那样有专业团队来开发和制作教学资源。由于现有教师没有受过相应的能力训练，他们只能以其熟悉的课堂教学模式来理解和设计在线教学，而现有学校教育模式中并没有支持在线教学的机制，教师也只能以个体方式组织和实施比课堂教学更为复杂、需要多个专业人员支撑的在线教育。可以说，教师能力结构的缺陷、缺乏必要的训练与分工协作，是导致当前在线教学效果不佳的深层原因。

随着智能化社会的来临，基于智能化技术的各种在线教育模式还将进一步改变现有的教育面貌，在线教学可能不会是一种临时性的替代方案，混合式学习、泛在化学习必将深入教育内在框架之中。未来不仅需要改造当前依然是为适应第一次工业革命而建立起来的学校教育体制，调整教育内部各主体之间的关系，同时也更加需要重新建构教师的能力结构体系及其培养模式。为此，需要从理论和实践上高度重视四个方面的问题。

首先，需要打破课堂教学才是正规学校教育的观念，将各种基于信息技术实现的学习形式及其组织和管理能力纳入教师培养培训体系，并让教师和师范生学会利用信息技术实现各种学习形式。

其次，要充分考虑未来智能技术给教学工作带来的改变。未来教育必然是人机协同完成的，知识和技能教学有可能通过智能化技术实现，而教师则更多地承担激发学生学习积极性、训练学生学习能力以及促进学生身心发展和道德发展等工作，立德树人真正成为教师的首要任务。这将会逐步打破"手工作坊式"的教师工作模式，弱化以学科来分割教师专业和教学分工的现有体制。

再次，未来需要建立专门支持教师教育教学的技术开发、资源建设与技术咨询的机构，以支撑多技术条件下教学活动的正常开展，并使教师能够将主要精力放到立德树人上。

最后，要改革现有的教师培养和培训机构，强化培养培训能力建设，尤其需要重构现有的教师教育课程体系和教学模式，打破基于课堂教学建立起来的教育理论框架和教学模式。

"扩大"与"缩小"的交错：疫情催生教育公平的新路径

【作者简介】

赵建梅，法学硕士，新疆师范大学初等教育学院教授、博士生导师。新疆师范大学初等教育学院院长，兼任全国教师教育学会小学教师教育专业委员会常务理事、中国教育学会教育学分会初等教育学专业委员会常务理事、全国高师院校学生工作研究会理事。曾获教育部"全国普通高等学校毕业生就业工作先进工作者"等荣誉。主要从事思想政治教育研究、初等教育研究。在《教育学报》《新疆社会科学》等期刊发表论文40余篇，参编《大学生心理健康教育》《公共关系学》等。

新冠肺炎疫情爆发之后，基础教育教学方式在短时间内迅速改变。一时间，网课几乎覆盖全国约1.7亿个家庭。与此同时，由网课引发的系列讨论层出不穷，除了网课质量及课堂监控等问题引发热议外，对信息技术背景下教育公平的再度深思尤为引人关注。毫无疑问，网课是一把"双刃剑"：一方面，网课在疫情期间能够通过技术支持为学生提供上课机会；另一方面，部分贫困家庭和乡村的孩子无法享受到技术带来的便利，又似乎扩大了教育的不公平。这是一个交织着"公平"与"不公平"的复杂过程。

值得我们思考的是，疫情过后，如何通过信息技术支持学校教育的正常运作，从而缩小教育的不公平。《国家中长期教育改革和发展规划纲要（2010—2020年）》中明确提出："到2020年，基本建成覆盖城乡各级各类学校的教育信息化体系，促进教育内容、教学手段和方法现代化。"[1] 在各省各地区的努力下，为每一所中小学校配备远程教育设施的目标基本实现。那么，立足时代，就要充分发挥信息技术在学校中的作用，缩小教育的不公平。

一、以技术为载体，增强优质教育资源的辐射力

工业社会在某种程度上缩小了城乡差别，信息社会也可能会在另外一个尺度上缩小这种差别。信息技术支持下的教育就能够通过多样的方式与渠道缩小教育的不公平，并且发挥优质教育资源对薄弱学校、乡村学校的辐射和带动作用。

《中国青年报》曾报道，248所贫困地区的中学，通过直播与著名的成都七中同步上课，就像"往井下打了光，扔了绳子"[2]，再次证明了"一块屏幕"的力量。通过疫情期间的教育经历及其暴露出来的问题，我们发现，可以通过技术在

---

[1] 中华人民共和国教育部.国家中长期教育改革和发展规划纲要（2010—2020年）[EB/OL].（2010-07-29）[2021-01-28]. http://www.moe.gov.cn/jyb_xwfb/s6052/moe_838/201008/t20100802_93704.html.

[2] 中国青年报.成都七中的网课直播，改变了贫困地区高中：就像"往井下打了光，丢了绳子"[EB/OL].（2018-12-13）[2021-01-28]. https://cbgc.scol.com.cn/home/107982.

以下两种模式中发挥优质教育资源在实现教育公平中的调节作用。第一，校内优质教师资源的共享。疫情期间，由于一些教师缺位，部分优秀教师的课堂辐射到多个班，无形中实现了优质课堂教学的共享。以此为鉴，今后教育中可以尝试沿用此种方式，以优秀教师主讲、信息技术辐射、其他任课教师辅助的模式开展课堂教学，从而实现统一授课与因材施教的结合，实现学校内部资源的优化配置。第二，校外优质资源的辐射，包括城乡学校的协同发展和跨省学校的协同发展两种情况。其中，城乡学校协同发展主要是发挥本省优质学校的引领作用，带动本省乡村特别是贫困乡村学校的共同进步，而跨省协同发展则是指由不同省份的优质学校带领其他省份相对薄弱学校的发展。这种协同模式不仅可以缩小城乡差距，而且能够缓解东西部学校教育的差距问题。

实现以上模式，需要国家政策及政府部门的支持。据教育部官网上我国2018年的教育统计数据显示，我国有中等教育学校76 746所，初等教育学校170 209所。[1] 在如此众多的学校中，如何构建恰当的学校协同体系，成为亟须解决的问题。一方面，在全国层面建立"学校信息资源中心"，可以畅通对接渠道；另一方面，可以建立一个全国性的、分年级、分学科的教育资源库，同时配备特定的在线交互人群，以互通有无，达到教学资源共享，促进教学质量共同提升。

二、以技术为载体，拓展师生互动的多元空间

课堂教学中的互动可以视作从微观角度审视教育公平的有效方式。疫情期间，网课的开展让师生互动、生生互动突破了传统课堂互动的时空局限，使得每一个学生都拥有与教师、同伴互动的机会。首先，网络教学增加了互动的频次。

---

[1] 中华人民共和国教育部.2018年教育统计数［EB/OL］.（2019-08-08）［2021-01-28］.http://www.moe.gov.cn/s78/A03/moe_560/jytjsj_2018/.

全班同学可以同时进行文字留言，也可以让有疑问或爱思考的同学有感而发，增强了更多学生的课堂归属感与自信心。其次，网课在课堂互动中拓宽了学生视野。疫情期间，部分教师和学生深有体会，网课能在有限的时间里让所有人都能看到其他人的观点，拓展了学生对同一个问题的审视视角。这不仅有利于培养每一个学生的多元思维，丰富其文化涵养，更有利于促进那些家庭社会文化资本相对不足的学生的发展。最后，网课延展了学生互动的时空。在传统教学中，师生互动、生生互动在下课后就基本结束，而网课却能不受时空限制，通过辅助平台延续未完成的交流与讨论，让还没有发声的学生或"慢热型"的学生拥有发言的机会，促进微观课堂教育公平的实现。

第四篇
基础教育的未来走向与发展路径

后疫情时代基础教育的五大走向

【作者简介】

刘晖，教育学博士，广州大学教育学院教授、博士生导师。广州大学教育学院院长，广州大学高等教育研究所所长，广州大学一级学科教育学硕士点负责人，广东省一级重点学科教育学科带头人，兼任中国高等教育学会高等教育管理研究会常务理事、广东省高等教育专业委员会副理事长、广东省教育政策与规划专业委员会副理事长。曾获广东省哲学社会科学优秀成果奖二等奖、广东教育教学成果奖（高等教育类）一等奖、"广东省南粤优秀教师"称号等。主要从事高等教育学原理、教育基本理论研究。发表学术论文60余篇，其中有16篇次被《新华文摘》《中国社会科学文摘》《中国人民大学复印报刊资料》转载，著有《高等教育发展的"中国模式"》《转型期的地方大学治理》等。

新冠肺炎疫情是影响人类的重大事件，必将改变教育的未来。未来不是我们要去的地方，而是观念创造的方舟。疫情使以前教育理论层面做了准备而实践层面不敢做、不愿做、不能做的教育行动，一夜之间落地开花。人类教育有史以来第一次打破时空屏障，实现了"无边界教育"。我认为它昭示着未来基础教育的五大走向。

走向一，基础教育的时空从"一元"走向"多元"。基础教育的空间与时间已经发生百年未有之大变局，教育场域多元，教学时间多维，教育主体多样，时空的去边界化成为未来教育变革的先导。如果说改变教育时空的云课堂、数字课程、虚拟校园、在家学习、主动学习空间等，曾经是局部的探索性试验，那么如今，它已在世界范围内成为常态。未来的人工智能、物联网与教育的深度融合，将消弭基础教育主体之间的时空屏障，揭示未来"无边界教育"的无限可能。

走向二，基础教育的课程从"固体"走向"流体"。课程设计突破"固体"程式，走向满足个体需求的"流体"微课程、知识链、超课件，学习的深度和广度实现了最大化。学生既享用普适的"标准配餐"，亦辅以个性的"私人定制"，而最终会通过碎片化学习实现整体性知识建构。新冠肺炎疫情还凸显了人类命运共同体的价值，同理心、沟通力、国际理解和包容异质文化的能力，以及理解人类的未来、宗教的缘起、科技的局限、艺术的璀璨与人性的光辉等，这些恰恰是未来学生的必备素养与未来课程的发展方向。"流体"课程，上善若水，滋养学生当下的成长，流向学生未来的需求。

走向三，基础教育的公平从"起点"走向"过程"。以往的教育公平着重于人人享有平等的受教育权利和受教育机会，未来教育则兼顾"公平"与"正义"、"起点公平"和"过程公平"，从"入学机会"均等走向"学习机会"均等，进而臻于"结果公平"。网格化学习、超时空链接、多主体互动、立体化共享、个性化选择，为打破先天条件、社会背景、学习资源等制约教育不公平的壁垒提供了可能，让劣势群体最大限度地获得学习机会，在学习过程中弱化乃至消除强者愈强、弱者愈弱的"马太效应"。

走向四，基础教育鼓励"积极自由"与"消极自由"。教育的使命在于促进人的自由与解放。以往，教育鼓励学生提升"积极自由"的能力，即选择做自己想做的事情的能力。未来教育还要提升"消极自由"的能力，致力于克服外在的人为障碍，帮助学生挣脱阻碍自由发展的枷锁。选课制、走班制、拓展课、小班教学、个性化学习，还有"人工智能+"教学，必将大大突破限制学生自由的桎梏，因材施教，适性而学，各美其美，实现马克思所说的"每个人的自由发展是一切人的自由发展的条件"的目标。

走向五，基础教育质量从"先验"走向"经验"。关于"好学校"和"好学生"的界定，从来就不乏外显的或内隐的标准，标准往往是"先验"的、由来已久的、不证自明的，学校和师生乐此不疲地追求这种标准。未来，统一性的"先验"质量标准将被个性化的"经验"质量标准取代。"经验"标准是在精准了解每个学生的基础上制定的面向变动不居的未来的质量标准，其借助数字化评估的整个流程，实时调整目标与结果，反哺式地设计入口与过程，还原每个学生作为社会成员的经验。教育即成长，教育就是成就那个独一无二的他/她。

我期待 5G、6G 的普及与人文的昌盛，冰冷的技术被赋予温情脉脉的人性，知识共享，思想共鸣，价值共情，教师与学生相互成就，真理与真情交相辉映，自由与公正比翼齐飞。

疫情影响下未来基础教育有三大走向

【作者简介】

李永鑫,理学博士,河南大学教育科学学院教授、博士生导师。河南大学教育科学学院院长,兼任《心理研究》副主编(执行)、中国人力资源开发研究会人才测评分会常务理事、中国心理卫生协会职业健康心理专业委员会委员等。曾获河南省哲学社会科学成果奖二等奖、河南省高等教育教学成果奖一等奖等。主要从事管理心理学与人力资源管理等领域的研究。共发表学术论文180余篇,著有《教师组织认同的理论与实证研究》《职业健康心理学:本土化的研究》等。

第四篇
基础教育的未来走向与发展路径

为应对突如其来的新冠肺炎疫情，全国的大中小学陆续开启了"停课不停教、停课不停学"的在线教育模式。与传统教育形式不同，在线教学不囿于时间、地点，在具有时空自由性的同时，也造成了师生之间的"时空分离"。疫情对未来基础教育的挑战无疑是中小学校教育工作者和学生家长最为关注的话题。我们认为，未来教育将在学生培养、教师知识塑造及教学模式方面发生重大变革。

一是关注生命教育，培育全面发展的人。新冠肺炎疫情使我们每一个人都切身体会到生命的脆弱与珍贵，也使我们意识到没有人是与世隔绝的孤岛，我们所有人都处在命运共同体中。未来的基础教育应该将生命教育、健康素养等纳入正式的学科课程，将其作为学生需要学习的一个重要领域，把当下的疫情作为一个"可教的时机"，使学生理解所有社会成员共同经历的危机事件。教育要回归初心，祛除"功利心"，以疫情为契机展开丰富的劳动教育、职责教育及价值观教育，培育每一个孩子的家国情怀和责任感，使其成长为一个全面发展的人。

二是促进教师知识的"技术整合"。疫情冲击下，所有的教育教学工作都依托线上开展，绝大多数教师毫无准备地卷入在线教育教学工作之中，造成不少教师的慌乱无措。杨晓哲博士的调研数据显示，大多数（63.06%）教师认为在线教学难度较高，"教师自己对技术不熟悉"排在所有困难的前三位。[1] 因此，教师教育的未来走向应是促进教师知识的"技术整合"，使教师认识到教育信息技术不仅是促进教师知识表征的工具，而且是与学科教学知识、教学法知识同等重要的知识，是每个教师都需要掌握的关键知识，并要制订相关策略，促使教师将信息和通信技术整合到自己的教学知识中，从而更加自如地开展教学实践。

三是推进教学模式的混合发展。疫情发生以来，线上的教与学成为师生双方

---

[1] 杨晓哲，张昱瑾.疫情防控下中小学教师在线教学与在线培训分析[J].现代教育技术，2020（3）：5—11.

沟通的首选方式。在线教育虽然存在提问不精准和交流不顺畅等缺点，但同时不可避免地加速了基础教育教学模式的重大变革，在一定程度上有效地整合了网络学习资源，促使大量的优质学习资源向全社会免费开放，有力地推动了优质教育资源共享。但是，目前来看，在线教育并没有完全发挥网络资源带来的个性化、智能化的教育优势，更多的只是将传统的课堂生搬硬套地转换到网络上。未来的教育需要大力挖掘线上教育的优势资源，实现线上教育与线下教育的融合，服务学生的个性化需求。

第四篇
基础教育的未来走向与发展路径

后疫情时代学生培养的三大转向

【作者简介】

王光明，教育学博士，天津师范大学教育学部教师教育学院教授、博士生导师。天津师范大学教育学部教师教育学院院长，兼任全国数学教育研究会副理事长、《数学教育学报》主编、美国学术期刊 Journal of Management in Engineering 及 European Journal of Medical Technologies 编委。曾获天津市第十三届社会科学优秀成果奖三等奖、首届国家级基础教育教学成果奖二等奖、天津市基础教育教学成果一等奖、天津市第三届教育科学研究优秀成果一等奖等。主要从事数学教育、教师教育、课程与教学论等领域的研究。先后在《课程·教材·教法》等期刊发表学术论文多篇，著有《新版课程标准解析与教学指导（小学数学）》《十三国数学课程标准评介（高中卷）》《新理念数学教学论》《新理念数学教学技能训练》《小学数学教学设计》《综合实践活动设计实例》等。

在后疫情时代，我国基础教育会迎来哪些变革？从学生培养的角度看，我们应该抓住契机，把握三大转向，以促进学生的发展。

一、注重学习身份的转变，让学生由答问者兼做提问者

此次新冠疫情爆发后，"防控"和"防治"成为高频词汇。防控与防治疫情，首要的是拥有敏锐而卓越的问题意识。以往，在学生培养过程中，我们更倾向于希望学生能够准确而迅速地回答问题。为了实现这一目标，教师甚至会为学生总结题型和解题套路。然而，此次疫情让我们看到了现实情况的复杂性，没有人会提前准备好"攻略"。面对铺天盖地的疫情信息，我们要学会对不确定的论断进行求证，对心中的未知进行求解。强烈的问题意识和突出的提问能力，既能为有效创新启蒙，也能为科学"防控"奠基。进入后疫情时代，基础教育对学生的培养，要促进学生学习身份的转变，使其不局限于答问者的角色，也要兼作提问者，唤醒和强化学生发现问题、提出问题的意识与能力，使其在面对新情况、新问题时能够做到科学研判，进而创新性地解决问题。

二、注重学习任务的转变，让学生学习理论知识的同时兼顾实际问题的解决

疫情来临，让人们看到真正的英雄不是仅仅在书斋中坐而论道、纸上谈兵，而是需要逆行于"战场"，切实解决实际问题。虽然提升学生解决实际问题的能力一直是基础教育关心的问题，但是，以往的教学偏向于将实际问题简单化、理想化、抽象化，只是将其变成书本和试卷中的题目，让学生通过答题代替实际问题的解决。现实情境与实际问题没有那么简单与理想，它们是具体而复杂多变的。有时候，解决问题的过程很可能就是攻克那些被简单化和理想化的细节问题

的过程。后疫情时代，学生们的学习任务亟待转变，他们不仅要学习理论知识，更要走进现实情境，通过动手实践，切实解决实际问题。《中共中央 国务院关于全面加强新时代大中小学劳动教育的意见》明确提出"把劳动教育纳入人才培养全过程"，这正是开展实践育人，让学生深切领悟"纸上得来终觉浅，绝知此事要躬行"的道理，以及在劳动实践中提升解决实际问题能力的良好时机和有效途径。

三、注重学习方式的转变，让学生适应他律的同时学会自律

疫情期间，教育部发出"停课不停学"的要求，学生开启了"云学习"模式。这种相对"宽松"的环境，其实是对学生自身意志品质的重要考验。同样是"宅"家上课，有的学生努力让自己的生活规律有序，最终赢在了勤奋和坚持；有的学生随性散漫，放纵自己，最终输给了懒惰和懈怠。自律和他律加剧了"弯道超车"与"不进则退"现象的两极分化。疫情过后，线上教学与线下教学混融共生将成为一种新常态，学习方式的转变势必对学生学习的主动性和自律性提出更高的要求。当前，学校教育给学生立规矩，要求学生知规矩、讲规矩、守规矩，实行学校管理、教师约束、家长监督的他律模式。未来，基础教育在促进学生适应他律的同时，更要注重涵养学生的自律品格，让学生学会自我驱动、自我约束、自我完善与自我超越。

后疫情时代，变革学生的学习身份、学习内容以及学习方式，是涉及学习主体、学习客体以及学习行为的系统革新，能够在"三位一体"中促进学生的发展。对基础教育来说，疫情虽然残酷，但危机中存在契机，引发我们对基础教育改革与发展的新的思考和憧憬。

后疫情时代的教育要由"被动应考"转为"主动迎考"

【作者简介】

顾建民,教育学博士,浙江大学教育学院教授、博士生导师。浙江大学教育学院院长,兼任中国高等教育学会高等教育学专业委员会副理事长、中国学位与研究生教育学会研究生教育学专业委员会委员等。多项学术成果获教育部普通高校第二届人文社科研究成果三等奖、第四届全国教育科学研究优秀成果二等奖、浙江省第二十届哲学社会科学优秀成果一等奖等奖项,2007年入选教育部"新世纪优秀人才支持计划"。主要从事大学治理、学术职业、学术评价、研究生教育等领域的研究。著有《自由与责任:西方大学终身教职制度研究》《大学治理模式及其形成机理》《大学何以有效治理:模式、机制与路径》等,合著的《工程教育基础——工程教育理念与实践的研究》及 *Higher Education in China* 分别被译成日文、意大利文出版。

第四篇
基础教育的未来走向与发展路径

新冠肺炎疫情对教育理念、教育治理和办学实践的影响将深刻而久远，它不仅直接促成了大规模网络教学的普及，而且迫使人们以更严肃、冷峻的眼光来思考未来教育。如果说在疫情时期，紧急启动的网络教学是教育领域的一次"被动应考"，那么，在后疫情时代，把抗疫经验作为新思考的出发点，提高教育、个体、社会面对未来不确定性挑战的能力，则应该成为教育面向未来并"主动迎考"的新姿态。就此，笔者择要谈三点思考。

第一，推进信息技术与教育的融合。近年来，信息技术对教育的潜在影响不可谓不深刻，但是，推进信息技术与教育的融合，现实中仍然面临资源、习惯等因素的制约，其中自然也夹缠着源于惰性或复杂利益的诸多抵制和阻抗。受疫情影响而不得已采取的居家上网课措施，则将所谓"未来已来"的憧憬直接拉进了现实，并且借助实践自身强大的自我修正能力，"自动"消解了可能存在的抵触和阻抗。很多师生在经历短暂的初期调适之后，很快转型升级为信息技术"达人"。这种转变所形成的对信息技术和网络教学的积极乃至友好体验，将成为后疫情时代持续推进信息技术与教育深度融合的文化心理基础。由这一转型过程透析出的缓释抵制的独特经验，也有可能为后疫情时代的教育深度变革提供有价值的思想资源。

第二，提升自我教育能力。网络教学维持了基本的课程内容教学，但是，学校监管相对缺失或移位的状态，是对学生自我教育能力的挑战，也可能成为一种独特的培养过程。同样，亲子关系可能因为彼此相处的密集化而产生更多的理解或者更多的冲突，从而提供另一种意义上彼此成长的新境遇。时间管理、自主学习、坚毅品性甚至愿景勾画能力等等，这些都是疫情时期在新的关系框架中学生主动健康发展的核心素养。可以预言，疫情结束之后，学生之间呈现出的成长意义上的差异或差距，可能在很大程度上与学生自我教育乃至家庭教育的水平有关。由此形成的对自我教育之重要性和迫切性的认知与体悟，将为后疫情时代教育的改进提供珍贵的参照。

第三，培育审辨性思维。在充满多重不确定性的复杂情势中，审辨性思维是使个体保持理性的关键，也是使社会维系良好秩序、群体朝向正途发展的关键。审辨性思维是一种专注于决定什么可信或什么可做的合理的反思性思考，它是在理性、常识、学养基础上的审慎辨析、推理、论证与决断。客观上讲，疫情期间的诸多迷乱和躁狂，在很大程度上是欠缺审辨性思维的表现。民众某些素养的现实性缺失，经常反映出教育的某些疏忽或遗漏，也暗示出后疫情时代的未来教育在吸取经验教训基础上需要着力的方向。审辨性思维的培育与成长所彰显的是理性的力量，滋养的则是人性的光芒。

未来学校将从"单一学校"走向"虚拟联合体"

【作者简介】

李长吉，教育学博士，云南师范大学教育学部教授、博士生导师。云南师范大学教育学部部长，兼任全国教育专业学位研究生教育指导委员会委员、全国教学论专业委员会常务理事、全国课程专业委员会常务理事。曾获省级哲学社会科学优秀成果奖二等奖1项、三等奖2项，教育部人文社会科学研究成果奖三等奖1项。主要从事课程与教学基本理论、教师教育领域的研究。先后主持国家级科研项目2项、省部级项目3项，发表学术论文80余篇。著有《教学价值观念论》《教学论思辨》《教科书的农村适切性研究》等。

当前，基础教育学校基本上是独立运行，虽然也有行政力量的撮合或学校自发的组团，但是，深层次的合作、互通与共享状况并不理想。在新冠肺炎疫情背景下，各个学校的线上教学暴露出了很多问题。其中，教师的线上教学能力匮乏、线上课程资源不足、各学校之间共享不畅等问题尤其严重。此时，一定区域范围内的学校临时进行了合作，共享了一些课程和师资，出现了组建联合体的苗头。这个苗头很可能成为一种趋势，来应对未来可能因疫情等导致学校无法正常教学的情况。

在一定区域范围内建立基础教育学校虚拟联合体，主要是针对当前学校之间为克服地域、交通、时间等条件限制而开展的合作。但是，在实际的运行过程中，仍然存在渠道不畅、不好落地等问题。虚拟联合体可以突破时空限制、人员身份限制，将基础教育管理与业务指导部门、教师、学生等群体纳入其中。从学生学习方面来说，联合体内的学生可以在各自的实体学校里享用虚拟联合体的相关课程与实践资源，可以选择自己喜欢的教师修习课程，实现资源与教师的公平享有。在这种情况下，学生既属于各自的学校，又共同拥有一个虚拟联合体。从教师发展方面来说，虚拟联合体内的教师可以共同开发、汇聚、享用教育资源，共同探讨、交流和研究具体的教育教学问题，共同指导学生的学习与健康发展。在这种情况下，教师既生活在各自的实体学校里，也生存在所属的虚拟联合体内。这是教师数字化生存的一种表现，虚拟联合体为教师的数字化生存提供营养。

基础教育学校虚拟联合体可以搭建起四类平台。第一，教学运行平台。这个平台集成各学校的优质课程与教学，为师生参与教学活动提供虚拟场所，包括课程资源、教学资源、教研资源等内容。第二，学生自主成长平台。这个平台主要是为学生的自主学习提供支持，并能够结合相关制度，在一定程度上促成学生的主动发展，包括资源平台、考核平台、竞赛平台等子平台。第三，教师发展平台。这个平台包括基础教育教师发展学校、优秀教师讲坛、基础教育论坛等各类优质资源。第四，监测与评价平台。这个平台集成基础教育的各级各类文件、规定、规范与标准等资源。

基础教育学校虚拟联合体还要实现另外两种功能。一方面，传统的教学用具甚至教室都在发生着日新月异的变化，要让师生学会在互联网条件下进行教育教学生活，掌握各种以数字技术为基本媒介的设备产品和操作流程；另一方面，虚拟联合体可以为师生提供另一个生存空间，这个生存空间可以实现知识与信息的分享、学习经验与教学体会的交流、共同生活问题的讨论、教学问题的咨询与答疑、社会生活与文化体验的互动、各种活动与组织的参与等功能。

建设基础教育学校虚拟联合体是一项需要统筹规划、顶层设计的工作，内容繁杂，工作量大，运行成本高，单靠某一所学校或相关人员自发的力量无法建设好。各级教育行政部门应根据本区域基础教育学校的现实条件与实际需要，规划和推动虚拟联合体的建设。优质学校要发挥引领带头作用，区域内各学校要充分认识到虚拟联合体对自身的意义，积极主动地参与建设。相关的教育企业和教育公司除了要为虚拟联合体提供基础性支持外，还要及时开发新的教育产品、教学设备与学习资源。

确定与不确定之间:面向未来的教育如何选择

【作者简介】

卢晓中,教育学博士,华南师范大学教育科学学院教授、博士生导师。华南师范大学学术委员会副主任,兼任中国高等教育学会常务理事和学术委员会学术委员、全国教育专业学位研究生教育指导委员会委员、广东省教育统计学会会长、广东省教育督导学会副会长和学术委员会主任等。入选教育部"长江学者"特聘教授、国家"万人计划"哲学社会科学领军人才、中宣部"四个一批"人才,享受国务院政府特殊津贴,荣获"广东省首届优秀青年科学家""南粤优秀教师"等称号。主要从事现代高等教育发展理论、国际比较教育、教育政策与规划和学校文化等领域的研究。在《教育研究》等重要期刊发表论文180多篇,被《新华文摘》《中国社会科学文摘》《中国人民大学复印报刊资料》等重要文摘刊物转载论文40多篇,著有《比较教育学》《高等教育概论》《新编教育学》等。

第四篇
基础教育的未来走向与发展路径

席卷全球的新冠肺炎疫情已给人类造成无尽的痛楚和极大的困扰，也带给人们诸多思考。其中，作为人类重要社会活动的教育无疑是值得深刻反思的。这次新冠肺炎疫情的一个重要特征就是突发性，人们与其不期而遇，这对每个人都是一个考验——当我们处在这种突如其来的境遇时，应当如何去面对？与教育有关的进一步追问便是：我们过去所接受的教育有没有为应对这种突如其来的境遇做好准备？我们经常说"教育要面向未来""为未来培养人"，这里实际上涉及教育应如何为未来培养人。我以为，首先必须回答这样一个问题：学校是适应性地培养人，还是引领性地培养人？所谓适应性地培养人，即学校培养的人适应当下或未来。而不论是适应当下还是适应未来，它都具有确定性特征：当下的确定性是显而易见的；而未来的确定性，则是将未来视作一个预设的"存在的社会"。这个预设同样是确定的，或者说是一个确定性的未来。我们的学校就是为这样一个预设的确定性的当下或未来适应性地培养人。引领性地培养人则更关注和强调未来的不确定性，甚至是不可预见性，它充满着无限的可能和机遇。比如，这次新冠肺炎疫情的爆发便反映了这种未来的不确定性与不可预见性。学校就是要着眼于未来这种不确定性来引领性地培养人。

实际上，早在1972年，联合国教科文组织发表的报告《学会生存——教育世界的今天和明天》就指出，教育在历史上第一次为一个尚未存在的社会培养新人，替一个未知的世界培养未知的儿童。这份报告告诉我们，未来是一个尚未存在的社会、未知的世界，或者说是一个不确定、不可预见的未来，也是一个充满无限可能和机遇的未来。它需要学校培养出新人去主动面对未来的不确定性，并从容应对未来的不可预见性，最终奋力创造美好未来。显然，这里的"主动面对""从容应对""奋力创造"是人的引领性品格素质特征。这次新冠肺炎疫情给学校教育敲响了警钟，即如何从培养目标和培养模式等方面去改变以往那种过于功利化的适应性教育，如在基础教育领域普遍存在的一切以应试为目标导向的培养模式，而更关注学生的引领性品格素质的养成。特别要重视敬畏生命的生命教育、基于人类命运共同体的共情教育，以及面对危机的心理健康教育，为学生的可持续发展和终身幸福奠基。这也是教育面对新冠肺炎疫情带来的危机如何转"危"为"机"的理性选择。20世纪80年代，澳大利亚未来委员会原主席埃利雅德（P. Eliade）就曾说过，未来不是一个我们要去的地方，而是我们要创造的地方，通向未来的道路不是人找到的，而是人走出来的，走出这条道路的过程既改变着走出路的人，又改变着目的地本身。这段话富有哲理地诠释了不存在的社会、不确定的未来这一意涵及其与人的关系。今天，我们的学校要面向未来社会培养人，无疑应从适应性地面向确定性未来，转变为引领性地面向不确定性未来，特别是要着力培养学生直面各种危机、创造美好未来的品格素质。唯有如此，才能真正做到既改变着走出路的人，又改变着目的地本身。

未来的教育和教育的未来：后疫情时代基础教育的发展路径

【作者简介】

李树英，博士，澳门城市大学教育学院教授。澳门城市大学教育学院院长，澳门城市大学协理副校长，曾任加拿大阿尔伯塔大学教学中心教育发展专员、课程与教育学研究院统筹主任，中国重点高校南京气象学院（现南京信息工程大学）基础科学系副系主任、外国语学院院长，中央教育科学研究所（现为中国教育科学研究院）教育现象学与教师发展研究中心副主任。

后疫情时代，基础教育向何处去？

全球97位教育专家的思索与探究

新冠肺炎疫情已呈全球蔓延之势。这场突发事件给全球民众的生活方式和教育活动带来了深远影响。如何在后疫情时代未雨绸缪？基础教育在被动改变中将主动走向何方？这是我们作为教育研究者应该关注的问题。

新冠肺炎疫情爆发，似乎让我们一下子走向了曾经仅在笔下描绘的未来的教育和教育的未来：线上授课、居家学习、智能助手、虚拟场景等在"停课不停学"的号召下，"没有条件创造条件"式地被迅速普及。"未来的教育"既是新话题又是老话题。说其"新"，是指该话题总是蕴含最新的时代发展基因；说其"老"，是因为该话题长期以来一直处于教育领域的中心。如今我们应该面向未来，思考后疫情时代基础教育的发展路径。

首先，我们要思考被改变的教与学的方式。随着信息技术的普及，线下教学逐渐转向混合式教学，疫情期间甚至发展为纯线上模式。经过两个多月的尝试，师生都已经适应甚至对这样处在两个终端的教与学驾轻就熟。所以，疫情成为普及混合式教学的催化剂，加快了技术辅助支持教学的进程，这是我们曾经设计并期待看到的适合时代发展的未来教育模式。此外，诸如知识工作自动化、5G通信、人工智能等颠覆性技术的出现，更让我们对未来基础教育教与学方式的变革产生更多的期待。

其次，我们要思考教育活动中的角色职能转变。网络空间中的各种视频里既有匆忙披挂上阵的教师，又有在多个屏幕、平台间切换的学生，还有扮演着网修工、打印工、监督员、助教的家长。他们都在不经意间为应对教学模式的改变转变着自己的角色和职能，全民掀起技术学习的高潮。其实这只是未来教育的表象层面，人们正在悄然经历深层次全方位的变革。教师如何在面前没有学生的状态下教书且育人？多平台、多渠道的学习路径日益成全着人们，却也威胁着人们的人工智能技术，让教师作为知识载体的身份受到冲击；网上名师共享课的开展，仅需要其余教师做好助学指导工作，教师正在经历着从教导者（instructor）到引导者（facilitator）的转变。学生从被禁用手机和网络的状态转换为必须娴熟操作

第四篇
基础教育的未来走向与发展路径

各种网络平台的状态;从在教室里被时刻监督和指点,到必须学会在自由空间里养成自律能力;从统一指令的集体学习变为自我调节学习……这些转变都要求学生不仅要养成认真的学习态度,更需要具备学会学习、统筹规划的能力。家长在学生学习中的参与度也越来越高,并需要具备协助孩子学习的能力。疫情下的教育从学校搬回家中,未来的教育可能发生在没有围墙的移动学校,校园不再是文化圣地,而只是教育场所之一。这一切的角色和职能转变,我们准备好了吗?这些转变同时还考验着人与人、人与技术、人与机器协同工作的能力,考验着新型的师生关系与交往方式。人、机器、平台、技术之间的交互协作是顺利、有效开展教与学的必要条件。

经历这些变化,最后我们不得不思考一个最根本的问题:未来已来,教育的本质变了吗?那个指引我们出发的教育原点是什么?最早的教育是生活经验和文化的传承,教育现象学学者马克斯·范梅南(Max van Manen)先生曾说,教育学就是迷恋他人成长的学问。所以,我们的教育最终都是指向人的发展。教师从"讲坛上的圣者"(Sage on the stage)到"学生身边的指引者"(Guide on the side),再转变成"机器中的灵魂"(Ghost in the wings),但无论专业性如何分化,始终不能离开"人是目的"。在技术支持下,未来无边界的教育依然需要师生的情感传递,简单的一个触摸比千言万语更有意义。现今出现了"教"和"育"相分离的趋向,我们应审慎对待这一现象,不应把二者割裂开来。未来,学校不会消失,因为知识传递从来都不是学校仅有的功能,它将会以一个更加丰满的、充满人文性的姿态呈现在我们面前。

增设优秀民俗课目　提升素质教育涵养

【作者简介】

陈勤建，博士，华东师范大学终身教授、博士生导师。华东师范大学中国非物质文化遗产研究中心主任，兼任中国民俗学会副会长、国家非物质文化遗产保护专家委员会委员、上海市非物质文化遗产保护专家委员会副主任等。获第二届中国高校人文社会科学研究优秀成果奖二等奖等省部级以上奖项7项。主要从事民俗学、文艺民俗学、非物质文化遗产保护等领域的研究。发表学术论文120余篇，出版专著9部，编著6部，著有《中国民俗学》《文艺民俗学》等。

第四篇
基础教育的未来走向与发展路径

纵观当今新冠肺炎疫情下的民情,以及线上线下仍挥之不去的"填鸭式"应试教育的学情,我深感,有必要在我国的基础教育中增设优秀民俗的知识传授课目,提升幼儿园、中小学学生的素质教育涵养。

与一般课堂教学的知识文化不同,民俗是伴随着一国民众日常生活反复出现的传承性文化,涵盖了族群营生最基础的生活技艺、不经意的行为规范、心意俗信等知识领域。美国著名的人类学者露丝·本尼迪克特(Ruth Benedict)在《文化模式》中提到,自从人呱呱坠地开始,谁也不会以一种质朴原始的眼光来看世界。人看世界时,总会受到特定的习俗、风俗和思想方式的剪裁编排。即使在哲学探索中,人们也未能超越这些"陈规陋习",即便是人的真假是非概念,也会受到其特有的传统习俗的影响。人生素养的奠基,就是所在族群的民俗熏陶与教化,同时,人生素质的养育,也与民俗息息相关。

民俗中蕴涵着族群特有思想文化的起点、思维原型、知识智慧。中华民族流行的家训家教、祭祖,体现了国人育儿经验和小家、大家、国家以及家国一体的睿智;嫁娶生死的人生礼仪,内蕴族人"生生不息"的生命理念;中式菜肴制作,显露出国族"不同而和"与"和而不同"的人生哲学;二十四节气,展示了人与自然、宇宙相处的独特的地方性时间观念——"农事的农时"时间知识体系,并由天道转化为人道,在民族精神世界里,衍生出独有的志气操守;除夕"沿门逐疫"、端午习尚等节日活动,展演了先民不畏艰险、化解时疫的神韵与智慧。农历五月,我国春夏之交,多阴霾不正之气,百虫孳生,传染病易发。古人顺应自然,利用自然,萌生了许多防病强身的民俗行为。现代科学研究表明,艾叶与菖蒲具有抗虫害、病菌、病毒的药理作用。在端午节,人们防疫祛病、避瘟驱毒,这不仅建构了我国最早的全民祈求健康的卫生节的雏形,还延伸出不畏险阻的新意,以及纪念爱国诗人屈原等内容。这次疫情中,"连花清瘟胶囊"的良好治疗效果,再次显示了民族医药抗瘟疫、"治未病"的神奇伟力。

总之,民俗是与人的健康成长息息相关的另类知识体系,也是培养国人基本素质的基础教育的根脉知识。几千年历史积淀的精髓,奠定了国人的文化身份和人格养成,是我国自信自立于世界民族之林的巨大力量。

华东师范大学提倡的"新基础教育"注重中华传统文化的浸染,并进行了扎实的实践探索。建议明确增加中华民族优秀民俗教育的相关课目,分层递进实施:幼儿园、小学以体验、参与性学习为主,中学阶段增补我国基本民俗类型概说的教学。多年前,我应邀与上海市第二中学合作编写教材《中国民俗十讲》,反响甚好。

语言教育：联通工具与人文，构建理解、沟通与合作之桥

【作者简介】

叶军，文学博士，华东师范大学国际汉语文化学院教授、博士生导师。华东师范大学国际汉语文化学院副院长、国际汉语教师研修基地副主任。获上海市第十届哲学社会科学优秀成果奖、第六届上海市哲学社会科学优秀著作三等奖等。主要从事语言学及应用语言学、汉语言文字学等领域的研究。所研究课题入选国家社会科学基金、上海社会科学重点课题等，发表论文多篇，著有《现代汉语节奏研究》《汉语语句韵律的语法功能》等。

新冠肺炎疫情爆发，世界各地纷纷采取"封城"、隔离、保持社交距离等防疫措施，但并没有妨碍一个规模空前的信息舆论场形成。人们通过语言发出、获取、沟通信息，表达、体会、宣泄情感，论证、支持或反对各种意见和观点。语言的交流功能在这个信息场和舆论场中发挥得淋漓尽致。"山川异域，风月同天"，我们见证了人类在这个话语空间中的理解与同情、团结与合作；"中国病毒""武汉肺炎"，我们也目睹了一系列恶意制造的仇恨与对立、撕裂与冲突。

众声喧哗的疫情信息舆论场再次提醒我们，作为人类最重要的交际工具，语言既可以搭桥，也可以拆桥；既能够破墙，也能够筑墙。语言教育不只是教给学生语言这个工具，其根本任务是让学生认识这个工具，把握好这个工具，以促进人与人之间的理解与沟通。

我国语文教育界向来有工具性与人文性之争。个人以为，这种二元对立的争论也许是一个伪命题，因为工具性与人文性不是谁多谁少、谁主谁次的问题，而是如何将两者有效联结的问题。

我因担任课程审核专家，最近系统观摩了中小学语文课程的网络教学。我发现，教师上课时把大量时间花在对文本内容的解读上，同时也花费不少精力帮助学生解决字、词、句等语言问题，似乎兼顾了人文性与工具性。然而，仔细推敲却发现，人文与工具不少时候是分离的。比如，教师会强调语言的丰富性、华丽性和生动性，好像体现了对语言（工具性）的重视，却有意无意地忽视了描写的客观性、叙述的真实性这些更为基础、更为重要的工具理性问题。再比如，语文教材的编排多以内容为纲，好像是突出了人文性，但忽视语言的表达功能，将文本的信息性、文学性、哲理性混为一谈，终会导致学生不知文以载信、文以载情和文以载道有何不同，自然就不能期望他们在未来的生活中能够运用恰当的语言去完成各不相同的交际任务。若将他们置于类似新冠肺炎疫情下纷乱的信息舆论场，他们可能很难分辨事实与谣言，很难不被裹挟，甚至会有意无意地去传播谣言，把本来铁的事实说得像是谣言。语文教育中不太注重区分事实与观点，议论文写作往往立场先行,而忽视观点论证、事实支撑和逻辑铺陈。很难想象,一个缺乏上述基本训练的人能够在激烈的观点交锋中保持必要的冷静与理性。

后疫情时代,语文教学应该走出人文性与工具性二元对立的怪圈,通过人文性与工具性的联通,切实提高国民语言素养和国民语言能力,为社会构建起理解、沟通与合作的桥梁。不只是为应对疫情,更为建设一个健康、和谐、稳定、发展的新时代。

疫情之后的教育,走向"大海之泳"

【作者简介】

叶翠微,浙江省杭州市第二中学校长,海亮教育集团党委书记、总校长,兼任浙江省政府特约研究员,北京师范大学教育学院、浙江大学教育学院与杭州师范大学等重点师范院校的兼职研究生导师,中国教育学会高中教育专业委员会副理事长,浙江省生物教学研究会副会长,浙江省杭州市萧山区政府教育顾问,曾被聘为杭州市人民政府教育督导室副总督学。荣获"浙江省功勋教师""全国教育系统先进工作者""全国十大人气校长"、杭州市"双十佳创业新星"等光荣称号。先后在《人民教育》《中国教育报》等国家级刊物发表近30篇文章,在全国20多个省市做了300多场专题报告,多次受邀赴港澳地区演讲。

第四篇
基础教育的未来走向与发展路径

这次"停课不停学",让学生的学习从校园转移到家园,从线下转移到线上,从一元指向多元。从本质上讲,这是学习的大转场。如果我们仅仅关注学习环境的变化、教学手段的变化、学习方式的变化,却不关注教育核心素养的提升、育人价值的内化、成长指数的迭代,那是我们教育工作者的无知和无能。

我们要看到教育的场景在变。居家学习使得学生的教育场发生转变。在居家教育场里,如何做教育的"加、减、乘、除"?这需要有大学问。在线学习使得教育场发生转变,怎样认识技术和工具的价值?是让技术和工具绑架教育,还是解锁教育?这需要有大格局。泛在学习让学生的学习时空转变,如何即时发生?如何全息交流?如何多元建构?这需要有大智慧。

由此,我们引出了一个这样的话题:最有价值的知识和能力是什么?最有价值的学习是什么?最有魅力的学习组织形式又是什么?

教育学博士郑太年先生认为,遭遇重大公共卫生危机,科学知识和科学素养、信息技术素养、关于社会的知识、社会情感能力等是最有价值的知识和能力。不管是基于个体的成长还是基于社会的发展,我想,这些知识和能力都是最有价值和意义的。当然,随着科技的进步和社会的日新月异,现有的这些知识仍然是有限的,不断创造出来的新知识会接踵而来。为此,郑博士还特别提出了与有价值的知识和能力相匹配的最有价值的学习,包括自主性和建构性的学习,注重文化和情境脉络的影响、情境性和真实性的创设、以概念为基础的学习,注重元认知的学习。

最有价值的知识和能力需要通过最有价值的学习来获得,而最有价值的学习则需要依靠最有魅力的学习组织形式来实现。怎样的学习组织形式是最有魅力的呢?基于30多年的教育管理和实践,结合美国硅谷式"新式学校"(AltSchool)的个性化学习平台建设以及当下的居家学习、在线教育,我认为最有魅力的学习组织形式应该具备三个特征:(1)由工具改变了生态;(2)其生态是良性的;(3)这种生态范式是可以模仿的。在疫情期间,包括我们海亮教育集团在内的许多学校,将居家学习与项目化学习相结合,以真实社会事件为学习情境,引导学生立足实际,寻找有价值的问题和信息,依托互联网进行各类项目研究,对任务驱动、情境体验、真实探究的学习组织形式做了有益的尝试,很有收获。

这样的学习模式启发我思考一个新的话题,也就是我们教育的"大海之泳"。什么是"大海之泳"?"停课不停学"使亿万师生同时涌入知识、信息、生活与世界的大海里,不一而足。在这样的大海里,是给学生们一个"北斗"导航系统来引导知识建构,还是继续让其遵循"泳池"规则和要求,按照固有的教室学习模式求学?这是新一轮学校变革的现实话题。在这样的"大海之泳"中,我们需要基于方向提供自在和多元的游泳样式,关注与呵护一般选手,承认与鼓励超级选手,让能游的选手游起来,让会游的选手游得更远!

构建基于全球视野的"思维场"

【作者简介】

董慧蕴，理学学士，正高级教师。河南省郑州市扶轮外国语高级中学校长，兼任河南省教育学会中小学信息技术专业委员会常务理事、郑州市高中教师资格认定委员会委员、郑州市青年教育工作者协会副会长、中国教育学会会员，曾任河南省中小学教材审定委员会委员、河南省中学教师高级职务任职资格评委会评委、郑州市中学中级职务评审委员会委员。河南省教育系统先进工作者、河南省教育厅学术技术带头人、河南省教师教育专家、郑州市专业技术拔尖人才、郑州市首届初中名校长、郑州市优秀教育工作者。注重教育教学理论研究，发表多篇学术论文，主持多项省级和市级重点课题。

新冠肺炎疫情的出现，让世界格局与秩序加速转变，此时，将基础教育置于全球视野中进行重新审视就显得迫在眉睫。其中，最重要的一点是要革新思维，构建"思维场"，与世界对话。

对未来的教育而言，构建基于全球视野的"思维场"，要做的就是更加考虑主体的意识和声音，让每个人成为价值主体。

首先，要培植真正具备强大内心的个体。只有这样，在面对突如其来的外界变化时，我们才能够无所畏惧，清晰地对现实作出正确判断。

其次，要培育富有挑战力的"发声体"。我们要最大限度地发掘出受教育者的深层需求，并不断扩大其对他人、对社会的影响力，让每个人都能自由地表达见解，释放天性。

其三，要培养时刻能与世界贯通的积极因子。我们要让每个人都能把理想照进现实，把兴趣爱好转化为职业追求，再转化为事业匠心，既可造福于社会他人，也能使自我成为自己心中渴望的模样。

如何实现未来教育的这些育人目标呢？思维决定认知，认知决定行动。价值主体的培养，归根结底是思维力的培养。

对教育者和个体而言，培养基于全球视野的思维力，最重要的一点就是要改变人头脑中的固有界限，即革新思维。作为教育者，我们要特别注意两个方面的思维革新。

一方面，我们要不断提升思维的格局。虽然每个人身处不同的领域，但是，对每个人而言，其更重要的身份是世界坐标体系中的一员。站得高才能拥有全球视野，才能真正与世界产生共鸣，与时俱进。所以，我们需要继续筛选与整合新课程的理念，主动创造新的教育教学理念，给学生提供更多的机会进行科学实践，并在实践中培养学生的思维能力和对待疑难问题不折不挠的精神，促使学生以较高的人生站位看待问题，愈挫愈勇，直面困难。另一方面，我们要不断延展思维的宽度。未来的教育必将打破传统学校教育的边界，变得更加自由而有序。

第四篇
基础教育的未来走向与发展路径

不同领域的交叠与跨界将成为未来社会的常态，各类行业也将交叉互动，动态生成。所以，我们必须打破原有的惯性思维，不断丰富学生的认知维度。不是简单地解决"是与非"的问题，而是要引导学生深度思考、勤于辨识，理性分析所见与所闻，对待不同的声音做到不盲从，不人云亦云。

作为个体，我们还要特别注意三个方面的实践探索。

第一，要在开放合作中紧跟新时代的思维脉搏。在全球互联的时代，我们势必要以更加开放的姿态迎接新的教育变革，要自觉主动地参与个人能力的"裂变"和"聚变"，既能保持个人独立性，又能随时与他人协同合作。

第二，要在知识爆炸中主动探寻不同思维路径的规律。无论知识如何繁杂，技能如何精深，其本质却往往归于简约。看穿规律，以不变应万变，这是最可贵的思维辐射能力，也是最具有价值的"点光源"，更是支撑价值主体独立性的根本。

第三，要在技能迭代中保持不断创新的思维力。在高科技、人工智能、大数据背景下，价值主体将不再囿于技能的简单操作，而更多地需要向外链接。未来的创新思维，便是以管理者的思维品质为基础，随时联结外部技术，不断成为科技创新的桥梁。

唯有如此，我们的教育才能真正构建出"思维场"，才能将个人的思维坐标从"点"变为"场"，不同的"场"再次联通，形成强大的聚合效应，继而打破边界，真正构建出人类命运共同体的协同景象，最终，改变世界，改变未来。

后疫情时代，学校建设向何处去

【作者简介】

何学锋，正高级教师，特级教长。上海市闵行区实验小学校长，中国共产党上海市第十次代表大会代表，兼任上海市教育学会小学管理专业委员会副主任委员、上海市普教系统第三期"双名工程"小学名校长培养基地副主持、闵行区小学校长培训基地主持。获2020年全国先进工作者、上海市劳动模范、全国"十一五"教育科研先进工作者、上海市先进工作者、上海市"星星火炬"奖章等荣誉。发表《学校转型过程中管理机制的探索与创生》等论文，著有《在变革中转型：当代学校制度与文化的变革性实践研究》。

一场突如其来的新冠肺炎疫情迅速席卷全球,在全国乃至世界教育领域引发了一场"倒逼式"的革命,中小学几乎所有的教学任务都被逼上了互联网。区域性推进的大规模、长时间的在线教学,让我们看到了"互联网+教育"在集聚优质教育资源、拓展师生学习时空等方面的强大优势,但同时也呈现出诸多问题,如在线教学中师生的有效互动、学生学习的自律性和主动性以及长时间的虚拟网络空间交流带来的学生心理健康等问题。

因此,一方面,我们要基于正在展开的大规模在线教学,对网课背景下的教学流程再造、师生互动交流以及课堂教学评价等问题做深度研究;另一方面,在后疫情时代,面对网络背景下不确定性持续增加的社会环境,我们更应主动思考"如何调整基础教育培养学生的目标与方式""教师从现在开始应作怎样的改变""课堂教与学的方式需要有怎样的创新和变革"等问题。

下面是我从一名小学校长的角度,就后疫情时代学校建设中特别需要加强研究与变革实践的几个方面,谈一些不成熟的思考。

一、着力构建整合融通的智能化校园空间

伴随着本次新冠肺炎疫情的蔓延,大量基于网络的学习资源快速涌现。我们必须看到,学习平台的多元以及学习资源的极大丰富,已经是学生当下及未来所处的真实环境。基于此,未来学校一方面要加强线上线下相结合的教育资源的开发,另一方面要依托网络与信息技术,着力融通校园内的物理空间和信息空间,有效连接社会空间,进而使校园成为一个开放的、流动的、多元链接的智能化发展空间。

二、加快构建"线下+线上"融合发展的智慧课堂

近十多年来,很多学校都致力于信息技术融合的课堂教学变革研究。此次疫

情背景下的大规模在线教学，也让我们有了更充分的在线课堂的实践体验。

综观线下和线上，线下课堂在情境创设、互动交流以及人文关怀等方面具有明显优势，而线上课堂在资源的提供和获取方面较为便捷，在数据集成与分析以及个性化教育等方面都具有优势。因此，面向未来，线下线上的有机融合，把二者的特点和优势充分结合起来，是课堂教学变革的关键和必然方向。

三、加速后疫情时代教师的自我变革与提升

在后疫情时代，校园空间智能化的推进，"线下＋线上"融合发展课堂的变革实践，以及教育资源开发与获取方式的丰富多样等，必然要求浸润其中的教师加速自我的变革与提升。一是要加速教育观念的更新，要深刻认识到后疫情时代"线上＋线下"的混合式学习将逐步成为常态；二是要加速自我的技术赋能，尤其要提升借助技术开发、获取与有效运用教育资源的能力，提升数据的收集、管理、分析与运用能力；三是要基于线下教育的经验、模式与方法等，加速"线下＋线上"融合发展课堂的变革性实践研究。

四、更加注重学生主动性的培育

疫情期间的大规模在线教学中，中小学各年段学生呈现出一个共性问题，即在居家在线学习的过程中，大部分学生的自我管理和学习主动性不够。可以预想，在未来环境更为开放多元、资源更为丰富多样、交互更为智能便捷的校园学习空间里，学生的自我管理能力和学习主动性的养成，将成为学生健康发展的核心素养。

第四篇
基础教育的未来走向与发展路径

校长要做同行者和捍卫者

【作者简介】

易国栋，中学正高级教师。四川省成都市第七中学党委书记、校长，兼任教育部基础教育教学指导专业委员会委员、教育部中小学心理健康教育专家指导委员会委员、四川省督学、中国教育学会第八届理事会理事、中国教育学会高中专业委员会副理事长、中国教育发展战略学会教育评价专业委员会副理事长、四川省教育学会副会长、四川省中学校长协会副会长、四川省中小学心理健康教育专家指导委员会委员、四川省人大教科文卫委员会委员。四川省学术和技术带头人后备人选，教育部首期名校长领航班学员，教育部第二期名校长领航班导师，四川省名校长工作室领衔人。先后获得四川省语文骨干教师、四川省成都市特级校长、四川省中小学名校长、四川省优秀教师、成都市十佳文明教师、成都市优秀青年教师、成都市优秀思想政治工作先进个人、成都市学科（技能）带头人等荣誉。

以人为本，以人民为中心，党中央领导我们取得了抗击新冠病毒疫情的伟大成果。疫情当前，我们对其他国家人民遭受的苦难感同身受。党中央带领我们践行人类命运共同体的理念，展现大国责任担当。

病毒仍在全球肆虐，疫情给世界带来的灾难性后果超出我们的预料和想象。经济衰退、失业率急速上升；经济主权、民粹主义高调回归；价值观不同造成认知差异、族群撕裂、社会割裂；国家之间相互指责，合作中断，交流倒退，全球化面临终结的危险；甚至发生政治动荡和各种纷争……

在世界各国的抗疫过程中，医务工作者和志愿者是最美的逆行者。在病毒肆虐和生命凋亡面前，医务工作者履行着拯救生命、保护健康的职责，肩负着寻找良药、培育抗体的重任。在各种倒退和失序面前，校长要做人类利益的同行者，校长要做人民利益的捍卫者，要理性、冷静，要善于反思和辨别，不人云亦云，肩负起传播正确价值观和培育师生心灵抗体的重任。

坚守人文滋养的价值追求。人文向善，"世间除了生死，哪一件不是闲事"。确诊多少，疑似多少，重症多少，死亡多少……数据的背后是一个个鲜活的生命。多少人失去亲人，多少家庭遭受苦难。善良之心，悲悯之心，疫情是生命教育的最好课堂和人文教育的最好教材。尊重生命，敬畏生命，无关种族，无关国籍，无关恩仇。丢掉成见和埋怨，平等善待每一个生命，为逝去的生命惋惜，为挣扎的生命祈祷。

捍卫公平正义。公平正义是人类文明的重要标志，公平正义是世界人民的共同追求。机会公平、过程公平、分配公平；社会正义、政治正义、法律正义。创造公平正义，捍卫公平正义，平等对待每一个学生，平等对待每一个家长，平等对待每一个教职工。大家共同遵守维护公平正义的机制和规则，法律和规则面前人人平等，疫情面前人人平等。关注弱势学生，铲除校园欺凌，反对强权，反对双标，反对污名化，反对将病毒作为政治工具。公平正义的教育，公平正义的社会，公平正义的国家，公平正义的世界……教育要让公平正义的信念成为每一个教育者和受教育者的文化基因,继而影响社会并推动社会、推动国家、推动世界更加公平正义。

坚定推动跨文化交流。中华文化是中华民族的财富,更是世界文明的瑰宝;西学东渐,中华民族重新与世界同频共振,加快了国家现代化的进程。这个世界因多样而多彩,交流才能求同存异,交流才能消除误解,交流才能减少摩擦,交流才能相互学习,交流才能共同进步。疫情导致各国民粹主义高涨,壁垒高筑。今天,世界已是一体,价值多元,世界多极,任何单极化的做法都是开历史的倒车。中国教育也一样,全球视野才能培养出中国脊梁。

坚持传播命运共同体理念。世界命运共同体,家国命运共同体,师生命运共同体。抗疫过程中要强化命运共同体的意识,合作才能战胜病毒,合作才能共赢。教育也要坚持传播命运共同体的理念。

病毒不分国界,病毒不分种族。人类只有一个地球,我们共处一个世界。疫情让我们深刻认识到全人类是一个命运共同体,追求本国和自我利益时要兼顾他国和他人的合理关切与合理利益,切不可只逞口舌之快,伤人自尊,锥人之心。

个人的命运和国家的命运紧密相连。这次抗疫,不仅要让师生知道科学技术、科学知识的重要性,更要懂得责任担当的重要性。个人命运总是和国家与时代的命运紧密联系在一起的,经过这次疫情,我们要懂得不能仅仅追求个人价值、个人实现和个人自由,我们更要懂得对他人负责、对国家负责、对民族负责、对人类命运负责的重要性。

面对疫情,各国都有逆行者,千万逆行者是这次抗疫的英雄。背负责任前行的时候,他们做好了牺牲小我的准备。逆行者是我们的榜样。如果有一天,当个人利益与集体利益冲突时,当个人利益与国家利益冲突时,当个人利益与人类利益冲突时,我们的师生一定要作出正确的选择。疫情当前,挑战依旧。困难很多,在坚定必胜信念的同时,师生成长首推责任感的提升,特别是社会责任感的提升,以人民为中心,以人类利益为中心。

疫情是一面照妖镜，让自私、丑陋、狭隘、失序、倒退无所遁形；疫情是没有硝烟的战争，各种危机暴露无遗。教育是社会的良知，是文明的动力，是跨文化的桥梁。灾难当前，校长要做人类利益的同行者，校长要做人民利益的捍卫者，要引领理性、冷静、善于辨别和反思的团队，要培养有思想、会思考、能担责的学生。

构建新学习共同体　生成未来教育形态

——"巴蜀公开课"的行动与思考

【作者简介】

马宏，正高级教师。重庆市巴蜀小学校长、书记，重庆市教育学会副会长。享受国务院政府特殊津贴，入选全国教育系统先进工作者、全国"三八红旗手"、重庆市首届"有突出贡献的中青年专家"、重庆市首批"未来教育家"培养对象、教育部首期名校长领航班成员，曾获教育部全国中小学德育工作优秀案例、重庆市人民政府教学成果（中小学幼儿园）评选一等奖，首届"重庆市杰出英才奖"等。在《人民教育》等期刊发表多篇论文，著有《教育故事》《与学生脉搏一起律动——巴蜀小学律动教育实践指南》等。

疫情，不但催生教育信息化、教育内容与教学方式的创新，而且倒逼着学校治理模式的与时俱进。疫情之中，巴蜀小学研发了"巴蜀公开课"，面向全社会开放，开启了建构新学习共同体、生成未来教育形态的教育实验。

一、带着思想去行动：建构新学习共同体

再一次站在儿童立场，建立适合学生发展的教育场，变"教"为"导"，共同助力学生成为终身学习者，是"巴蜀公开课"对未来教育的探索，以行证道。

首先，形成交互性学习环境。"巴蜀公开课"基于终身学习理念和泛在学习（U-learning）理论，以巴蜀荣获国家教学成果特等奖的课程资源为基础内容，利用信息技术和移动互联网资源，通过建设"云上学校"等交互学习环境，构建起基于互联网环境的新的学习共同体组织生态。

其次，X导师制推进深度学习。在新学习共同体中，X导师，是学生健康学习生活的参与者、助力者。教师智慧导学，激励成长；家长交流互学，呵护成长；学生同伴共学，分享成长；社会人士指导跟学，共同成长。此外，通过"三会"（师生会、同学会、家庭会）和"三表"（学期成长规划表、一日健康学习生活课程表、"宅家运动达人"挑战表），形成学法指导"智慧场"，增强互动，坚持五育融合，发挥学科育人功能，落实立德树人根本任务。

二、行动之中出思想：唤醒学生的成长力量

学习实效取决于学生自主学习、自我管理的水平。教师需要在实践中始终不忘对教育本质的追问。

让学生回归完整的生活。只要是人的足迹能到的地方，只要有人际关系发生的地方，都是可以产生学习的。"巴蜀公开课"基于自主、自律的一日生活规划，

基于现实问题的家校共育，基于互联网学习生态的新学习共同体创建，指导学生在居家生活中学会管理自身的学习、休息、锻炼、劳动、情绪等。

唤醒学生成长的力量。每一个学生都可以对自己的未来进行个性化设计，每个人都需要有个性化的学习计划和安排。巴蜀小学始终尊重学生和家庭的学情，借助在线学习优势，"一班、一生、一科一节奏"，真正实现"人人都有一张课表"，激发学生学习的内在需求，追求学习的自主性和个性化，唤醒学生内在的成长力量。

三、思想行动再融合：生成未来教育形态

立足当下，面向未来，生长未来教育形态，主要表现在以下两个方面。

一是基于学习中心的思想力量。践行"与学生脉搏一起律动"的办学理念，关照每一个生命个体的学习需要，完善基于互联网环境下的学习共同体生态组织建设，整合全时空、全流程、全素养在线学习的素质教育课程资源，促进学生全面而有个性的发展，为学生终身学习奠基。

二是搭建数字化课程平台。数字资源建设是未来教育课程资源配置的重要内容。按照《中国教育现代化2035》的要求，加强对信息时代学习认知和学习行为规律的研究，创新服务新业态，制定符合学生发展需求的个性化培养方案，利用"课程超市"进行菜单式的定制化教育服务，并进一步开发出智能教育助理，对教师教育和学生学习实现精准化服务。线上线下教学融合，构建混合式学习、课内外各学科互相融通的学习新生态。最终，形成基于互联网、物联网、大数据、人工智能等技术的一体化与智能化的教学、管理、服务平台，完善教育与学习行为的全过程数字化记录和反馈分析评价，推进教学管理精准化和学校治理决策科学化。

"停课不停学"的"暂停"与"重启"，催生了线上线下教育的融合。教育是"做"的哲学，需要在"行动研究"中生成，努力构建新学习共同体，生成未来教育终身学习的新业态。

后疫情时代：教师从被动成长走向主动自觉

【作者简介】

殷群，常州市第一中学校长。江苏省人民代表大会代表，教育部中学校长培训中心第十期全国优秀中学校长高级研究班学员，江苏省首批高中名校长工作室主持人，荣获"全国科教先进校长"、常州市特级校长、"龙城十佳校长"、江苏省基础教育教学成果奖一等奖、江苏省中小学"创先争优"先进个人、江苏省"三八红旗手"、常州市五一劳动奖章、常州市优秀共产党员、常州市教育领军人才、常州市教育管理拔尖人才等荣誉。

2020年的这场新冠肺炎疫情,带来了全民生活方式的转变。线上教学与线下教学混融共生的时代,呼唤教师的成长自觉。

一、技术+信息化,做好学习者

疫情之下,教师通过"QQ课堂""钉钉课堂""CCTALK"直播等方式,一定程度上克服了物理环境和信息环境带来的双重挑战。但"空中课堂"带来的组织模式的变化、学习环境的变化、资源供给的变化、学习环境的变化等,依然倒逼着一线教师关注新技术发展。他们除了保证自身扎实的专业学识外,还要聚焦信息素养和学习能力的提升。

"在备课组的帮助下,我从多种直播方式中选择了一种最简单易行的方式。但由于技术使用的不成熟,在授课过程中,我一方面要组织好自己的教学,一方面要关注和学生的互动,有点力不从心。"这是一位教师在实施网上教学后的思考。线上教学带来教师能力提升的同时,也暴露了教师存在的本领恐慌。这种网上授课、远程教学的方式,和真正的未来学校还有很大的差距。这些无不给我们带来思考:后疫情时代,教师应该从过去走向未来,及时反思线上教学过程中存在的信息素养问题,有针对性地开展学习,提升信息素养储备和信息操作水平,突破信息能力瓶颈。

一是提升认知水平。过去,教师只是把互联网技术作为教学的辅助手段。而疫情之下,互联网技术已经成为"硬技术",教师的任何教学行为都要依靠网络平台才能发生。面对这样的变化,教师要充分认识到学生是网络"原住民",他们从网络上搜寻、获得信息的能力甚至超过教师,因此,教师对网络教学要持开放态度,引导学生科学、健康地使用网络。二是提升实践能力。网络技术平台很多,各有利弊,教师要把工夫花在日常研究和学习上,通过组建学习共同体,利用课堂教学、及时反馈、在线交流等网络互动优势,将新技术运用到日常教育教学中，充分体会技术带来的解放力量。

二、课程+生活化，做好开发者

疫情下的学习让我们充分认识到：认知教育、行为教育和情感教育同等重要。

一是开发关注自然生命的课程。引导学生联系生活思考，从科学的角度去认识病毒，借助不同学科知识来深入了解病毒的产生、传播、危害等；引导学生懂得敬畏自然、敬畏生命，学会紧急避险与自我保护；养成科学饮食、锻炼身体、合理作息的良好习惯等。二是开发关注社会生命的课程。改革传统的课程设置和教学方法，建立学科学习与真实世界的连接，以万物为教材，以世界为课堂，鼓励学生积极思考人类面临的共同问题。这其中会涉及生命教育、科学教育、社会教育、道德教育、责任教育等，这是每个孩子在成长过程中必修的人生功课。

三、教学+品质化，做好研究者

美国教育家杜威曾说，如果我们还用昨天的方式教育今天的孩子，那等于抹杀孩子的未来。后疫情时代，线上线下融合共生将成为未来教学的常态。为此，教师要主动赋能，才能实现教学效益的最大化。

一是优化教学设计。互联网已经超越了课堂、学校的边界，教师要善于利用互联网的优势，从开放、互动的资源中，不断优化自身的教学设计，实现教学的优质化。二是优化精准指导。智能技术可以轻松地实现即时评价，便于及时反馈，教师要能够读懂平台反馈的评价结果，制订适合学生的个性化指导方案，实现精准教学。三是优化师生关系。线上线下教育的融合共生不是简单的互补关系，教师要充分运用线下教学便于互动、沟通的优势，充分发挥教师个体人格魅力的作用，帮助学生塑造良好的品格，形成健康的价值观。

新冠肺炎疫情下,埃塞俄比亚初等教育系统应当如何应对

【作者简介】

达维特·蒂贝布·蒂鲁内(Dawit Tibebu Tiruneh),心理学与教育科学博士,英国剑桥大学教育学院公平入学和学习研究中心助理研究员。曾任教于埃塞俄比亚巴哈达尔大学教育学院。研究领域涉及批判性思维及其他21世纪素养的指导性干预、教师教育、教育公平等。

随着新冠肺炎疫情在世界范围内迅速蔓延，大多数政府暂时关闭了学校和大学，以减缓病毒的传播。截至2020年4月的第一周，联合国教科文组织报告，由于学校的关闭，全世界有16亿学习者（近90%的儿童）失学。在非洲，截至2020年3月中旬，几乎所有学龄儿童和大学生都受到疫情爆发的影响。以埃塞俄比亚为例，学校从2020年3月16日起关闭，近2500万学龄前、小学、中学和高等教育学生都只能待在家中。

埃塞俄比亚教育部一直鼓励学校和家长帮助所有儿童通过远程学习继续在家学习。然而，现有的条件有限，无法确保所有儿童都能继续在家学习。在像埃塞俄比亚这样的收入最低的国家，在家上学尤其具有挑战性，因为许多父母自己没有上学，在家里无法为孩子提供所需的支持，而且缺乏支持远程学习的必要基础设施。

一、埃塞俄比亚有哪些支持在家上学的努力

由于埃塞俄比亚绝大多数学生缺乏电脑和互联网接入，教育部最近建议小学生学习广播课程，中学生可以通过卫星电视在家里收看电视课程。广播和电视课程可能对城市地区的一些儿童有用，目前也没有明确的证据表明农村地区有多少父母可以使用广播和卫星电视来帮助孩子学习。鉴于80%以上的埃塞俄比亚人口生活在农村地区，这里电力供应有限或没有电力供应，因此广播和电视课程不可能普及到农村地区的所有中小学学生。即使一些农村孩子上了广播和电视课程，这些孩子也不太可能从父母那里得到足够的支持，因为他们的父母从来没有上过学。

城市地区的大多数私立学校正在寻找临时解决方案，例如通过谷歌教室和电子邮件上传阅读材料和作业，同时使用一些社交媒体平台，如WhatsApp和Telegram等继续远程教学。在埃塞俄比亚的主要城市，如亚的斯亚贝巴、阿达

马、巴赫达尔、哈瓦萨和梅凯勒,这里的私立学校都直接向家长的 WhatsApp 或 Telegram 账户发送学习材料,家长也在帮助孩子通过手机获取学习材料。相反,城市和农村的公立学校并没有做出太多的努力来帮助学生在家学习。可以理解的是,大多数公立学校的教师和家长无法或只能有限地接入互联网,但最重要的是,教师缺少在这种前所未有的情况下工作的准备。同样令人担忧的是,我们还没有从埃塞俄比亚的学校和地方政府那里听到他们在学校关闭期间满足残疾儿童各种需求的计划。埃塞俄比亚中小学阶段有许多有特殊教育需求的儿童,他们可能无法平等地从广播和电视课程中受益。

上述问题对在新冠肺炎疫情蔓延带来的学校关闭期间所有儿童公平地获得学习机会提出了重大挑战。现在还不能完全了解学校关闭对埃塞俄比亚等收入最低国家中处境特别不利的儿童的影响,但有迹象表明,这可能对扩大不平等差距产生持久影响。基于过去一个月在埃塞俄比亚的观察,我发现越是不富裕和没有数字化素养的家庭,他们的孩子就越被甩落在后面。在疫情发生之前,城市和农村地区的儿童之间、父母经济地位较高和较低的儿童之间在接受教育方面就存在不平等现象。我担心的是,在新冠肺炎疫情期间,关闭学校可能会进一步加剧处于有利和不利地位的儿童之间的不平等。

二、学校和地方政府应当如何应对新冠肺炎疫情期间的危机

城市地区的公立学校需要制订策略,在学校关闭期间尽量让更多的儿童能够学习。我知道,由于后勤和财政方面的困难,公立学校很难让所有的学生都能远程上学,但不能什么都不做,因为这可能加剧现有的贫富不均。地方政府,包括地区和乡(kebele,埃塞俄比亚最小的行政单位)教育官员和学校负责人,都应该努力在公立学校教师和家长之间建立沟通渠道,以便在孩子们居家学习时密切跟进,并就适当的卫生行为和社交距离提出一些建议。

此外，在这个关键时刻，城乡公立学校都需要地方政府、地方高校以及其他正在进行的国家项目的支持，如生产安全网（safety net）和 One WaSH 全国项目。由于疫情大流行，公立学校的教师和其他人一样生活在紧张的状态之中，当地大学的专业人员需要为他们提供一些培训，教他们如何在这些困难时期支持学生居家学习。不幸的是，埃塞俄比亚没有支持在线学习的基础设施，但可以考虑采用低技术方法。因为几乎所有的孩子家里都有课本，老师可以发送指导性问题和额外的阅读材料，鼓励最边缘化的孩子阅读课本。教师也可以通过电话不断地与家长联系，询问他们的孩子是如何应对广播和电视课程的，以及家长可以为他们的孩子提供何种支持。

此外，必须强调的是，许多处境不利的儿童，例如来自低收入家庭和农村地区的女孩，可能面临更高的性虐待、早婚和强迫劳动风险。同时，我也担心，在大多数农村地区，在学校关闭期间，男孩和女孩可能被迫全力以赴地帮助他们的父母耕种和放牧。因此，学校教师需要与区、乡教育官员合作。他们需要与家长保持密切联系，以确保学校关闭期间儿童在家安全，并尽可能多地学习。我希望这些努力能够有助于解决新冠肺炎疫情期间所有儿童接受公平教育方面的挑战。

三、学校系统应该如何应对后疫情时代的变化

首先，引入循证干预以弥补错失的学习。

由于在学校关闭期间缺乏必需的支持，低收入和父母为文盲的家庭，其儿童在返校后可能需要很长时间才能完全弥补落下的学习进度。因此，学校系统应设计和实施一些基于证据的干预措施，以便在学校重新开学时帮助学生补上错失的课业。例如，学校可以特别为那些处境不利的儿童设计一些补习课程。

其次，落实策略以确保复学后学生重返校园。

在学校关闭期间，低收入家庭的儿童处于双重不利地位：上课时间的中断和

经济上的不确定性。有一些新的证据表明,新冠肺炎疫情对撒哈拉沙漠以南的非洲造成的经济影响将是毁灭性的。一些低收入家庭的孩子极有可能决定做长期劳工,在经济上支持家庭,学校重新开学时可能根本不会重返学校。来自农村的父母可能不愿意送孩子回学校,因为他们可能更希望孩子继续帮助耕种和放牧。因此有必要追踪那些没有返校的孩子,并制定一些策略来鼓励家长送孩子返校。

最后,在未来危机来临之前为教师、学生和家长做好准备。

目前的大流行可能教会最不发达国家的学校管理者、教师和家长的一点是,要在危机来临之前建立教师和家长之间的沟通渠道,并在这类危机期间保持沟通,这是支持儿童在家学习的关键。我采用非正式的方式询问了巴赫达尔和亚的斯亚贝巴公立学校的一些教师,他们是否在新冠肺炎疫情之前经常与家长沟通。与私立学校不同,公立学校似乎不经常与家长沟通,这需要改进。此外,教育系统需要在危机来临前制定策略,让教师和学生在危机来临时做好有效应对的准备。教师不可能一直在面对面的课堂环境中授课,学生不可能一直在传统课堂中学习。当新冠肺炎大流行结束时,教育系统需要让每个人做好准备,在危机时期灵活且迅速地适应各种学习方式。国际社会可能需要支持埃塞俄比亚教育部和其他地方教育机构,帮助埃塞俄比亚的学校、教师、学生和家长应对未来的危机。

【编译】张秋霞

【校对】李　林

疫情下的教育：疫情期间和疫情之后如何为孩子创造更好的教育

【作者简介】

迈克尔·彼得斯（Michael A. Peters），博士，北京师范大学杰出教授。曾获美国纽约州立大学、丹麦奥尔堡大学荣誉博士学位，伊利诺伊大学厄巴纳-香槟分校教育学院荣休教授，新西兰皇家学会名誉院士，北京大学社会学学院、郑州大学特聘客座教授，《教育哲学与理论》等重要期刊的执行主编。主要致力于哲学、教育、公共政策、教育哲学与理论、社会理论等领域的研究，著述颇丰。

优先事项 1：学生的健康、安全和福祉。

现在，所有学校都必须重新审视其应急管理方案，以便应对普通的和重大的流行病。针对疫情中的所有紧急情况，学校和地方政府部门应制定一个能反映最佳卫生实践的计划，该计划应与当地的健康计划以及健康管理的公共理念相一致。作为应急管理的一部分，该计划需要成为课程中一个新的强调"健康，安全和福祉"的部分，并引导学生进行讨论。学校的首要任务是通过这一计划在学校和家庭中维持一个安全的工作环境，以个人健康习惯为重心，例如洗手，不触摸脸部或坚硬的表面。应急计划应作为教育部和卫生部指定的总体应急计划的一部分，对传染病的爆发进行管理，并包含预防或减少传播的策略。

政府应当在管理结构上制定明确的指导方针，明确责任和决策途径，包括关于是否继续开放、关闭或重新开放的指导意见。学校应与卫生部合作，确保有足够的医疗和卫生用品（如口罩）供应，在紧急情况下，学校也可以通过卫生热线与医务人员联系。

优先事项 2：卫生的学校。

学校需要确保一个清洁的环境，确保没有过度拥挤，有良好的通风和定期的清洁措施。学生应通过使用常规的学校盥洗设施及参与清洁工作，来保持学校卫生，并在流感季节增加额外的卫生措施。

优先事项 3：卫生的社区。

学校需要让家长和社区了解应急计划，并定期与社区沟通，确保身体不佳的学生在家里隔离，并确保所有感染病例都能及时上报。学校可以成为一个中心，在当地社区共享更广泛的福利活动，并通过组织有序的线上项目来为居家隔离的身体不适的学生提供支持。

良好的通信系统是良好应急计划的关键，能够在发生危机时提供一个发送即时消息的路径，可以整理出紧急联系人的列表，家长和社区也可以收到定期的更新。该系统还可以为生病在家的学生提供应对疫情的方法。这里传递的主要信息是，所有人都需要在家中进行自我隔离，这是一种阻断疫情进一步扩散的有效方式。

卫生学也包括理解"流行病的心理学"，包括自我隔离的影响，以及人们出于恐惧和恐慌而做出的异常行为。恐惧和恐慌也需要公开管理，以防止囤积居奇，防止人们为了一己私利而损害社会利益。这是一种真正的社会主义伦理，它教导的价值观是，社区的力量取决于其最薄弱的一环。疫情下的卫生工作要求每个人都有责任不感染他人。学生需要了解微生物学和病毒生物学的原理，以便理解这一理念。卫生学也是一门健康和公共卫生管理的哲学。

优先事项 4：数字社区。

目前，尽管已经有各种针对学校的在线平台，但中西方学校都没有可行的线上课程系统来鼓励学生同时参加学校和非学校的学习。疫情期间，线上工作已成为日常工作的一部分。

数字系统需要开发出来，以便根据最佳实践来实施课程。这些系统不仅需要建立在传授内容的基础上，还需要建立在鼓励"一对多"（工业媒体的广播基础）和"多对多"（同伴学习的交互式哲学）的社会过程的基础上。我们需要一种新的实验主义来实现课程的数字化传授。信息并不缺乏，但主要的问题是鼓励独立思考和关心他人的社会过程形成。

优先事项 5：疫情期间的课程。

新冠肺炎疫情强调了在新的（基因组）生物学和信息科学的领域里出现的几个新学科的重要性。作为"生物信息形成"范式的一部分，我们时代的主要主题包括流行病和信息流行病（病毒性媒体［viral media］和谎言、错误信息、谣言和阴谋的产生）。这里的课程重点应该是教孩子们分辨真实陈述和虚假陈述、科学和阴谋论、经过验证的理论和有意制造的错误信息之间的区别。疫情不仅使人们认识到将健康、卫生和安全纳入课程领域的重要性，而且使人们认识到病毒的进化生物学和社会影响的历史。对阴谋和虚假信息的最佳防御是基于事实的科学和新闻。学校系统和公共领域需要开放、透明以及对开放观念和科学原则的认可。

优先事项 6："复工"。

"复工"不应该是"恢复正常"。这是一个了解病毒全球化传播的机会，它提高了人们关注家庭生活各个方面的意识，让人们进一步意识到研究对他人关怀的伦理以及自我隔离的心理极其重要。它还表明，全世界面对这种事件是多么的措手不及。中国为世界提供了有效抗疫的范例。以国家为中心的抗疫方式在紧急情况下是有效的，但必须有科学信息的自由流动，以提供开放的健康管理理念，以及保证包括疫苗开发在内的科学工作。

【编译】张晓月

【校对】游　韵

后疫情时代学校教育的转型与挑战

【作者简介】

王婷，教育领导学博士，澳大利亚堪培拉大学教育学院教授、博士生导师。澳大利亚堪培拉大学教育学院副院长，兼任澳大利亚首都地区教师质量研究院理事会成员、教育部人文社会科学重点研究基地华东师范大学基础教育改革与发展研究所特聘教授。主要从事教育管理、领导力、学校领导、专业学习共同体、教师专业发展、国际教育、比较教育等领域的研究，在领导力发展和国际教育领域具有国际知名度，并多次获得国家级荣誉。

第四篇
基础教育的未来走向与发展路径

一、没有快速解决病毒全球大流行的办法

当数以百万计的师生努力应对新冠肺炎疫情带来的在线学习和远程教学的巨大挑战时，必须考虑它对学校教育的长期影响。我们需要评估当前形势的影响，从而为学校的儿童和教师做好近期的规划。生活什么时候才能恢复正常？后疫情时代，教育模式和教学实践会发生根本性的变化吗？有些变化会成为永久性的吗？新出现的挑战是什么？尽管一些国家正在制定"退出计划"，放松封锁，让孩子们重返课堂，但没人知晓未来几个月他们国内或是全球会发生什么。我们可以预见，这是一场马拉松，而不是短跑冲刺，这场全球疫病大流行没有快速的解决办法。

二、时间线的不确定和背景的重要性

人们对恢复正常的预期将调整为恢复和转向新常态的预期。放眼现在正在发生的事情，我们可以了解未来的趋势和情景。由于这场前所未有的危机，正常的学习方式、教学方式以及开展业务的方式都发生了重大的变化。我们什么时候才能迎来新冠肺炎疫情后的新时代？在拥有有效的疫苗或者治疗方法之前，这个时间线是不确定和不可预测的。不同的国家、区域和地方实施了不同的政策和措施，以遏制新冠肺炎疫情。在某种情况下被证明是有效的战略和做法，在另一种情况下可能被认为是不适合当地文化背景或在法律上是不切实际的。没有一种能够被全球所有的领导人和教育工作者采纳的、放之四海而皆准的战略或方法。背景很重要，在疫情期间和疫情之后，我们必须处理复杂的背景因素以及新的问题。

三、新常态可能会变成常态

在疫情之后，特殊情况下的新常态可能成为常态。近几个月来，为遏制疫情蔓延，学校临时关闭，教学模式发生了根本性的转变。这些在全国范围内关闭的学校影响了全世界 90% 以上的学生。危机期间建立的许多新规范可能会被运用到日常实践中去。在疫情后的环境下，这些规范可以作为新常态而制度化，例如社交距离规则和严格的个人卫生措施。危机期间的根本变化和限制可能会推动复苏阶段的某些行为和社会价值观的逐步变化。由于未来的不确定性，这些可以被视为切实的措施和公认的准则。

四、实现朝向在线教学和灵活授课的根本性转变

最近，世界各地的教学模式发生了惊人的转变。在线学习和远程教学的实施大多在几周内完成，用于教学准备和教师培训的窗口期很短。数以百万计的学生迅速地从面对面的学习转向了完全在线的同步或非同步学习。在这场危机中，学校教育受到前所未有的挑战，教学模式也发生了根本性的转变，这意味着后疫情时代将出现多种教学模式并存的局面。其中，灵活授课和在线教学可能成为教学实践的基本要素。教师和学生在广泛接触在线学习以及使用多种学习平台的过程中，极大地改变了对在线学习和灵活授课的看法。他们的体验各不相同，从过于乐观到极度沮丧不等。这种转变也可以为教育创新提供机会。当学校生活回归正常后，可以将在线学习与灵活的授课模式结合起来，从而建立新的规范。

五、在线学习不会取代在校学习

数百万教师奋起迎接这场疫情带来的教学挑战。我们可以预计，混合授课和灵活授课将在疫情后的环境下发挥更重要的作用。在线教学的紧要性已经得到了广泛的认可，但是校园中面对面的教学和社交活动不会被在线授课取代。虽然家庭学习和家长更多地参与学生学习已经得到认可，然而，家庭教育和居家学习不会成为主导力量，因为许多家长都经历过监督孩子的挫折感。教学是一项必不可少的工作，教师不会被在线学习应用程序或家庭学习取代。研究表明，在在线学习环境中可以有效地实现内容教授，但学生们会错过实验、研讨会、实践活动、艺术和体育课程等。此外，社交、同伴间的学习和支持，以及在体育活动中获得乐趣等方面，在网络环境中是无法有效实现的。在线学习融入课堂将成为一种新常态，同时我们可以预见，校园学习的增值部分不会被纯粹的在线学习取代。

六、技术支持的学习环境中的新挑战

这场疫情打乱了学习和教学的传统以及既定模式，我们需要重新审视现有的教学模式。后疫情时代，教学实践将发生转变，在以技术为基础的学习环境中，教育工作者将面临新的挑战。教师需要考虑提供更复杂的在线学习活动和规划。在线教学主要被认为是面对面授课的补充，目前已经进入了前沿阶段。技术在教学过程中的广泛应用，将加速面对面教学的传递方式向虚拟学习环境中更具互动性、视觉吸引力和参与性的学习活动的转变。发展数字素养、分析思维和深度学习的挑战则需要学生回到实体教室。一旦学生体验到以学习者为中心和具有技术支持的学习环境，他们会乐意回到高度结构化的学习活动和狭小的教室空间吗？一旦教师在虚拟教学环境中体验到更具创新性的教学实践，他们如何应对严格规定的课程和严格监测的教学活动？

七、关注数字鸿沟和教育公平

在承认在线学习的可行性和灵活性的同时，还应注意到疫情爆发期间，学生之间的数字鸿沟已经加剧。一些学习者无法连接互联网，缺乏数字设备，数字素养和自我效能水平较低。数字鸿沟和"富人"与"穷人"之间的鸿沟正在扩大。我们需要重新审视社会分化和教育不平等的问题，还需要解决学生的心理健康和福利，包括有创伤经历的学生的心理压力和健康问题。我们在认识到在线学习的好处的同时，也必须意识到这一点：有特殊需要的学生和来自弱势背景的学生，他们与优势背景的学生之间的数字鸿沟正在扩大。在疫情后的环境中，当学校转向在线或混合式教学时，应该满足需要特殊支持的学生的需求。

八、承认在相互依存的世界中价值观的不一致和多样性

疫情是否会扼杀全球化，加剧种族主义和偏见？我们将生活在一个比以往更加分裂和两极分化的世界吗？世界是相互依存的，任何国家都不可能在疫情中独善其身。学生和老师已经被各种渠道和社交媒体上的新闻报道、真实言论和错误信息淹没了。他们可能对那些揭示国家间差异和对抗的政治观点、意识形态或价值观感到困惑或者存有偏见。在一个相互联系的世界里，我们必须承认价值观的不一致和多样性。在应对疫情时，各种基于证据、情境化、政治及文化敏感的方法在不同国家具有同等效力。在新冠肺炎疫情发生后的世界，在前所未有的全球性抗击新冠病毒的斗争中，大家需要齐心协力、同舟共济，以增强全球社会意识。我们必须制止种族主义、病毒污名化以及有关偏见。我们应该尊重文化多样性，对与我们不同的人表露同理心。教师和学生需要认识到不同的价值观和政治

制度共存与相互包容的重要性,防止滋生狭隘的民族主义和对其他文化价值观的歧视。

九、增强必备的生活技能和适应能力

我们应该如何应对未知领域的不确定性和困惑?在困难时期,产生沮丧、愤怒和焦虑的感觉是难免的。我们应该鼓励学生们理解,适应能力和应变能力是21世纪人才的重要特质。在一个相互联系的世界里,与来自不同背景的人生活在一起,共同应对全球危机,对具有社会责任感的公民来说至关重要。在新常态下,无论是在虚拟环境还是在现实环境中,掌握抽象的知识可能都不如培养学生的生活技能重要,譬如适应能力、应变能力、协作能力和有效沟通能力等。学校应该让学生掌握在学术上具备竞争力所需要的技能,以及灵活适应这个多变世界的能力。我们应该改革我们的学校,整合学术技能和必备的生活技能,因为这些技能对有意义的学习和生活至关重要。

【编译】黄丽燕

【校对】李　林

附录　学生家长寄语

附录　学生家长寄语

后疫情时代，我们需要关注什么
——来自抗疫一线医务工作者的思考

李郁盛

（医护人员，浙江省金华市武义县实验小学学生家长）

我是一名基层医务工作者。基层的工作很艰难，社会本身对基层医务人员也有不理解。基层医务人员，特别是优秀的基层医务人员短缺，基层留不住人才。在疫情爆发时，医务工作者获得媒体和社会各界大力赞扬，但如何看待基层医务人员的现实生存状态呢？比如部分基层人员工作强度过大，医务人员反对自己的孩子学医等问题。

疫情过后，我们在家庭教育中应该对孩子进行怎样的职业教育呢？我们的学校教育如何调整？除了关注升学率、考试成绩外，我们有更加需要值得关注的东西吗？能否将卫生教育、生命教育、死亡教育、心理健康教育纳入日常教学呢？

通过这次疫情，结合自身工作特点，我认为以下生活常识需要学生入心、入眼：掌握基本的医学常识，学会正确的防护措施，养成良好的卫生习惯。

疫情后，直视基础教育忽略了什么

张振东

（从事教育培训工作，江苏省常州市龙虎塘实验小学学生家长）

首先，对学生的培养应注重"全人发展"，关注对孩子的危机教育、生命教育、劳动教育等等。加强学生对责任担当、家国情怀、人类命运共同体、人与自然等人生课题的理解。

其次，家长应该在本次疫情当中反思。有了居家陪伴的感受，更应该重视家庭教育，更应该体会到家校协同育人的必要性。

最后，是对教师发展的一些建议。叶澜教授撰写的《教师对专业发展太看重，但对"全人发展"却容易忽视》一文特别强调：作为教师，不应该仅仅是知识的传递者，更应该有创造性；不仅仅要专业发展，更应该注重"全人发展"。教育是育人的事业，我认为教师只有首先重视自身的"全人发展"，才能做到对学生"全人发展"的重视。教师与家长"真合作""真协同""真沟通"，才能做到"真同步"，做到真正的"全人发展"。

疫情教会了我们什么

肖玉英

（上海市双江小学学生家长）

这次疫情教会了我们懂得珍惜。当大家都被隔离在家的时候，我们最多只是暂停了娱乐项目，而很多因疫情牺牲的人，却被永远地按下了暂停键。我们的平安生活是这些牺牲者换来的，我们要学会珍惜。

这次疫情教会了我们自觉自立。努力的人一直在努力，而放松的人一直懈怠。自律的人才能走得更远！

这次疫情教会了我们保护生态。热爱大自然，人人有责，这取决于我们平时生活里的一举一动，点点滴滴。不随手乱扔垃圾、勤俭节约、拒绝野味等，每一个人都无法置身事外。

医生与时间赛跑，奋力抢救病人，人们因疫情一再推迟复工复学，"宅"在家里，而时间却悄悄流逝……已经发生的事情我们无力挽回，但我们可以一起努力改变未来！

后疫情时代,农村教育怎么办

——一位农村家长的思考

张中云

(个体商户,安徽省六安市霍邱县乌龙镇中心学校学生家长)

第一,应加强对学生劳动能力的培养。作为一名农村的家长,我并不奢求孩子的成绩有多么优异,我更希望她能成为一个独立自主的人。因此也希望学校除了关注学业成绩以外,能更多地注重培养孩子的劳动能力,丰富孩子的假期生活。此外,学校还应多注重对孩子价值观的引领,培养他们的社会责任感。

第二,应加强对农村的关注与帮助。就我所在的农村而言,半数都是由老人带孩子,这些家庭没有上网设备,留守在家的孩子在假期根本没有机会上网课。因此,我也希望农村弱势群体能得到更多实质性的帮助。

第三,应加强对农村家庭教育的支持。我发现家长对孩子成长的关键作用在于引导,但是有的时候因为自己的文化水平实在有限,在与孩子发生冲突时,可能由于处理方式不当而激化了矛盾。因此,很希望学校能多多给予我们家长专业的指导。

新冠肺炎疫情后,我对基础教育改革的看法与期待

葛跃民

(央企员工,齐齐哈尔市第六中学学生家长)

我期待,通过此次线上教学的实践,国家教研部门要总结和巩固成功的经验与成果,更要深入分析存在不足的原因,并提出切实可行的解决方案,以利于未

来更好地开展线上教学。

我期待,未来教育资源不发达的地区或学校能够充分利用线上教育平台,在学校的课堂上开展线上教育教学,根据学校的不同情况,采取全科教学、单科教学、专题讲座、重要知识点讲解等形式来弥补教育资源的不足,缩小与教育发达地区学校教育教学质量的差距。

我期待,通过对基础教育教学的改革,未来学校不仅重视对孩子的知识教育,而且重视劳动教育,促使孩子德智体美劳全面发展,培养出有理想、有道德、有文化、有担当,热爱祖国、热爱人民,能为国家的发展和民族的伟大复兴勇于奉献的社会主义新人。

我期待的基础教育

刘 丹

(机关单位职工,重庆市荣昌区棠香小学学生家长)

第一,基础教育需要让孩子懂得,"身体是革命的本钱"。

我期待的基础教育,要在重视课业的同时,同等程度地重视增强学生体质。现在,为人父母的我们,期望孩子在基础教育阶段就重视自己的身体健康,希望老师引导他们养成锻炼身体的习惯。

第二,基础教育需要教孩子"本就应该知道的事"。

我期待的基础教育,从最初的时候就重视教孩子"本就应该知道的事"。所谓学生,是一个成长中的人,首先要学习"做好一个普通人"的知识。

第三,基础教育需要教孩子"扣好人生的第一颗扣子"。

我期待的基础教育,不再单纯重视学生的文化学习成绩或者体育、艺术的获奖情况,而首要重视学生的思想政治教育,让信仰清晰坚定,让爱国主义情怀浸润孩子的心灵,让孩子懂得什么是真善美,让孩子有正确的是非观念。

多方齐下，数育共举

曾誉铭

（高校教师，上海市临港实验中学学生家长）

其一，**家国—世界情怀的教育**。生活在伟大新时代的年轻人，将会面对新的挑战，这就要求他们除了接受学校教育之外，必须及时了解和深刻把握时代发展，了解社会需求，并培养相应的自身素养。

其二，**生命教育**。生命教育的核心维度是爱的教育。爱能让人有力量和勇气面对人生的困境与黑暗，让人恒久充满朝气和阳光。

其三，**自律的教育**。在孩子们面临各种外在影响和诱惑的情况下，如何进行行之有效、举之有益的监督，进而培养孩子的自制力，这是很重要的问题。

其四，**交往的教育**。如何更适当地培养孩子愿意交往、勇于交往、善于交往的能力，如何引导孩子在自由交往的基础上学会聆听与对话，如何让他们在成长的道路上直道而行，这是摆在我们面前的"情商教育"课题。

浅谈疫情中对孩子独立思考能力的培养

金 鹿

（职业经理人，深圳市南山第二实验小学学生家长）

独立思考能力是孩子形成正确"三观"的基础。父母作为孩子的榜样，应该正确地引导他们，教会他们独立思考和逻辑思辨。个人认为，培养独立思考能力，孩子要做到以下四点。

一是努力学习，积累知识和常识，同时学好英语，掌握一手信息和资源。因为独立思考的前提是掌握正确的资讯，追求真相后再作思考和判断。

二是学会解决问题，而不只是提问题或跟风摇摆。

三是常常反思和复盘。只有常反思自己，多复盘自己的收获和过失，多站在别人的角度思考，才能做到不总是指责别人，也才会促进自己成长和进步。

四是持续地强化正确的价值观、人生观和世界观。应该对正义、生命、环境有着普遍性的关心与追求，而不是仅仅局限于自己的或是自己群体的权利与利益。

疫情之下对教育的所思所想

常林杰

（从事教育培训工作，江苏省昆山市兵希小学学生家长）

科技的进步，让学习可以从学校迅速转移到家里。但是，一块小小的电子屏幕是否可以完全表达教育的内涵呢？我认为不能。科学技术迅速发展的时代背景下，家长有许多需要做的改变。

家长需要改变自身的思维方式。从对学习成绩的焦虑转移到关注孩子本身，甚至关注自己的意识行为，让孩子感受到家长喜欢的是孩子本身，并不是毫无表情的分数。

家长需要加强自身的知识储备。在假期中，我和孩子曾对《九月九日忆山东兄弟》之"山东"一词的含义进行了探讨。在查找词典之后，我才知道"山东"原指华山以东，因为王维是山西人，在西安思念家乡的兄弟，故名为"山东"。这也促使我认识到家长学习的重要性。

家长需要更新自身的教育观念。回到教育的本质，让孩子通过学习去确立自己的目标。我们需要做的就是在适当的时候提供一些引导，让孩子更加有效地实现他的目标。

我对疫情后基础教育的点滴思考

崔淼淼

（师专院校讲师，山东省淄博市张店区齐悦实验小学学生家长）

我想，如果相关教育部门能做好统筹规划，邀请全国或者省里的教学名师及其团队负责录制某一堂课的话，效果应该会很好，并且能使全国的孩子受益，尤其是农村的孩子。希望优质资源可以共享给每一个孩子。

希望在基础教育阶段，学校可以安排一些探索自然的课程，或为孩子提供一些资源，或给孩子留出在大自然中玩耍的时间……希望孩子们在探索自然中学会尊重自然，学会审美，同时在大自然中寻找一份宁静，寻找真实的自我。

新冠肺炎疫情，暴露了学生发展的短板

李碧玲

（外企职员，广东省顺德区容桂镇南环小学家长）

基础教育阶段是学生的"储值"阶段，而不是"变现"阶段。学生终身发展质量的高低，是无法通过学校日常的考试和分数完全衡量出来的。

通过这次疫情，希望我们能看到我国现存教育模式的短板，让学生学会做人、学会学习、学会健体、学会审美、学会劳动、学会生活、学会创新；克服应试教育的弊端，提升学生的综合素养，最终更好地培养出合格的社会主义建设者和接班人。

图书在版编目（CIP）数据

后疫情时代，基础教育向何处去？：全球97位教育专家的思索与探究/李政涛主编. — 上海：上海教育出版社，2021.9（2023.3重印）
ISBN 978-7-5720-0986-0

Ⅰ.①后… Ⅱ.①李… Ⅲ.①基础教育–研究–世界 Ⅳ.①G629.1

中国版本图书馆CIP数据核字(2021)第166306号

策　　划　董　洪
责任编辑　钦一敏
书籍设计　陆　弦

Hou Yiqing Shidai, Jichu Jiaoyu Xiang Hechu Qu?
后疫情时代，基础教育向何处去？
——全球97位教育专家的思索与探究
李政涛　主编

出版发行	上海教育出版社有限公司
官　　网	www.seph.com.cn
地　　址	上海市闵行区号景路159弄C座
邮　　编	201101
印　　刷	上海颛辉印刷厂有限公司
开　　本	700×1000　1/16　印张 27.5
字　　数	385千字
版　　次	2021年10月第1版
印　　次	2023年3月第2次印刷
书　　号	ISBN 978-7-5720-0986-0/G·0779
定　　价	88.00元

如发现质量问题，读者可向本社调换　　电话：021-64373213